L'année de 6e

Cet ouvrage a été rédigé par une équipe de professeurs de collège.

Français
Pierre Le Gall
Sophie Pailloux-Riggi
Fabienne Pegoraro
Illustrations : Laurent Kling

Maths
Géraud Chaumeil
Patricia Hennequin
David Sebbagh
Illustrations : Guillaume Dumont

Histoire-Géographie EMC
Josy Arpillière
Cybèle David
Marie-Caroline John
Dominique Rouppillard
Illustrations : Anne Horrenberger

Anglais
Cécile Clavilier
Isabelle de Nanteuil
Illustrations : Pascal Baltzer

Sciences
Victor Wajsberg
Illustrations : Jean-Luc Guérin, Vincent Landrin

bordas

en 6e !

L'organisation des enseignements en 3 temps

1 Les enseignements communs en 6e

Français	4h30
Histoire – Géo – EMC	3h
LV1	4h
Maths	4h30
Sciences et technologie	4h
EPS	4h
Arts plastiques	1h
Éducation musicale	1h

2 Accompagnement personnalisé (AP)

3h en 6e

Il est généralisé à **tous les niveaux du collège**. Il est un moment privilégié pour développer des compétences transversales, faire de la méthodologie, du tutorat entre élèves, des ateliers. Il permet de diversifier les regroupements entre élèves : groupes de besoin, de compétences. Il permet d'utiliser différentes démarches pédagogiques pour arriver à un même objectif.

3 Enseignements pratiques interdisciplinaires (EPI)

2 ou 3h en 5e, 4e et 3e

Les EPI concernent les élèves du collège. Ce sont des projets interdisciplinaires conduisant à des **réalisations concrètes individuelles ou collectives** qui peuvent prendre la forme d'une présentation orale ou écrite, de la constitution d'un livret ou d'un carnet, etc. Ils aident à **donner du sens aux enseignements** et à lever les barrières entre les disciplines.

La création d'un conseil école-collège

Les équipes pédagogiques sont particulièrement attentives à la liaison entre l'école et le collège. Avec la mise en œuvre du **socle commun de connaissances et de compétences**, un continuum, de l'école au collège, est renforcé pour tous les élèves de six à seize ans. Des concertations et des formations communes sont organisées entre les enseignants de l'école et du collège. Elles visent à préciser la progression des exigences méthodologiques et à harmoniser les pratiques d'évaluation.

Sommaire

6e

10 dictées

+ et tous les corrigés dans le Livret Parents détachable

D'autres outils pédagogiques :

- Des idées de lectures en 6e page 6
- Un planisphère pages 140 et 141
- Une carte de l'Union européenne
- Une frise historique

+ D'autres dictées à écouter sur www.annee-de.fr

Français

+
- des Dictées dans le Livret Parents
- une évaluation page 240

Idées de lectures en 6e

Bandes dessinées

Poésies

Théâtre

Idées de lectures en 6e

Contes

Récits

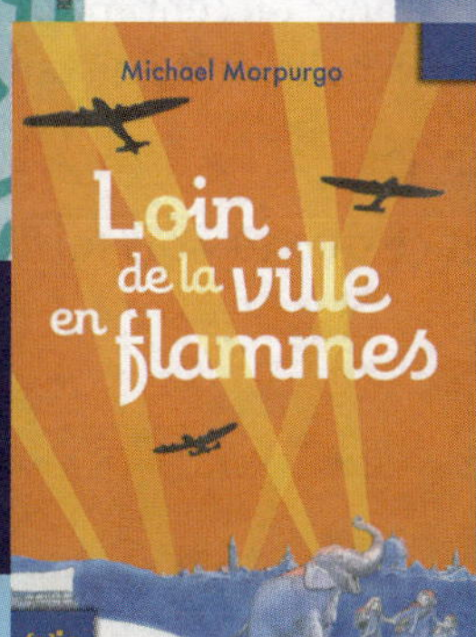

1 Les consignes

OBJECTIF • Comprendre des consignes

COURS

• La différence entre données d'un exercice et consignes

Tu dois faire la différence entre :
– les **données** d'un exercice, qui te fournissent des renseignements ;
– les **consignes**, qui t'indiquent ce que tu dois faire.

La France mesure environ 1 000 kilomètres du nord au sud et 1 000 kilomètres de l'est à l'ouest. Calcule les dimensions d'une carte de France aux échelles suivantes : 1/250 000e, 1/100 000e.

– La première partie du libellé indique ici les **données du problème.**
– La seconde partie représente les **consignes**.

• Les étapes d'un exercice

Si tu lis mal une consigne, l'exercice que tu feras sera faux, malgré ton travail. Tu dois donc être certain de ne pas oublier une étape. Dans l'exemple proposé, il faut faire successivement deux calculs : **d'abord** au 1/250 000e, **puis** au 1/100 000e.

MÉTHODE

• Bien lire les consignes

Après avoir mesuré, avec une règle, la distance en centimètres qui sépare sur la carte Brest de Paris, tu calculeras, en te servant de l'échelle, cette distance en kilomètres.

• **Lis la consigne** plusieurs fois en entier.

• **Souligne les verbes** qui t'indiquent ce que tu dois faire.
Ces verbes peuvent être :
– à l'impératif : *calculez* ou *calcule* ;
– à l'infinitif : *calculer* ;
– au futur : ici, *tu calculeras*.

• Tu dois **reconnaître et numéroter les différentes étapes** d'un exercice.

Après avoir mesuré, avec une règle, la distance en centimètres qui sépare sur la carte Brest de Paris **[étape 1]**, tu calculeras, en te servant de l'échelle, cette distance en kilomètres **[étape 2]**.

1 ★ **Applique la Méthode p. 8 aux consignes données.**

1. Souligne les verbes qui t'indiquent ce que tu dois faire.
2. Sépare chaque étape par un trait vertical.
3. Numérote les étapes dans l'ordre :

a. Relève tous les verbes à l'infinitif et classe-les suivant leur groupe.

b. En utilisant l'échelle graphique, puis l'échelle numérique, calcule la largeur de la rue de la Victoire.

c. Complète le tableau suivant, après avoir effectué les opérations demandées.

d. Lis une fois le texte, cache-le puis réponds aux questions par oui ou par non.

e. Après avoir dressé la liste des objets qui montrent la puissance du pharaon, tu les dessineras et tu indiqueras leur nom sous chaque dessin.

Ordre des consignes : ....

2 ★ **Retrouve l'ordre des consignes données pour cet exercice.**

1. D'après le classement que tu as établi, quels sont les adjectifs les plus nombreux ? Ceux qui indiquent une couleur, une forme, ou une autre qualité ? Que peux-tu en conclure ?
2. Enfin, invente un petit texte sur le sujet de ton choix en réutilisant les adjectifs de ce texte.
3. Lis attentivement le texte.
4. Puis classe les adjectifs soulignés selon qu'ils indiquent une couleur, une forme ou une autre qualité.
5. Souligne tout d'abord les adjectifs.

Ordre des consignes : 3 - 5 - 4 - 1 - 2

3 ★★ **Invente cinq consignes que pourrait donner le professeur de mathématiques avant un contrôle.**

4 ★★★ **Imagine la consigne qui pourrait correspondre à l'exercice suivant.**

Données de l'exercice :
- Le petit boulanger
- Le jeune chat
- Un élève sympathique

Travail effectué par l'élève :
- La petite boulangère
- La jeune chatte
- Une élève sympathique

Consigne : ....

5 ★★★ **Retrouve la consigne que propose ce rébus et applique-la.**

Consigne : dessine un oiseau puis décris cet oiseaux

GRAMMAIRE

2 Les constituants de la phrase verbale

OBJECTIF • Identifier les éléments d'une phrase

COURS

● Le noyau de la phrase verbale est un verbe : Pierre ÉCRIT une lettre.
C'est aussi parfois un verbe à l'infinitif : Que DEMANDER de plus ?

● Sauf lorsque le verbe est à l'impératif ou à l'infinitif, une phrase verbale comporte toujours un **groupe sujet (GS)** et un **groupe verbal (GV)** : **constituants obligatoires**.
L'élève studieux / ÉCRIT une lettre.
GS GV

● Certains compléments sont déplaçables et supprimables, comme les **compléments circonstanciels** : **constituants facultatifs**.
L'élève studieux / écrit une lettre / avec application.
GS GV C. circ.

● On appelle **phrase minimale** la phrase verbale réduite aux constituants obligatoires :
GS + GV.

MÉTHODE

● Savoir reconnaître les constituants

- Entoure en rouge le verbe et souligne en rouge ses compléments obligatoires.
- Souligne en bleu le GS.
- Souligne en vert les constituants facultatifs (pour les reconnaître, vérifie s'ils sont déplaçables et supprimables).

Dans le verger, des enfants ramassaient, à quatre pattes, des pommes rouges.
C. circ. GS GV C. circ. GV

● Retrouver la phrase minimale

Pour retrouver la phrase minimale, supprime les constituants facultatifs.

Des enfants ramassaient des pommes rouges.
GS GV

● Distinguer complément d'objet et complément circonstanciel

- Le complément circonstanciel peut être déplacé ou supprimé.
Il mangeait dans la cuisine. → Dans la cuisine, il mangeait. → Il mangeait.
- Le complément d'objet appartient au groupe verbal et ne peut être déplacé.
Il mangeait son sandwich dans la cuisine.

1 ★ **Dans les phrases suivantes, souligne les groupes facultatifs de sorte à retrouver la phrase minimale.**

1. Les alpinistes se lancent sans crainte à l'assaut du flanc nord.

2. L'enfant se glissa hors de la maison et resta immobile comme un chat aux aguets.

3. Les enfants répondent avec un agacement non dissimulé à l'appel de leur nom.

2 ★ **Dans les phrases suivantes, supprime les compléments faisant partie du GV. Quel nouveau sens prend alors la phrase ?**

1. Les footballeurs ont perdu leur belle confiance.

2. Delphine conduit ses enfants à Paris.

3. Cette femme buvait du lait.

3 ★ **Indique si les mots en gras sont des compléments circonstanciels ou des compléments d'objet.**

1. La plante pousse **sur le balcon.**

2. Marc a poussé **son petit frère** pour arriver le premier.

3. Le renard a volé **une poule.**

4. **Au-dessus des mers et des océans** cet oiseau migrateur vole **pendant des heures.**

4 ★★ **Dans les phrases suivantes, souligne en bleu les sujets, et en vert les compléments d'objet des verbes en gras quand il y en a.**

1. Dans le ciel **volent** des hirondelles, elles **annoncent** le printemps.

2. Claire, qui se tenait accroupie devant le sapin, **ouvrait** des yeux émerveillés. D'innombrables cadeaux **attendaient** la petite fille.

3. Devant moi **s'ouvrait** une étrange galerie sombre dans laquelle je n'osai pas pénétrer.

4. À l'orée du bois, **se tenait**, menaçant, un loup aux yeux inquiétants.

5 ★★ **Complète la phrase proposée de sorte que ta phrase signifie la même chose que la phrase proposée.**

1. **Au lever du jour** le coq chante.
→ Quand ...., le coq chante.

2. **Malgré sa maladie**, il garde sa bonne humeur.
→ Bien qu'il ...., il garde sa bonne humeur.

3. **Dès la sonnerie**, les élèves rangent leurs affaires. → Dès que ...., les élèves rangent leurs affaires

4. **En raison de son retard**, il n'a pas pu voir le spectacle. → Il n'a pas pu voir le spectacle parce qu'il ....

6 ★★★ **Encadre, à l'aide de différentes couleurs, les principaux constituants des phrases suivantes.**

1. Leur téléviseur capte depuis hier la nouvelle chaîne.

2. Le papillon attend l'hiver.

3. Cet hiver, j'ai vu une marmotte.

4. L'avion tourbillonne comme une feuille morte dans le ciel nuageux.

5. Les enfants pénétraient avec prudence à l'intérieur de la caverne.

Livret Parents – Corrigés p. 6

GRAMMAIRE

3 La phrase nominale

OBJECTIF • Reconnaître et utiliser phrase verbale et phrase nominale

COURS

- On appelle **phrase nominale** une phrase qui ne comporte pas de verbe principal et qui est construite autour d'un nom.
- Ces phrases sont généralement :
  - **des slogans :** Braderie sur tout le stock disponible.
  - **des titres :** Découverte de trois nouveaux virus.
  - **des phrases exclamatives :** Quelle fraîcheur !
  - **des phrases interrogatives :** Quelle nouvelle ?

MÉTHODE

Distinguer phrase verbale et phrase nominale

- **Phrase 1 :**
L'expédition Stern a découvert de nouveaux trésors.

- **Phrase 2 :**
Découverte de nouveaux trésors par l'expédition Stern.

- Dans la phrase 1, le noyau est *a découvert*. C'est un verbe.
Dans la phrase 2, le noyau est *découverte*. C'est un nom.
La phrase 1 est une **phrase verbale**. La phrase 2 est une **phrase nominale**.

Attention ! Une phrase nominale peut comporter un verbe, mais ce verbe n'est pas le noyau de la phrase.

- Le verbe à l'infinitif est complément du nom. Terrain à vendre.
- Le verbe appartient à une proposition relative qui complète le nom.
Voici un terrain qui est à vendre.

Dans les deux cas, le mot noyau est bien le nom « terrain ».

Transformer une phrase verbale en phrase nominale

- Pour transformer une phrase verbale en phrase nominale, il suffit :
– de trouver le nom correspondant au verbe : « a découvert » → « découverte » ;
– de transformer le sujet en complément : « par l'expédition Stern ».
- Parfois, le verbe disparaît complètement, sans subir aucune transformation :
L'équipe de France remporte une large victoire.
Large victoire de l'équipe de France.

1 ★ Parmi les slogans publicitaires suivants, lesquels sont des phrases verbales ? lesquels sont des phrases nominales ? Remplis le tableau.

1. Candia, rien que toi.
2. Buvez, mangez léger, éliminez.
3. Nestlé, c'est fort en chocolat.
4. Peugeot 406, conçue pour coller à la route.
5. Orangina, ça me pulpe.
6. Vittel, à fond la forme.

Phrase verbale	Phrase nominale
N°	N° ....

2 ★★ Transforme les phrases verbales en phrases nominales, afin d'en faire des titres de journaux.

1. La France entre en scène.

....

2. Les tricolores triomphent à Athènes.

....

3. Les mutins se sont rendus à l'aube.

....

4. Les députés se réunissent demain à Strasbourg.

....

5. Les bijoux de la reine ont été volés cette nuit.

....

3 ★★★ Transforme les phrases nominales suivantes en phrases verbales.

1. Arrestation de deux malfaiteurs à Paris.

....

2. Courageux sauvetage de son camarade qui se noyait par un garçon de 11 ans.

....

3. Invasion de méduses en mer Méditerranée : baignade impossible.

....

4. Miraculeuse naissance de trois éléphanteaux au zoo de Vincennes cette nuit !

....

5. Entrée triomphale des troupes américaines dans Paris.

....

4 ★★★ Décode le message suivant.

Tu es journaliste et tu viens de recevoir sous forme de dépêche des nouvelles d'un correspondant en Papouasie. Mais ce message est codé. À l'aide des devinettes suivantes, tu pourras retrouver ce message entièrement fait de phrases nominales.

1. On retarde le plus longtemps possible celui d'un ami.
2. Ce n'est ni aujourd'hui ni hier.
3. On espère celle des amis, mais on n'aime pas celle du docteur.
4. C'est le lieu de culte religieux des protestants.
5. En grande quantité.
6. Les pirates les enterrent dans des îles secrètes.
7. C'est un verbe à l'infinitif qui pourrait être employé dans une phrase où l'on parle de Christophe Colomb et de l'Amérique.
8. Antonyme de *bienveillance*.
9. Celle de la France est de 66 millions.

1 [_ _ _ _ _ _] 2 [_ _ _ _ _ _] 3 [_ _ _ _ _ _]

[D U] 4 [_ _ _ _ _ _] [D E] 5 [_ _ _ _ _ _ _ _]

6 [_ _ _ _ _ _ _] [À] 7 [_ _ _ _ _ _ _ _ _] [M A I S]

8 [_ _ _ _ _ _ _ _ _] [D E] [L A] 9 [_ _ _ _ _ _ _ _ _ _]

Livret Parents – Corrigés p. 6

GRAMMAIRE

4 Les trois types de phrases

OBJECTIF • Reconnaître et utiliser les types de phrases

COURS

• Les types de phrases

• **La phrase déclarative :** elle énonce simplement quelque chose ; elle se termine par un point à l'écrit. Tu viens demain chez Paul.

• **La phrase interrogative :** elle sert à poser une question ; elle se termine par un point d'interrogation : **?**. Viens-tu demain chez Paul ?

L'interrogation est :
– soit **totale** (on répond par oui ou par non). Viens-tu ?
– soit **partielle** (elle ne porte que sur un élément : le temps, le sujet, le lieu). Quand viens-tu ?

• **La phrase injonctive :** elle sert à exprimer un ordre ou une défense ; son verbe est à l'impératif. Viens demain chez Paul.

• Tournures affirmatives et négatives

On peut **transformer chacun de ces types de phrases** en phrases **négatives**.
Je viens. Je ne viens pas.
Viens-tu ? Ne viens-tu pas ?

• La tournure exclamative

Elle permet d'exprimer un sentiment ou une émotion. Elle se termine par un point d'exclamation et se combine aux trois types de phrases.
Demain, tu es invité chez Paul ! (phrase déclarative et exclamative) Sois ponctuel ! (phrase injonctive et exclamative) N'êtes-vous pas fou ! (phrase interrogative et exclamative)

Remarque ! La phrase interrogative et exclamative est toutefois rare.

MÉTHODE

• Savoir passer d'un type de phrase à l'autre sans oublier la ponctuation

Les vacances sont finies.

• **Phrase interrogative :** Les vacances sont-elles finies ?
Ici, on ne peut pas transformer en phrase injonctive. L'impératif n'existe que pour la deuxième personne du singulier, la première personne et la deuxième personne du pluriel : viens, venons, venez.

• Formuler correctement une question

Je vais demain chez mes parents.

• La question porte sur l'ensemble : c'est une **interrogation totale.**
Vas-tu demain chez tes parents ? Réponse : oui ou non.

• La question porte sur un élément : c'est une **interrogation partielle.**
Quand vas-tu chez tes parents ? Réponse : demain.
Où vas-tu demain ? Réponse : chez mes parents.

1 ★ **Indique si les interrogations suivantes sont partielles ou totales. Coche la bonne case.**

	Interrogation	
	totale	partielle
1. Quelle heure est-il ?		
2. N'as-tu pas faim ?		
3. Quel temps fait-il à Nice ?		
4. Dans quelle région habites-tu ?		
5. M'accompagneras-tu au cinéma cet après-midi ?		
6. As-tu déjà été piqué par une méduse ?		

2 ★★ **Transforme les phrases déclaratives suivantes en phrases interrogatives, en phrases injonctives, puis en utilisant les tournures exclamatives et négatives.**

1. Vous écrivez une lettre.
2. Tu termines ton travail après le déjeuner.
3. Nous allons voir un beau film.

3 ★★ **Un personnage célèbre que tu admires beaucoup vient inaugurer la nouvelle salle de musique (ou de sport) de ton collège.**

Imagine dix questions que tu aimerais lui poser en variant à chaque fois la forme des phrases interrogatives.

4 ★★★ **Certaines questions et certaines réponses de ce dialogue inspiré des *Fables* de La Fontaine ont été effacées. Reconstitue, de façon cohérente, le texte en inventant des questions et des réponses. Attention à la construction des phrases et à la ponctuation !**

LE RENARD : Bonjour Corbeau. ....
.... ?

LE CORBEAU : Du haut de mon arbre, je domine la campagne.

LE RENARD : .... ?

LE CORBEAU : Un fromage. Mais n'attends pas que je le laisse tomber comme l'autre jour. Cette fois-ci, je l'ai attaché autour de mon cou.

LE RENARD : .... ?

LE CORBEAU : Dans le sac d'un paysan.

LE RENARD : .... ?

LE CORBEAU : Non, je l'ai volé pendant que le paysan dormait. Et toi, n'as-tu donc rien à manger ?

LE RENARD : ....

LE CORBEAU : C'est étrange ! Moi, j'ai toujours faim. N'aimes-tu plus le fromage ?

LE RENARD : ....

LE CORBEAU : Et quel plat préfères-tu maintenant ?

LE RENARD : ....

LE CORBEAU : Mon Dieu ! Mais les poules sont mes proches parentes. Ce sont des volatiles comme moi. Tu pourrais donc me manger.

LE RENARD : Oh non ! Tu es si différent, si gracieux, si élégant ! J'aime te voir voler. S'il te plaît, fais-moi la démonstration de ton talent. Prends ton envol et pose-toi près de moi.

LE CORBEAU : ....

LE RENARD : Mais pourquoi refuses-tu ?

LE CORBEAU : ....

LE RENARD : Mais, je ne te toucherai pas. Je te le promets. Et pour te donner confiance, vois, je m'éloigne de quelques pas. Es-tu d'accord maintenant ?

LE CORBEAU : ....
Mais mon fromage me gêne pour voler
.... ?

LE RENARD : Bien volontiers. J'en prendrai grand soin.

Et ayant dit ces mots, le Renard attrapa le fromage lancé par le Corbeau et s'enfuit en riant.

5 ★★★ **Identifie dans les phrases suivantes le type de phrase et la tournure utilisés.**

1. Je n'aurai pas le temps de prendre tes affaires à la laverie demain.
2. Sois bien à l'heure devant le musée surtout !
3. Quelle ville d'Espagne n'ont-ils pas visitée ?
4. Son oncle lui a promis d'être là pour son vingtième anniversaire !
5. Ne soyez pas si curieux.

Livret Parents – Corrigés p. 6

5 Les fonctions dans la phrase

OBJECTIF • Reconnaître sujet, verbe, complément du verbe, complément de phrase, attribut

COURS

Dictée 10

Pierre [s'empara] de la raquette. Avec adresse, il [lança] la balle à son ami.
GS — C. d'objet — C. circ. — GS — C. d'objet — C. d'objet

Pierre [est] un grand joueur.
GS — Attribut du sujet

- **Le groupe sujet** (GS) est un élément indispensable.
- **Le complément d'objet** direct (ou COD) se construit directement derrière le verbe (sans préposition), le complément d'objet indirect (ou COI) se construit avec une préposition.
  - Ils ne peuvent pas être déplacés.
  - Ils se construisent avec un verbe transitif.
- **L'attribut du sujet** représente une qualité, un aspect du sujet. La relation entre sujet et attribut se fait grâce à un verbe d'état (être, sembler, paraître, devenir, rester…).
- **Les compléments circonstanciels** expriment les circonstances de l'action : temps, lieu, manière, cause. Ils sont déplaçables et supprimables.
  Elle emporta le second set en une heure. / En une heure, elle emporta le second set.

MÉTHODE

Reconnaître les fonctions dans la phrase

- Voici comment tu dois réfléchir pour identifier correctement les fonctions dans la phrase :

SUJET + VERBE TRANSITIF + C. d'objet ? Remplaçable par *lui*, *leur*, *le*, *la*, *les*
SUJET + VERBE TRANSITIF + C. cir. ? Réponses aux questions : *Quand*, *Où*, *Comment*, *Pourquoi* ? (facultatif)

SUJET : Remplaçable par *ON*
Qu'est-ce-qui ?

SUJET + VERBE D'ÉTAT + Attribut du sujet ? Ni déplaçable ni supprimable
SUJET + VERBE D'ÉTAT + C. cir. ? Déplaçable et supprimable (facultatif)

- Il faut aussi être capable de **donner la nature du mot ou du groupe de mots :**
  – un **sujet** et un **complément d'objet** peuvent être un groupe nominal, un pronom, un infinitif ;
  – un **attribut** peut être un nom ou un adjectif ;
  – un **complément circonstanciel** peut être un groupe nominal ou un adverbe.

1 ★ Dans les phrases suivantes, indique si le groupe en gras est attribut du sujet ou complément d'objet. Coche la bonne colonne.

	Attribut	C. d'objet
1. De l'autre côté du miroir, Alice découvrit **un autre monde.**		
2. Il lui parut **merveilleux et mystérieux.**		
3. Alice voulait **l'explorer.**		
4. Sa curiosité était **sans limites.**		

2 ★★ Analyse chaque groupe souligné et place-le dans le tableau suivant.

Derrière la montagne, s'étendait une immense plaine. Son grand-père habitait là, dans une petite cabane. Pendant des années, il avait semblé robuste, mais maintenant c'était un invalide. Chaque semaine, Colette, à vélo, lui apportait en cachette des gâteaux.

	Sujet	Attribut	C. circ.	C. d'objet
groupe nominal				
pronom				
infinitif				
adjectif				
adverbe				

3 ★★ Dans les phrases suivantes, indique si le groupe en gras est complément d'objet, sujet du verbe, complément circonstanciel ou attribut du sujet. Coche la bonne colonne.

	C. circ.	Sujet	C. d'objet	Attribut
1. Derrière la maison, se dressait **une petite cabane en bois.**				
2. Pierre confia à son frère **son grand secret.**				
3. Son grand-père était **un homme compréhensif.**				
4. Mon père travaille **la nuit.**				
5. J'aime **la nuit** : j'aime marcher dans les rues à la lueur des réverbères.				
6. À l'orée du bois, se tenait **le loup** qui observait le petit chaperon rouge.				
7. Lorsque tomba **la nuit**, nous n'avions pas encore atteint le refuge.				

4 ★★★ En t'aidant du schéma proposé, reconstruis le message déchiré.

- Adv. c. circ. + pronom personnel sujet + verbe + groupe nominal c. d'objet + c. circ.
- Groupe nominal sujet + verbe + préposition + c. circ.
- Pronom démonstratif sujet + verbe + adjectif attribut.
- Verbe à l'impératif + pronom c. d'objet + c. circ. + groupe nominal c. d'objet.
- Infinitif sujet + verbe + GV attribut du sujet.

Livret Parents – Corrigés p. 7

6 Les constituants du groupe nominal

OBJECTIF • Identifier nom, déterminant et adjectif

COURS

Dictée 2
Dictée 7
Dictée 9

● Le nom est le **noyau** du groupe nominal (GN). Il est le plus souvent introduit par un déterminant avec lequel il s'accorde en genre et en nombre.
Je vois **un chien**. **Ce chien** ressemble à **mon épagneul**.
Les noms propres prennent une majuscule. Ils désignent une personne ou un lieu. Seuls les noms de lieu peuvent être introduits par un déterminant.
Lucas aime beaucoup l'**Asie** et surtout le **Japon**.

● Parmi les déterminants, on trouve :
– les **articles définis** (*le, la, les, l'*) et les articles définis contractés (*le* et *les* se contractent avec la préposition *à* pour donner *au, aux* ; et avec la préposition *de* pour donner *du, des*) ;
– les **articles indéfinis** (*un, une, des*) ;
– les **articles partitifs** (*du, de la*). Ils s'emploient avec un nom indénombrable (Je mange du pain) ou avec un nom abstrait (J'ai du caractère) ;
– les **déterminants possessifs** (*mon, ton, son, ma, ta, sa, notre, votre, leur*) ;
– les **déterminants démonstratifs** (*ce, cet, cette, ces*).

● Le groupe nominal peut comporter un **adjectif**. Il est alors épithète et se place devant ou derrière le nom qu'il caractérise.
Les **gros** chiens **noirs** aboyaient férocement. *Gros* et *noirs* sont deux adjectifs épithètes du nom *chien*.

MÉTHODE

● Distinguer *des* (article indéfini) de *des* (article défini contracté)

Il faut mettre le nom au singulier. Si *des* peut être remplacé par *un* ou *une*, il est article indéfini.
Il y a **des** microbes → Il y a **un** microbe → donc *des* est un article indéfini.
Je suis fatigué **des** bavardages → le remplacement de *des* par *un* est impossible → donc *des* est un article défini contracté.

● Distinguer *du* (article partitif) de *du* (article défini contracté)

Si on peut remplacer *du* par l'expression *un peu de, du* est article partitif.
Je bois **du** lait → Je bois **un peu** de lait → donc *du* est un article partitif.
Je sors **du** cinéma → le remplacement de *du* par *un peu de* est impossible → donc *du* est un article défini contracté.

1 ★ Classe les phrases suivantes selon que *des* est un article indéfini ou un article défini contracté. Reporte leur numéro dans le tableau.

1. **Des** hommes sont entrés brutalement dans son bureau.
2. Je ne me lasse jamais **des** bains de mers.
3. Il faudrait poser **des** rideaux, le salon serait plus accueillant.
4. Penses-tu que **des** objets aient été volés ?
5. Je suis obligée de prendre **des** médicaments tous les jours.
6. Le prix **des** carburants a augmenté.
7. La sortie **des** élèves est toujours bruyante et joyeuse.

des : article indéfini	*des* : article défini contracté
N°	N° ....

2 ★ Classe les phrases suivantes selon que *du* est un article partitif ou un article défini contracté. Reporte leur numéro dans le tableau.

1. Il revient **du** marché.
2. L'arbre centenaire **du** jardin public a été déraciné par l'orage.
3. **Du** nerf ! Tu te complais dans ta paresse. Mets un peu de cœur à l'ouvrage !
4. Il passe son temps à ingurgiter **du** chocolat : il se nourrit mal.

du : article défini contracté	*du* : article partitif
N°	N° ....

3 ★★ Dans le texte suivant, souligne les GN et classe leurs différents constituants dans le tableau.

Parfois, les tribus indiennes se réconciliaient et renonçaient aux terribles guerres qui les opposaient pour s'unir contre les Visages Pâles. Alors leurs forces rassemblées leur permettaient de gagner des batailles. Des fêtes extraordinaires suivaient ces valeureuses victoires.

GN	Nom noyau	Déterminant	Adjectif(s)
1	tribus	....	....
2	guerres	....	....
3	Visages	....	....
4	forces	....	....
5	batailles	....	....
6	fêtes	....	....
7	victoires	....	....

4 ★★ Repère six adjectifs et indique de quel nom ils sont épithètes.

Les fêtes splendides semblaient ne devoir jamais s'achever. Les hommes fiers allumaient des feux et dansaient au son des tam-tams en poussant de retentissants cris de victoire. Les squaws, cuisinaient durant des jours et des jours d'énormes plats dont les odeurs parfumées planaient au dessus de la joyeuse assemblée.

Adjectif	Fonction
splendides	....
....	....
....	....
....	....
....	....
....	....

5 ★★★ Dans le texte suivant, souligne les déterminants et identifie-les.

Les hommes des cavernes avaient peur que le soleil ne réapparaisse pas. Des prières étaient adressées aux dieux. Du courage et de la ténacité étaient nécessaires à ces hommes pour affronter leurs peurs. Ils craignaient aussi les démons des rêves.

Livret Parents – Corrigés p. 7

7 Les pronoms

OBJECTIF • Reconnaître un pronom et sa fonction

COURS

Qu'est-ce qu'un pronom ?

- Le mot *pronom* vient du latin *pro* (qui signifie « pour ») et *nomen* (qui signifie « nom »).
- Cette origine permet de comprendre ce qu'est un pronom. En effet, **un pronom est un mot qui remplace un nom (ou un GN)**.

Paul regarde le grand arbre. → **Il** le regarde.

	Il	le	
	remplace *Paul*	remplace *le grand arbre*	

Les différents pronoms

- **Les pronoms personnels**

Je, moi, m', tu, te, toi, t', il, elle, le, la, lui, l', nous, vous, ils, elles, les, leur, eux, se, soi.

- **Les pronoms possessifs**

Le mien, la mienne, le tien…, le sien…, le(s) nôtre(s), le(s) vôtre(s), le(s) leur(s).

Mon chien est moins affectueux que le tien.

- **Les pronoms démonstratifs simples**

Celui, celle, ceux, ce ; ou composés : celui-ci, celui-là…

Range ce livre et celui qui est posé sur la table de la terrasse.

Les fonctions du pronom

Le pronom peut prendre **toutes les fonctions du nom**.

Paul	regarde	le grand arbre.	→	Il	le	regarde.
sujet du V *regarde*		COD de *regarde*		sujet du V *regarde*	COD de *regarde*	

MÉTHODE

Distinguer pronom et déterminant

- ***Le, la, les, l', leur*** peuvent être pronoms personnels **ou** déterminants.
- Devant un nom, ils sont déterminants : **la** pomme, **le** garage, **les** enfants, **leur** livre.
- Devant un verbe, ils sont pronoms : il **la** donne ; je **le** vois ; tu **les** prends ; tu **leur** donnes.

Bien orthographier *leur*

- *Leur* **pronom personnel** est **invariable**.
- *Leur* **pronom possessif** varie en **nombre** : **le** leur, **les** leurs.
- *Leur* **déterminant** s'accorde **en genre et en nombre** avec le nom qu'il accompagne.

Leur fille est malade. **Leurs filles** sont malades.

1 ★ **Dans le texte suivant, relève le nom ou le GN qui est représenté par chaque pronom indiqué en gras et complète le tableau ci-dessous.**

La petite fille marchait dans le bois sombre. **Celui-ci l'**effrayait un peu car **elle** n'avait pas l'habitude de **le** traverser si tard. Les troncs des grands arbres jetaient des ombres qui lui faisaient un peu peur car **elles** prenaient des formes parfois humaines. Alors la fillette se mettait à chanter à tue tête pour éviter de songer à sa peur. Mais il faut avouer que **celle-ci l'**accompagnait jusqu'à sa sortie de la forêt !

Pronom	Nom ou GN représenté par le pronom
celui-ci	....
l'	....
elle	....
le	....
elles	....
celle-ci	....
l'	....

2 ★ **Coche le pronom possessif qui convient.**

1. Est-ce le professeur de Martine ? Oui, c'est :
❏ A. le mien. ❏ B. la sienne. ❏ C. le sien.

2. Sont-elles les amies de ma sœur ? Oui, ce sont :
❏ A. les miennes.
❏ B. les siennes.
❏ C. les leurs.

3. S'agit-il de la bicyclette de Paul et Virginie ? Oui, c'est :
❏ A. la sienne.
❏ B. la vôtre.
❏ C. la leur.

4. Est-ce que ce sont tes lunettes ? Oui, ce sont :
❏ A. les tiennes.
❏ B. les nôtres.
❏ C. les miennes.

5. Est-ce ta chienne ? Non, ce n'est pas :
❏ A. la sienne.
❏ B. la tienne.
❏ C. la mienne.

6. Est-ce la maison que ton mari et toi avez achetée ? Oui, c'est :
❏ A. la nôtre.
❏ B. la sienne.
❏ C. les nôtres.

3 ★★ **Souligne les mots en gras : en rouge s'il s'agit d'un pronom personnel, en vert s'il s'agit d'un déterminant.**

Parfois, elle se mettait à courir pour que **la** traversée dure le moins longtemps possible. Mais soudain elle s'arrêtait. Immobile, elle tendait **l'**oreille, car elle était persuadée d'avoir entendu **les** pas de quelqu'un qui courait derrière elle ! Elle n'entendait plus rien : **les** avait-elle imaginés ? Ou bien celui qui voulait **la** rattraper s'était-il arrêté en même temps qu'elle ? Elle se remettait à marcher en essayant de ne faire aucun bruit, mais chacun de ses pas faisait craquer **la** branche ou **les** feuilles mortes qui se trouvaient sous ses pieds. **La** peur finissait par **la** submerger.

4 ★★ **Fais l'accord lorsque cela est nécessaire.**

1. Leur.... fils ont campé durant tout l'été.
2. Je ne leur.... rendrai plus jamais de service, ils ne sont même pas capables de dire merci.
3. Mes enfants et les leur.... s'entendent bien.
4. Agathe et Samir sont revenus de leur.... voyage de noces qui ne leur.... a apporté que des plaisirs.
5. Il est vraiment dommage qu'ils aient perdu leur.... cartes et leur.... boussole car ils se sont perdus et n'ont retrouvé leur.... chemin que tard. Heureusement qu'il ne leur.... est rien arrivé de fâcheux !

5 ★★★ **Remplacer les GN en gras par des pronoms.**

1. **Marc et moi** allons au cinéma.
→ ....
2. Paul mange **tout le fromage** !
→ ....
3. Malika mange **du fromage**.
→ ....
4. Je ne range que **ma chambre**.
→ ....
5. Nous cueillons **des cerises**.
→ ....
6. Nous cueillons **les cerises**.
→ ....

Livret Parents – Corrigés p. 7

GRAMMAIRE

8 Les fonctions de l'adjectif

OBJECTIF • Distinguer épithète, épithète détachée et attribut du sujet

COURS

Dictée 7

Dictée 8

L'adjectif peut avoir différentes fonctions.

• Épithète

L'enfant inquiet est venu me rendre visite.

Il **appartient au GN** et s'accorde avec le nom qu'il complète.

Selon sa place, l'adjectif épithète peut prendre un sens différent.

Un **grand** homme (c'est-à-dire « important ») / Un homme **grand** (« de grande taille »)

• Attribut du sujet

L'enfant est inquiet.

Il **qualifie le nom par l'intermédiaire d'un verbe d'état**. Les verbes d'état les plus fréquents sont être, sembler, paraître, rester, devenir... L'attribut du sujet ne peut être ni déplacé, ni supprimé. Il s'accorde alors avec le sujet.

Ces savants sont inventifs.

sujet **attribut au pluriel**

MÉTHODE

• Identifier les fonctions d'un adjectif

La petite fée resta silencieuse et ébahie.

- Souligner les adjectifs.
- À l'aide d'une flèche, **relier les adjectifs aux noms qu'ils qualifient**.
- **Étudier la place de l'adjectif par rapport au nom.**

Petite est placé à côté du nom qu'il qualifie, il appartient au GN.

- **Conclure : quelle est la fonction de l'adjectif ?**

Petite est un adjectif épithète du nom *fée* (avec lequel il s'accorde au féminin singulier). *Silencieuse* et *ébahie* sont séparés du nom *fée* par un verbe d'état, ils ne sont ni déplaçables ni supprimables. Ce sont des attributs du sujet « *La petite fée* » (avec lequel ils s'accordent).

La **petite** fée resta **silencieuse** et **ébahie**.
épithète — attribut — attribut

EXOS

1 ★ Remplacer les éléments en gras par un adjectif de sens équivalent.

1. Le soleil **qui brillait** illuminait le sourire **qui était beau** de Camille.

2. L'homme **qu'on ne voit pas** peut tout faire !

3. Le pré **qui était en fleurs** s'étendait à perte de vue.

4. Le portail **qui grinçait** réveilla le chien.

5. L'arbre **qui s'élançait** vers le ciel tendait ses branches **qui ne portaient plus de feuilles**.

2 ★ En appliquant la Méthode p. 22, souligne chacun des adjectifs et indique leur fonction.

1. Le merveilleux magicien tendit sa baguette bleue.

2. Les fioles de la sorcière étaient poussiéreuses et bouillonnantes.

3. Le vilain petit canard devenait de jour en jour un peu plus beau et gracieux.

4. La fillette essayait de surprendre les précieux secrets de la vieille fée.

3 ★★★ Les adjectifs épithètes suivants n'ont pas le même sens s'ils sont placés avant ou après le nom. Précise le sens de chaque adjectif.

1. Une ancienne boulangerie. ....
Une voiture ancienne. ....

2. Un grand homme. ....
Un homme grand. ....

3. Un curieux chien. ....
Un chien curieux. ....

4. Sa propre maison. ....
Une maison propre. ....

4 ★★★ À l'aide des définitions proposées ci-dessous, retrouve les adjectifs du texte suivant et complète la grille.

En entrant dans l'antique magasin, Céline et Natacha poussèrent la lourde porte. Il ne s'agissait pas de faire de folles dépenses. Les achats prévus devaient être utiles. Il leur fallait des trousses vertes, de petites pochettes très fines et quelques mines dures qui étaient nécessaires en dessin... Dès le premier rayon, Céline renversa une étagère. La voix de la vendeuse était sèche et peu aimable lorsqu'elle s'adressa aux deux fillettes maladroites.

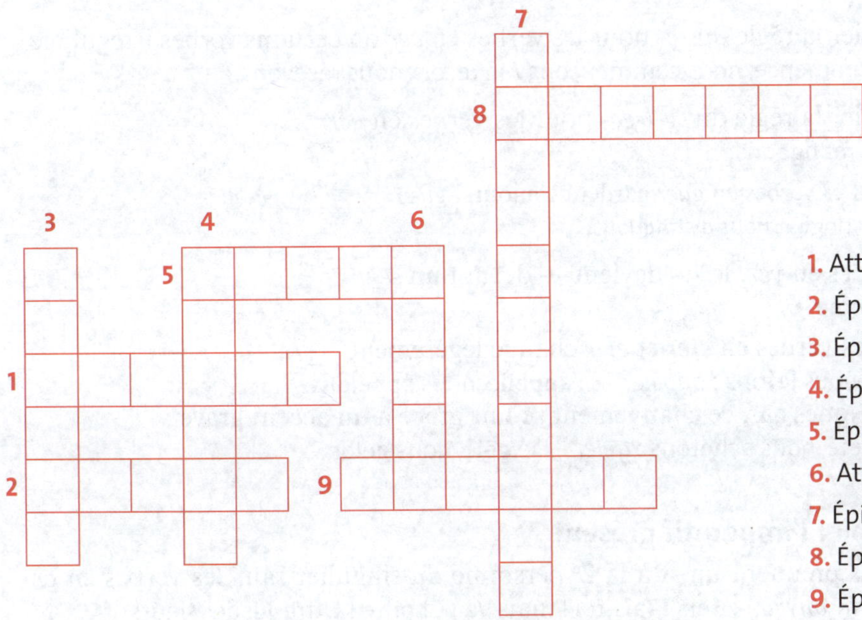

1. Attribut de *achats*.
2. Épithète de *mines*.
3. Épithète de *porte*.
4. Épithète de *dépenses*.
5. Épithète de *pochettes*.
6. Attribut de *voix*.
7. Épithète de *fillettes*.
8. Épithète de *magasin*.
9. Épithète de *trousses*.

Livret Parents – Corrigés p. 8

GRAMMAIRE

9 Les catégories de verbe et l'impératif

OBJECTIF • Connaître les caractéristiques des verbes et utiliser l'impératif

COURS

Dictée 9

• Les verbes en *er* (ou 1er groupe)

Les conjugaisons se construisent à partir du radical et sont régulières, c'est-à-dire que le radical reste le même (sauf le verbe *aller*). Chanter → **chant-** est le radical à partir duquel tous les temps se conjuguent.

• Les verbes en *ir* (issons) (ou 2e groupe)

- Le participe présent de ces verbes se finit par *-issant*.
- La conjugaison de ces verbes est régulière. Fin**ir** → fin**issant.**

• Les verbes irréguliers (ou 3e groupe)

Il s'agit des verbes en ***oir***, ***re*** et des verbes en ***ir*** dont le participe présent ne se forme pas avec *-issant*. La conjugaison de ces verbes est **irrégulière** car ils ont plusieurs radicaux. Recevoir, peindre, partir (→ partant).

• L'impératif

L'impératif est un mode qui permet de donner un ordre, un conseil, de formuler une interdiction. Il se conjugue à la 2e personne du singulier (viens) aux 1re et 2e personnes du pluriel (venons, venez).

MÉTHODE

• Orthographier certains radicaux changeants

- Ne pas oublier la règle du ***-ç-*** pour les verbes en *cer* ou certains verbes irréguliers en *cevoir* : je commence, nous commençons / je reçois, nous recevons.

- Ne pas oublier la règle du ***-g-/-ge-*** pour les verbes en *ger* :
je mange, nous mang**e**ons.

Cas particulier Les verbes en *guer* gardent toujours *-gu-* :
je distin**gue**, je distin**gu**ai, nous distin**gu**ons.

- Pour les verbes en *yer*, le *-y-* devient *-i-* devant un *-e* :
noyer → je me noie.

- Le radical des verbes en *eter* et *eler* change légèrement :
jeter → je **jett**e, nous **jet**ons ; *appeler* → j'**appell**e, nous **appel**ons.
Mais dans quelques cas, ce changement se fait grâce à un accent grave :
acheter → j'**ach**ète, nous achetons ; *geler* → je **gèl**e, nous gelons.

• Orthographier l'impératif présent

Tous les verbes prennent un ***-s*** à la 2e personne du singulier sauf les verbes en *er* (et *cueillir, offrir, ouvrir*) : Sors ! Tais-toi ! mais Va ! Chante ! Offre-lui des fleurs.

1 ★ Classe les verbes suivants dans le tableau ci-dessous.

avouer – fleurir – mourir – recevoir – grossir - aller – ouvrir – mentir – échanger – voyager – coudre – rejoindre – revoir – revenir – noircir

verbes en *er*	verbes en *ir* (issant)	verbes irréguliers
....	....	....
....	....	....
....	....	....
....	....	....
....	....	....
....	....	....
....	....	....

2 ★ Complète par *-c-* ou *-ç-*.

1. Nous avons re.....u tous les matériaux hier, nous commen.....erons les travaux demain.

2. Je ne con.....ois pas comment on peut se perdre avec une carte et une boussole !

3. Commen.....ons par nous respecter les uns les autres.

4. Paul ber.....a longtemps son petit frère. Celui-ci commen.....ait enfin à s'endormir quand un coup de tonnerre le réveilla.

5. Je re.....ois mes parents ce soir.

3 ★★ Complète par *-g-*, *-ge-* ou *-gu-*.

1. Nous voya..........ons souvent, nous navi..........ons parfois au cours de ces voyages.

2. A..........is rapidement si tu veux être efficace.

3. Nous man..........erons avec Sophie ce soir, nous man..........ons tous les lundis soir en sa compagnie.

4. Je ne distin..........e plus très bien les lettres, j'ai besoin de lunettes.

5. Ils ne déména..........ront pas cette année mais ils nous aideront car nous déména..........rons bientôt.

4 ★★ Transpose les phrases suivantes à l'impératif, selon le modèle proposé.

Ex. : Tu viendras demain → Viens demain !

1. Tu ouvriras la porte.

→ ....

2. Tu mangeras tout ce qui est dans ton assiette.

→ ....

....

3. Tu ne croiras pas ce qu'il dit.

→ ....

4. Tu t'en iras demain.

→ ....

5. Tu prendras tes affaires.

→ ....

6. Tu ne cueilleras pas ces fleurs.

→ ....

....

5 ★★★ Coche la bonne conjugaison.

1. Le gâteau de Mamie .... au four, elle surveille sa cuisson.

❏ **A.** dors
❏ **B.** dort
❏ **C.** dore

2. ....-toi, tout est sur la table.

❏ **A.** Serre
❏ **B.** Sers
❏ **C.** Sert

3. « Ça .... ! » s'exclama Sonia.

❏ **A.** pue
❏ **B.** pus
❏ **C.** put

4. Il fit des efforts mais ne ...... finir son assiette.

❏ **A.** pus
❏ **B.** put
❏ **C.** pue

5. Elle .... le sapin de boules scintillantes.

❏ **A.** pare
❏ **B.** part
❏ **C.** pars

6. Repose-toi encore aujourd'hui puisque tu ne .... que demain.

❏ **A.** pares
❏ **B.** pare
❏ **C.** pars

Livret Parents – Corrigés p. 8

10 Le présent de l'indicatif

OBJECTIF • Conjuguer et employer le présent de l'indicatif

COURS

Dictée 1

● **Pour conjuguer ce temps**, il faut apprendre le tableau suivant par cœur :

Verbes en *-er* (ou 1er groupe)	Verbes en *-ir* (*-issons*) (ou 2e groupe)	Verbes en *-oir*, *-re*, *-indre*, *-oudre*, *-tre* et autres verbes en *-ir* (ou 3e groupe)
Je dans-e Tu dans-es Il, elle dans-e Nous dans-ons Vous dans-ez Ils, elles dans-ent	Je fin-is Tu fin-is Il fin-it Nous fin-issons Vous fin-issez Ils, elles fin-issent	Je doi-s Tu doi-s Il, elle doi-t Nous dev-ons Vous dev-ez Ils, elles doiv-ent

Cas particuliers du 3e groupe :
Les verbes en *-dre* (comme *prendre* ou *vendre*) conservent le *-d* du radical aux trois personnes du singulier : je prends, tu prends, il prend, nous prenons, vous prenez, ils prennent.
Les verbes *vouloir*, *pouvoir* et *valoir* prennent un -x aux deux premières personnes du singulier : je veux, tu veux, il veut ; je peux, tu peux, il peut ; je vaux, tu vaux, il vaut.

MÉTHODE

● **Savoir utiliser le présent de l'indicatif**

Le présent peut avoir différentes valeurs qu'il faut connaître.

• Le présent **d'actualité** sert à exprimer une action qui se déroule au moment où l'on parle (1.).

• Le présent de **vérité générale** permet d'exprimer des vérités qui valent pour toutes les époques (2.).

• Le présent de **narration** remplace le passé simple dans un récit, afin de donner plus de vie à l'histoire racontée (3.).

1. 2. 3.

EXOS

1 ★ **En t'aidant du tableau de conjugaison du Cours p. 26, retrouve à quelles catégories appartiennent les verbes proposés et conjugue-les au présent de l'indicatif.**

découdre	démettre
contribuer	craindre
vouloir	revendre
dépeindre	prendre
secouer	définir

2 ★★ **Complète le texte suivant en utilisant, au présent, les verbes proposés.**

sortir – émettre – paraître – vouloir – s'écrier – perdre – combattre – craindre – montrer – essayer – savoir – résoudre – pouvoir – cacher

Le monstre .... de la caverne. Il .... ses grandes dents et, par instants, il .... de petits grognements fort inquiétants. Nous ne .... pas prendre le risque d'être découverts.

J'........................ de bouger ma main engourdie, et aussitôt il .... tourner sa grosse tête vers le buisson qui nous .... « Tu .... notre mort », ... mes camarades. Je me .... alors à ne plus bouger, je .... autant qu'eux ce féroce animal. Émile .... son envie d'éternuer. Paul .... patience et ne .... que décider.

3 ★★★ **Dans les phrases suivantes, souligne les verbes conjugués au présent, et classe-les dans le tableau en fonction de la valeur qu'ils expriment.**

1. « Il n'en fallut pas plus. Notre souffleur à gage se gorge de vapeur, s'enfle comme un ballon, fait un vacarme de démon. » (La Fontaine)
2. Les arbres à feuilles caduques se dénudent à l'automne.
3. Rien ne sert de courir, il faut partir à point.
4. Il entra et s'exclama en regardant les mets disposés sur la table : « Je meurs de faim ! »
5. Ne crois-tu pas que tu devrais surveiller ton alimentation ?
6. Le prince se penche sur la Belle au bois dormant et la réveille d'un baiser.

Présent d'actualité	Présent de vérité générale	Présent de narration
....	....	....
....	....	....
....	....	....

4 ★★★ **Retrouve, puis barre, dans la grille les verbes suivants conjugués à la deuxième personne du singulier du présent de l'indicatif. Les lettres restantes te donneront, dans le désordre, le nom d'un célèbre commissaire. Tu peux lire verticalement et horizontalement. Attention ! Une même lettre peut servir deux fois.**

permettre	choisir	aller
prier	couler	coudre
voir	valoir	suivre
punir	louer	ouvrir
débattre	prendre	être
dire	prétendre	

C	H	O	I	S	I	S	P	M	P	C
O	G	R	O	U	V	R	E	S	R	O
U	V	P	R	I	E	S	R	A	E	U
L	O	U	E	S	E	T	M	I	N	D
E	I	N	P	R	E	T	E	N	D	S
S	S	I	D	E	B	A	T	S	S	E
V	A	S	V	A	U	X	S	D	I	S

Nom caché : ....

5 ★★★ **Heure par heure, dresse l'emploi du temps d'une de tes journées (le dimanche, par exemple). Tu dois écrire ce petit texte au présent de l'indicatif.**

Livret Parents – Corrigés p. 8

GRAMMAIRE

11 Le passé simple et l'imparfait

OBJECTIF • Conjuguer et employer passé simple et imparfait

COURS

Dictée 2

Dictée 5

Dictée 9

Dictée 10

• Conjugaison du passé simple

Il faut distinguer deux grands groupes de verbes :

Les verbes en *er* (demander)		Les verbes en *ir* (finir), *oir* (vouloir), *re* (prendre)		
je	demand-**ai**	fin-**is**	ou	voul-**us**
tu	demand-**as**	fin-**is**		voul-**us**
il	demand-**a**	fin-**it**		voul-**ut**
nous	demand-**âmes**	fin-**îmes**		voul-**ûmes**
vous	demand-**âtes**	fin-**îtes**		voul-**ûtes**
ils	demand-**èrent**	fin-**irent**		voul-**urent**

Attention ! **Seules les 3es personnes sont à mémoriser.**

• Conjugaison de l'imparfait de l'indicatif

• Tous les verbes conjugués à l'imparfait ont la même terminaison :

je demand-**ais**
tu demand-**ais**
il demand-**ait**
nous demand-**ions**
vous demand-**iez**
ils demand-**aient**

• Dans tous les cas, le radical utilisé est le même que celui de la 1re personne du pluriel au présent.

finir : je **finiss**ais, nous **finiss**ons (présent) *prendre* : je **pren**ais, nous **pren**ons (présent) *naître* : je **naiss**ais, nous **naiss**ons (présent)

MÉTHODE

• Employer correctement le passé simple et l'imparfait

• Le passé simple est surtout employé à l'écrit. À l'oral, on choisit le passé composé. **Le passé simple** sert à présenter **l'action passée comme accomplie**, achevée alors que **l'imparfait** est employé pour présenter **une action passée non bornée dans le temps, une action en train de s'accomplir**, de se dérouler. Compare :

Il se dirigeait vers la fontaine : on insiste sur le déroulement de l'action.

Il se dirigea vers la fontaine : on insiste sur le fait que l'action est accomplie, achevée, donc bornée.

Le passé simple peut être employé pour exprimer **une action de premier plan par rapport à un second plan exprimé par l'imparfait** :

Il rêvait à ses vacances quand le professeur l'interrogea.

• **L'imparfait** est également employé dans des **descriptions**, ou pour des **événements qui se répètent :** Ses cheveux frisaient. Il allait tous les jours à l'école.

1 ★ **Chaque série regroupe des verbes qui ont un point commun évident. Mais, dans chacune, un intrus s'est glissé. À toi de le barrer en justifiant ton choix !**

1. faisions – butaient – allai – régniez
2. criions – pillez – niiez – épiions
3. revins – peins – survins – détins
4. ruina – tria – mangea – semblât
5. parvint – retint – peint – vint
6. mangeai – semblai – courrai – demandai
7. nagions – devions – citions – avions – crions

2 ★★ **Dans les phrases suivantes, souligne les verbes conjugués à l'imparfait, et classe-les dans le tableau en fonction de la valeur qu'ils expriment.**

1. Dès que les chiens apercevaient une ombre, ils se mettaient à aboyer férocement.
2. Pierre somnolait quand le téléphone sonna.
3. Les vaches paissaient paisiblement dans le pré fleuri.
4. Les deux enfants se promenaient dans les collines et cueillaient des marguerites.
5. De jolis cheveux blonds et bouclés encadraient son visage d'ange.
6. Il commençait chaque journée par une série de mouvements de gymnastique.
7. Le tonnerre grondait depuis plusieurs heures déjà quand l'orage éclata.
8. Le tableau représentait une scène de chasse.

Description	N° ....
Second plan	N° ....
Répétition	N° ....

3 ★★★ **Complète le texte avec les terminaisons qui conviennent.**

Un jour, la sorcière sort........... de sa caverne. Elle m........ son plus beau manteau et un grand chapeau. Elle mont..... sur un balai pour se rendre chez sa meilleure amie, une autre sorcière. Hélas ! son balai était usé. Elle ne s'en aperç........... pas, et après quelques mètres, elle tomb........... par terre.

À ce moment, une fée appar........... Quand elle v .... la sorcière, blessée, à terre, elle cour........... vers elle et ramass..... son chapeau. La sorcière ne la reconn........... pas, car elle avait pris le visage d'une innocente fillette. La fée déguisée rev........... avec la sorcière qui ne pouvait plus marcher. Elle entr..... dans la caverne. La sorcière referm..... la porte de sa cachette. « Voilà, se di.....-elle, une bien appétissante enfant. » Elle f........... une horrible grimace et s'approch..... de la fée, mais celle-ci s'envol..... vers le haut d'une armoire. Aussitôt, les tables tourn..........., les corbeaux de la sorcière ouvr.......... leurs cages, bu.......... toutes les potions magiques : ils dev.......... d'horribles monstres. Effrayée, la sorcière s'enfu........... à toutes jambes.

4 ★★★ **Mets les verbes entre parenthèses à l'imparfait ou au passé simple.**

1. Les souris *(danser)* .... une valse, quand le chat *(survenir)* .... et les *(attraper)* ....
2. Tu *(essayer)* .... d'attraper un pot de confiture, quand ta grand-mère *(arriver)* ....
3. Nous *(jouer)* .... tranquillement lorsque l'orage *(éclater)* .... Les vitres se *(briser)* ...., et nous *(courir)* .... nous réfugier sous une table. Cela *(durer)* .... tout l'après-midi.
4. Le temps *(être)* .... affreux. La neige, qui *(tomber)* .... à gros flocons, *(rendre)* .... l'atmosphère lugubre. Tout à coup, un cri *(retentir)* .... et nous *(être)* .... saisis de frissons de terreur.

Livret Parents – Corrigés p. 9

12 Le futur et le conditionnel présent

OBJECTIF • Conjuguer et employer le futur et le conditionnel

COURS

Dictée 3

Dictée 5

Radical du verbe	Futur	Conditionnel présent
poser-	ai	ais
finir-	as	ais
tendr-	+ a	+ ait
boir-	ons	ions
reconnaîtr-	ez	iez
voudr-	ont	aient

Attention ! au radical de certains verbes.

- ***Apprécier, appuyer*** : j'apprécierai, j'appuierai, j'apprécierais, j'appuierais.
- ***Jeter*** : je jetterai, je jetterais.
- ***Pouvoir, voir, envoyer*** : je pourrai, je verrai, j'enverrai, je pourrais, je verrais, j'enverrais.
- ***Courir, mourir, acquérir, voir*** : je courrai, je mourrai, j'acquerrai, je verrai, je courrais, je mourrais, j'acquerrais, je verrais.

MÉTHODE

Employer le futur

- Il sert à exprimer des actions qui auront lieu dans l'avenir. **Demain**, j'irai lui rendre visite.
- Il peut exprimer l'ordre comme l'impératif. Vous **serez** sages.

Employer le conditionnel

- Il peut exprimer un **futur hypothétique** ou **imaginaire**.
Si tu voulais, je t'**accompagnerais**. / J'**aimerais** voyager.
- Il permet d'exprimer une **information dont on n'est pas très sûr**.
Un attentat terroriste **serait** à l'origine de la catastrophe.
- Il permet de formuler une **demande polie**. J'**aimerais** que tu obéisses.
- Il permet d'exprimer **un futur dans le passé**.
Il m'annonce qu'il **viendra**. → Il m'annonça qu'il **viendrait**.

annonce	viendra	annonça	viendrait
présent	futur par rapport au présent	passé	futur par rapport au passé

1re personne du singulier : futur ou conditionnel ?

Pour bien distinguer le futur du conditionnel à la première personne du singulier, on la remplace par la première personne du pluriel.
Je sortir**ai** si je le peux → Nous sortir**ons** si nous le pouvons. C'est un futur.
Je sortir**ais** si je le pouvais → Nous sortir**ions** si nous le pouvions. C'est un conditionnel.

EXOS

1 ★ Complète ce poème de Victor Hugo tiré des *Contemplations* en conjuguant les verbes entre parenthèses au futur. Pourquoi Victor Hugo emploie-t-il ici le futur ?

Demain, dès l'aube, à l'heure où blanchit
[la campagne,
Je (*partir*). Vois-tu, je sais que tu m'attends.
J'(*aller*) par la forêt, j'(*aller*) par la montagne.
Je ne puis demeurer loin de toi plus longtemps.
Je (*marcher*) les yeux fixés sur mes pensées,
Sans rien voir au-dehors, sans entendre
[aucun bruit,
Seul, inconnu, le dos courbé, les mains croisées,
Triste, et le jour pour moi (*être*) comme la nuit.
Je ne (*regarder*) ni l'or du soir qui tombe,
Ni les voiles au loin descendant vers Harfleur,
Et, quand j'(*arriver*), je (*mettre*) sur ta tombe
Un bouquet de houx vert et de bruyère
[en fleurs.

2 ★★ Conjugue le verbe souligné au passé simple, puis réécris la phrase en effectuant les transformations nécessaires.

1. Il demande si tu seras là.
2. Il répond qu'il lui rendra visite.
3. Il sait que tu atteindras ton but.
4. Nous pensons que vous voudrez déjeuner.

3 ★★ Dans un court récit écrit au futur, imagine la journée d'un élève de sixième en l'an 2050.

4 ★★ Complète les phrases suivantes par des propositions au conditionnel présent. Donne les réponses qui correspondent le mieux à ta personnalité.

Ex. : Si j'étais une fleur, je serais une anémone et je parfumerais ton jardin.

- Si j'étais un animal, ...
- Si j'étais une couleur, ...
- Si je pouvais voyager, ...
- Si j'avais des ailes, ...
- Si j'avais vingt ans, ...
- Si j'étais un poète, ...

5 ★★★ Souligne les verbes conjugués au conditionnel, et classe-les dans le tableau en fonction de la valeur qu'ils expriment.

1. Nous partirions immédiatement nous promener si Fabrice était arrivé.
2. Il était perdu : il se demandait sans cesse s'il parviendrait à retrouver son chemin.
3. Nous souhaiterions que vous soyez plus ponctuel.
4. Tu ferais le docteur, je jouerais le malade.
5. Les deux malfaiteurs évadés progresseraient en direction de l'Italie.
6. « Pourriez-vous m'aider à porter mon cabas ? » demanda la vieille dame à son jeune voisin.
7. Le médecin promit qu'il repasserait dès le lendemain pour surveiller l'évolution de la maladie.
8. Si j'en avais les moyens, je passerais ma vie à voyager.

Futur hypothétique ou imaginaire	....
Information certaine	....
Demande polie	....
Futur dans le passé	....

6 ★★★ Conjugue les verbes entre parenthèses au futur ou au conditionnel selon le contexte proposé.

1. Je *(courir)* .... plus vite si je n'avais pas tant mangé !
2. *(Accepter)* ....-tu de m'aider à comprendre mon cours de mathématiques ?
3. Nous *(accompagner)* ....-tu, si nous allons voir Mémé demain ?
4. Comme je *(vouloir)* .... que ces soucis soient finis et oubliés !
5. Il était persuadé que son père *(apprécier)* .... son offre.
6. Paul t'*(envoyer)* .... les photographies dès qu'il *(avoir)* .... le temps de le faire.

Livret Parents – Corrigés p. 9

GRAMMAIRE

13 Les temps composés de l'indicatif

OBJECTIF • Reconnaître et utiliser les différents types de temps composés

COURS

Pour conjuguer convenablement les temps composés de l'indicatif, il faut :

• Employer le bon auxiliaire : *être* ou *avoir*

• Certains verbes se conjuguent avec l'auxiliaire *avoir* : ce sont les **verbes transitifs**, c'est-à-dire les verbes qui admettent un complément d'objet.

Il **a bu** un grand verre d'eau.
C. d'objet

• Les **verbes intransitifs** se conjuguent soit avec *être*, soit avec *avoir*. C'est l'usage qui t'apprendra alors comment les conjuguer.

Il **est venu** ce matin. Il **a dormi** ici cette nuit.
C. cironstanciel C. cironstanciel

• Les **verbes pronominaux** (se + infinitif) se conjuguent toujours avec l'auxiliaire *être*.

Il s'**est lavé** comme chaque matin.

• Conjuguer l'auxiliaire au temps convenable

• **Passé composé** : auxiliaire au **présent** + participe passé.

J'**ai** dormi. Je **suis** venu.

• **Plus-que-parfait** : auxiliaire à **l'imparfait** + participe passé.

J'**avais** dormi. J'**étais** venu.

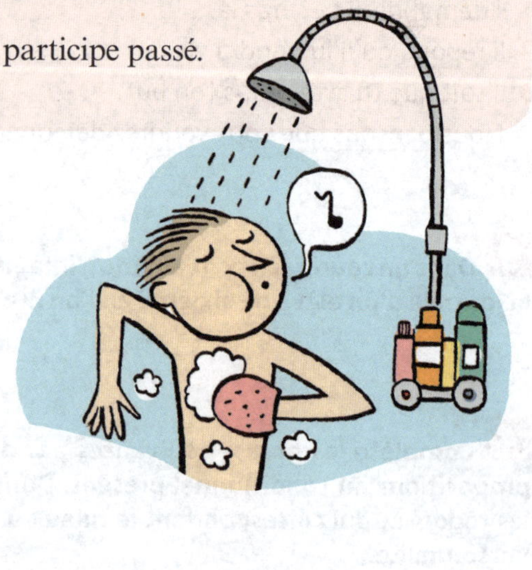

MÉTHODE

• Employer correctement les temps composés

Ils servent à exprimer une action achevée et antérieure (qui s'est déroulée avant) à l'action exprimée par le verbe conjugué au temps simple correspondant.

• Le **passé composé** sert à exprimer l'antériorité par rapport au **présent**.

Quand il a terminé ses devoirs, il rejoint ses amis.

• Le **plus-que-parfait** sert à exprimer l'antériorité par rapport à **l'imparfait**.

Quand il avait terminé ses devoirs, il rejoignait ses amis.

1 ★ **Corrige les erreurs commises dans l'emploi des temps composés.**

1. Dès que leurs chambres sont rangées, ils sortaient jouer avec le chien.

....

2. Dès que j'avais terminé mes tâches ménagères, je pars en balade avec mes amis.

....

3. Quand le gâteau était cuit, je le sors du four.

....

4. Elle allait chercher Pierre, dès que Céline a mangé sa soupe.

....

2 ★★ **Conjugue au temps composé qui convient le verbe entre parenthèses. Pour cela, souligne le verbe conjugué, reconnais à quel temps simple il est conjugué et trouve le temps composé correspondant.**

1. Quand tu *(partir)* ...., je lisais tes livres.

2. Dès que l'élève *(répondre)* ...., l'instituteur corrigeait l'exercice.

3. Lorsque le chat *(disparaître)* ...., les souris se mettent à danser.

4. J'ai le droit d'aller au cinéma lorsque j'*(travailler)* .... sérieusement.

3 ★★★ **Observe les dessins et invente une phrase sur le modèle suivant : Quand *temps composé, temps simple*, ou *temps simple* quand *temps composé*. Attention à l'ordre des actions ! Au cours de l'exercice, tu dois employer au moins une fois chacun des temps composés.**

Ex. : Quand, *temps composé, temps simple*
→ Quand il avait mangé, il s'endormait.

1. Quand, *temps composé, temps simple*

....
....
....

2. *Temps simple*, quand, *temps composé*

....
....
....

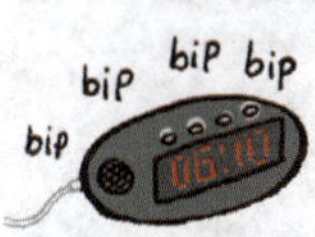

3. *Temps simple*, quand, *temps composé*

....
....
....

4. Quand, *temps composé, temps simple*

....
....
....

Livret Parents – Corrigés p. 9

14 L'accord du verbe et de son sujet

OBJECTIF • Connaître les principales règles d'accord

COURS

Dictée 8

Le verbe s'accorde en genre et en nombre avec le sujet.

Les différents cas	Accord
• Le verbe s'accorde avec le sujet.	Ces fourmis portent une brindille. Tu les vois ? S. 3e pers. du pluriel — S. 2e pers. du singulier
• Le participe passé du verbe s'accorde aussi en genre et en nombre avec le sujet quand le verbe est employé à un temps composé avec l'auxiliaire être.	Les fourmis sont revenu**es**. S. pluriel et féminin
• Sujets : *toi* et *moi*, *lui* et *moi*, *elle* et *moi*.	• Accord à la 1re personne du pluriel. Toi et moi étions venus.
• Sujet : *toi* et *lui*.	• Accord à la 2e personne du pluriel. Toi et lui étiez venus.
• Plusieurs sujets repris par un mot de sens collectif.	• Accord avec le nom collectif. La gamme, le stylo, la règle, toute la trousse m'appartient.
• Sujet : *beaucoup de…*, *peu de…*	• Accord au pluriel. Peu de cadeaux me reviennent.
• Sujet : *une foule de…*, *un ensemble de…*, *un groupe de…*	• Accord soit au singulier (avec une foule) soit au pluriel (avec fourmis). Une foule de fourmis sortit ou sortirent.
• Sujet : groupe nominal antécédent + *qui* relatif.	• Accord avec l'antécédent. C'étaient les fourmis qui sortaient.

Dans ce tableau sont récapitulés les principaux cas difficiles.

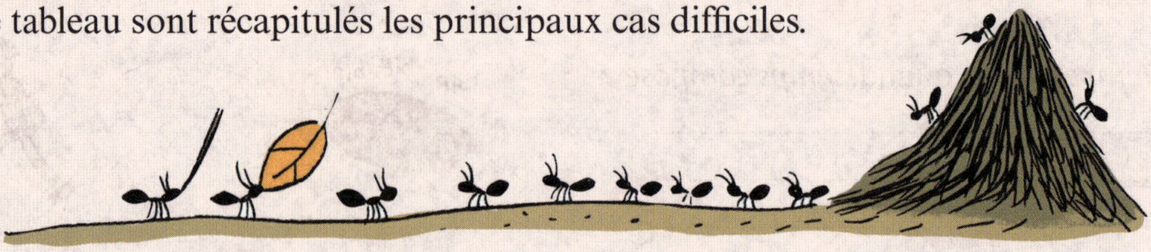

MÉTHODE

Éviter les fautes d'accord

- **Repérer** le verbe conjugué.
- **Souligner** le sujet et le relier au verbe avec une flèche.
- **Reconnaître** le cas d'accord et faire l'accord du verbe.

Attention ! aux sujets inversés et aux sujets éloignés de leur verbe.
Au-dessus du stade, tournaient deux hélicoptères.
Près de la porte, deux petites filles, fort sages et vêtues avec soin, attendaient leur mère.

EXOS

1 ★ **Lis le texte suivant. Après avoir souligné les verbes et les avoir relié à leur sujet, accorde-les. Ils sont tous à l'imparfait.**

Le clown, toujours aussi drôle dans ses vêtements multicolores, amusai.................... surtout les enfants. Ses chaussures et son chapeau étai.................... rouges. Sa valise, son parapluie, son échelle, tout cet incroyable attirail étai.................... en carton. Dès qu'il apparaissai...................., dans tout le chapiteau éclatai.................... des rires d'enfants. Beaucoup d'adultes également se laissai.................... séduire par son étonnant spectacle. À la sortie, une foule d'admirateurs enthousiastes l'attendai.................... toujours.

2 ★★ **Repère et corrige les fautes d'accord verbe-sujet dans cette dictée !**

Selon son habitude, le cirque s'était installé sur la place. Les ouvriers, arrivés dès l'aube, avait dressé le chapiteau. Peu avant midi, les huit roulottes avait traversé la petite ville. Les ménagères, accompagnées de bambins qui piétinait d'impatience regardait passer cet étrange cortège. À quatre heures, sur la grande place se dressait les trois tentes du chapiteau. Les accessoires, la ménagerie, la piste, les gradins, tout étaient prêt pour le spectacle du soir.

3 ★★★ **En t'aidant de la liste de verbes proposés, complète le texte suivant en veillant à bien accorder les verbes avec leurs sujets. Le texte est au présent.**

occuper – chasser – représenter – envoler – dresser – rester – attendre

Une nuée de moineaux s'.................................... à mon approche. À droite, un petit piaf, effrayé par le bruit de mes pas et par mes sifflements, ... immobile. Il .... le dernier moment pour prendre gauchement, à son tour, son envol. C'est au détour du chemin que se .... les bâtiments du garde chasse qui, depuis dix ans, s'.................................... de ce vaste domaine. Les cerfs et les biches, les faisans et les perdreaux, tout ce petit monde .... pour lui un trésor à garder, à préserver contre la méchanceté des hommes qui, depuis toujours .... ce gibier recherché.

4 ★★★ **Relie chaque groupe sujet au groupe verbal qui lui correspond en respectant les accords.**

1. Un groupe de skieurs •	• **A.** descendaient les escaliers en riant.
2. Toi et moi •	• **B.** descendiez la piste.
3. Devant la grille, deux filles et un garçonnet •	• **C.** étaient venues l'attendre.
4. Plus tard, Élisabeth et Isabelle •	• **D.** étaient venus l'attendre.
5. Depuis huit jours, les élèves, malgré l'avertissement du proviseur, •	• **E.** jetait des boules de neige.
6. C'étaient elle et toi qui •	• **F.** étions malades.

15 L'accord du participe passé

OBJECTIF • Accorder le participe passé

COURS

Dictée 4

Dictée 10

• Accord du participe passé conjugué avec l'auxiliaire être

Lorsque le verbe est conjugué à un temps composé avec l'auxiliaire être, le participe passé s'accorde en genre et en nombre avec le sujet.

Lorsque les garçons sont **arrivés**, les filles sont **reparties**. Puis, vers huit heures, garçons et filles sont **allés** au cinéma.

• Accord du participe passé conjugué avec l'auxiliaire avoir

Lorsque le verbe est conjugué à un temps composé avec l'auxiliaire avoir, le participe passé ne s'accorde jamais avec le sujet.

Elles ont **acheté** des trousses neuves.

S. féminin pluriel mais pas d'accord du participe passé.

MÉTHODE

• Bien accorder le participe passé

• Il faut tout d'abord **souligner l'auxiliaire.**

Les élèves sont rentrés en classe.

Les élèves ont cherché leur salle de classe.

• **S'il s'agit de l'auxiliaire être, il faut souligner le sujet** et faire l'accord en genre et en nombre avec ce sujet.

Les élèves sont rentrés en classe.

• Avec l'auxiliaire être, s'il y a plusieurs sujets de genres différents, l'accord se fait au masculin.

Lucie et Killian sont allés au cinéma hier.

sujet 1 (fém.) **sujet 2 (masc.)**

• S'il s'agit de l'auxiliaire avoir, on n'accorde pas le participe passé avec le sujet.

Les élèves ont cherché leur salle de classe.

sujet masculin pluriel

EXOS

1 ★ **Souligne le sujet de chaque phrase, indique en dessous son genre et son nombre (singulier ou pluriel) et accorde le participe passé.**

1. Mes cousines sont sorti........ dans le jardin.

....

2. Votre carte postale est arrivé........ il y a deux jours.

....

3. Cet entraîneur est resté.......... dix ans à son poste.

....

4. Notre équipe est plusieurs fois revenu......... au score.

....

5. Sa chemise s'est déchiré.......... sous le bras.

....

6. Les arbres ont été abattu............ après la tempête.

....

7. Les joueuses se sont reposé.......... à la mi-temps.

....

8. Mon trousseau de clés est réapparu........ par miracle.

....

2 ★★ **Réécris les phrases suivantes en mettant les verbes au passé composé.**

1. Elles rentrent juste de leur course d'orientation.
2. Les alpinistes parviennent difficilement au sommet.
3. Malgré sa défaite, son visage reste serein.
4. Son frère et elle vont souvent en Afrique.

3 ★★★ **Accorde les participes passés après avoir appliqué la Méthode p. 36.**

Depuis que les feuilles étaient tombé..........., l'automne avait paru.......... plus triste. Les oiseaux migrateurs étaient reparti........... vers les pays chauds. Seule la forêt avait gardé.......... son air de fête. Les bois s'étaient teint.......... des mille nuances rouges et jaunes de l'automne. Les cerfs et les biches étaient venu.......... profiter des derniers beaux jours. Ces pauvres proies ne s'étaient pas encore dissimulé.......... dans ces clairières secrètes, dans ces buissons touffus où elles s'étaient toujours réfugié...... face aux chasseurs.

4 ★★★ **Reconstitue le message en plaçant au bon endroit les participes passés qui ont été déchirés. Prends garde à l'orthographe et au sens.**

Dans le grenier, la malle est toujours .... Toute la nuit, nous sommes .... à essayer toutes les clés de la maison. Quels mystérieux trésors sont-ils .... à l'intérieur ? Émilie sera .... si les perles ne s'y trouvent pas. Elle est d'ailleurs .... ce matin au grenier et semble .... que la bonne clé y a été .... dans une armoire ou un carton. Il faut simplement que toutes les cachettes soient ....

fouillées – *restés* – *dissimulés* – *retournée* – *fermée* – *déçue* – *oubliée* – *convaincue*

16 La ponctuation

OBJECTIF • Utiliser les différents signes de ponctuation

COURS

- Un texte non ponctué est un texte illisible et incompréhensible.
- C'est un peu comme si l'on parlait sans aucune intonation ni aucune pause.
- Les signes de ponctuation et les majuscules sont donc indispensables dans un texte écrit.

MÉTHODE

Bien ponctuer

Les signes de ponctuation	Leur utilisation
Suivis d'une majuscule – Le point : .	– Il s'emploie à la fin d'une phrase déclarative. – Il marque une forte pause.
Suivis d'une majuscule ou d'une minuscule – Le point d'interrogation : ? – Le point d'exclamation : ! – Les points de suspension : …	– Il s'emploie à la fin d'une phrase interrogative. – Il s'emploie à la fin d'une phrase exclamative. – Il montre que la phrase n'est pas achevée.
Suivis d'une minuscule – Le point-virgule : ; – Les deux points : : – La virgule : , – Les guillemets : « » – Les parenthèses et les tirets : ( ) – –	– C'est une pause moins importante que le point. – Ils servent à introduire une explication, une énumération, un dialogue. – Elle isole les groupes de la phrase que l'on peut déplacer. – C'est une faible pause. – On les utilise dans le dialogue ou pour une citation. – Ils isolent un groupe de mots ajoutés, qui n'est pas essentiel.

Employer les majuscules

- On emploie les majuscules au début de chaque phrase.
- On emploie les majuscules dans les noms propres et les titres.

Pour les titres :

Le Château de ma mère (premier nom) — *Les Nouvelles* (premier adj.) *Légendes* (premier nom)

1 ★ **Rétablis les majuscules dans le texte.**

monsieur lagrange habitait près de la maison, avenue george sand. pendant les vacances de noël, il partait à paris et nous rapportait des livres. cette année-là, il m'offrit *la gloire de mon père* et *le petit chose*.

2 ★★ **Le dialogue suivant est absurde. Pourtant, tout tient à une virgule oubliée. Trouve l'erreur et ajoute la virgule.**

– Paul !
– Qu'y a-t-il ?
– Sylvain m'a écrit. Tiens ! lis ici. « Léo a vu sa petite sœur tomber de sa fenêtre. »
– Mon Dieu ! mais c'est affreux ! Quand cela s'est-il produit ?
– Hier. Mais calme-toi.
– Est-elle hospitalisée ?
– C'était inutile.
– Oh!
– Elle ne s'était pas fait très mal. Une simple égratignure.
– Mais, c'est totalement impossible. Tomber du cinquième étage sans se blesser !

3 ★★ **Remplace les deux points par l'un des mots suivants : *c'est-à-dire*, *car*, *donc*.**

1. Il ne peut venir : il est malade.

....

2. Il a remporté le match : c'est lui qui gagnera le premier prix.

....

3. Elle vide le contenu de son sac : deux stylos, trois cahiers bleus et un vieux livre.

....

4. Le carrelage de la terrasse est mouillé, or il n'a pas plu : tu t'es amusé avec le tuyau d'arrosage malgré mon interdiction !

....

5. J'ai rencontré trois camarades : Eugénie, Fabrice et Marie-Ange.

....

6. La météo semble menaçante : prends ton parapluie, c'est plus prudent.

....

7. J'apprécie beaucoup Marie : elle est toujours serviable et souriante.

....

4 ★★★ **Rétablis la ponctuation dans ce texte, sans oublier les majuscules.**

avez-vous déjà vu une forêt brûler quel spectacle effrayant les arbres semblent se tordre avant de s'effondrer dans un gémissement terrible ainsi une nuit on entendit au feu au feu mon père se leva et par la fenêtre de la chambre aperçut au loin l'incendie devant la maison un paysan gesticulait aucune hésitation il fallait vite avertir les pompiers la gendarmerie et les voisins il fallait aussi agir vite prendre des seaux mouiller la terre empêcher l'incendie de progresser mon père réveilla toute la maisonnée et nous cria vite habillez-vous venez avec moi.

5 ★★★ **Tu décides de rendre visite à ton cousin qui habite Bordeaux. C'est un long voyage puisque, toi, tu habites Grenoble. Pourtant rien ne t'effraie : tu pars à vélo. À l'aide d'une carte routière ou d'un atlas, décris le trajet que tu vas effectuer (régions, villes, rivières, montagnes, mer...) pour te rendre de Grenoble à Bordeaux. Attention ! N'oublie ni les majuscules, ni la ponctuation.**

6 ★★★ **Dans cet extrait de *La Belle au bois dormant* de Charles Perrault, entoure les signes de ponctuation qui conviennent.**

« Que faites-vous là **! ? , ;** ma bonne femme **! ? , :** dit la princesse **; . ? ...**
– Je file, ma belle enfant **; , .** lui répondit la vieille qui ne la connaissait pas.
– Ah **! ; ? :** Que cela est joli **! ; .** reprit la princesse **! ; .** Comment faites-vous **! , ?** Donnez-moi que je voie si j'en fais autant **? . : »**
Elle n'eut pas plus tôt pris le fuseau que **: , ;** comme elle était fort vive **; , :** un peu étourdie et que d'ailleurs l'arrêt des fées l'ordonnait ainsi **, : .** elle s'en perça la main et tomba évanouie.

Livret Parents – Corrigés p. 10

LEXIQUE

17 Les familles de mots

OBJECTIF • Décomposer un mot et constituer une famille

COURS

Dictée 6

- Une famille de mots est formée de termes ayant la même origine. Ils ont tous un élément commun : leur radical.
- Ainsi, prénom, surnom, nomination, nommer, renommée, dénommer, pronom appartiennent à la même famille de mots.
Ils ont un radical commun : -nom.

MÉTHODE

Savoir retrouver le radical autour duquel se constitue une famille

- Il faut d'abord identifier l'élément commun : nom.
- Il faut aussi penser qu'une même famille de mots est parfois construite autour de **deux radicaux légèrement différents** : l'un étant d'origine populaire, l'autre d'origine savante, c'est-à-dire venant directement du latin.
Froideur et frigorifier appartiennent à la même famille, mais l'un est construit sur le radical froid- et l'autre sur le radical frig-.

Savoir constituer, à partir d'un radical, une famille de mots

Pour cela, tu peux :
– ajouter au radical un préfixe : **pré**nom, **sur**nom, **re**nom, **pro**nom ;
– ajouter au radical un suffixe : nom**mer**, nom**ination** ;
– ajouter au radical à la fois un suffixe et un préfixe : **dé**nom**mer**, **re**nom**mée**.

Certains préfixes ont un sens précis :

- **Pré-** = avant :
préhistoire = avant l'histoire ;
prédisposer = disposer par avance.
- **Anti-** = à l'opposé de, contre :
antiparlementaire = contre les parlementaires ;
antigel = contre le gel ;
antimite = contre les mites.
- **Multi-** = plusieurs :
multiforme = qui a plusieurs formes ;
multicolore = qui a plusieurs couleurs.
- **Micro-** = petit :
micro-onde = onde de très petite longueur ;
microscope = qui permet de voir ce qui est petit.
- **A-** = privé de :
aphone = sans voix ;
apathique = sans activité, sans énergie.

EXOS

1 ★ Chacune des séries suivantes constitue une famille de mots, mais cette famille est construite sur deux radicaux différents, R1 et R2. À toi de les retrouver.

1. Mots de la famille de *fleur* : *fleurir, floraison, florale, floralies, fleuriste, défleuraison*.
R1 : ……………………
R2 : ……………………

2. Mots de la famille de *mer* : *marée, marin, amerrir, maritime, marine*.
R1 : ……………………
R2 : ……………………

3. Mots de la famille de *voix* : *vocal, invoquer, vocalises, évoquer, vociférer*.
R1 : ……………………
R2 : ……………………

4. Mots de la famille de *chair* : *carnassier, charnu, charcutier, carnivore, charnel, incarner, décharner*.
R1 : ……………………
R2 : ……………………

2 ★★ Dans les mots suivants, distingue le préfixe, le radical, le suffixe et donne leur sens.

déverrouillage
………… + ………… + …………
déraisonnable
………… + ………… + …………
reconductible
………… + ………… + …………
mécontentement
………… + ………… + …………
imbattable
………… + ………… + …………
transbordement
………… + ………… + …………

3 ★★★ Trouve le préfixe approprié. Relie d'une flèche la définition au préfixe et forme le mot correspondant à la définition donnée. Attention aux pièges !

1. Qui permet de se préserver du brouillard. •	• A. hyper…………
2. Qui manque d'ordre. •	• B. re…………
3. Qui est situé sous les tropiques. •	• C. super…………
4. Espace entre deux lignes. •	• D. anti…………
5. Religion qui reconnaît plusieurs dieux. •	• E. mono…………
6. Qui est riche de plusieurs milliards. •	• F. sub…………
7. Qui est trop sensible. •	• G. mes…………
8. Nouvelle édition d'un livre. •	• H. uni…………
9. Situation entre deux personnes qui s'entendent mal. •	• I. dés…………
10. Ouvrage relatant la vie de quelqu'un. •	• J. inter…………
11. Qui va plus vite que la vitesse du son. •	• K. poly…………
12. Qui n'a qu'une seule jambe. •	• L. bio…………
13. Qui est sur le même ton. •	• M. multi…………

Livret Parents – Corrigés p. 10

18 Le dictionnaire

OBJECTIF • Comprendre les différentes rubriques d'un article de dictionnaire

COURS

- Le dictionnaire est un outil dont tu dois te servir régulièrement pour vérifier l'orthographe d'un mot et pour enrichir ton vocabulaire.

- Un article de dictionnaire est organisé d'une façon très stricte.
  - Il donne l'**écriture phonétique** du mot (prononciation).
  - Il indique la **catégorie grammaticale** du mot.
  - Il indique l'**étymologie** (science qui étudie l'origine des mots).
  - Il donne une définition du mot en distinguant le **sens propre** du **sens figuré** :
    – le sens propre d'un mot est son sens premier : un feu de bois.
    – le sens figuré est un emploi détourné, imagé du mot : le feu de l'action.
  - Il propose des **synonymes** et des **antonymes**.

Le synonyme est un mot de même nature qui a un sens équivalent ou proche du mot à expliquer. L'antonyme est un mot de même nature qui a un sens contraire au mot à expliquer.

MÉTHODE

Repérer les informations dans un article du dictionnaire

Présentation simplifiée d'un article du *Petit Robert*

Sombre ① sɔ̃bRə ② adj. ③ du bas latin *sumbrare*

Sens propre | **I.** Qui est peu éclairé, reçoit peu de lumière. V. noir, obscur. [« *L'église si sombre de Saint Dominique. Il vint deux heures plus tôt tant le ciel était sombre* » (Maupassant)].

Sens figuré | **II.** Fig. Dont les pensées sont pleines de tristesse, de douleur ou d'inquiétude. V. Amer, morne, morose, taciturne, triste. [« *Visage sombre, tempérament sombre* »].

CONTR : | – Éclairé, éblouissant, éclatant, illuminé, clair ;
– Gai, enjoué, jovial, joyeux.

---

① Écriture phonétique
② Catégorie grammaticale
③ Étymologie
V. : voir

[ ] : exemple
(surligné orange) : définition
(surligné vert) : synonymes
CONTR : antonymes

1 ★ Classe les mots par ordre alphabétique.

étude – étui – étrennes – étuve – étrusque – étroitement

1. ....
2. ....
3. ....
4. ....
5. ....
6. ....

2 ★ Dans les phrases suivantes, souligne en bleu les mots en gras qui sont employés au sens propre, et en rouge ceux qui sont employés au sens figuré.

1. Un **manteau** de neige immaculée recouvrait le jardin.
2. C'est le **cerveau** du gang qui a dévalisé 25 banques.
3. Les lions ont **dévoré** l'antilope.
4. Le diamant est très **dur**, on s'en sert pour tailler le verre.
5. Des touristes se sont perdus **au cœur** de la forêt tropicale.
6. C'est un grand lecteur qui **dévore** plusieurs livres par mois.
7. Elle a maigri et **nage** maintenant dans son jean.
8. Elle a eu des paroles **dures** pour le réprimander.

3 ★★ Le dictionnaire peut également t'aider à améliorer l'écriture d'une rédaction. Utilise-le pour enrichir l'expression écrite de ce devoir en suivant les conseils donnés entre parenthèses. Puis compare les deux versions : que remarques-tu ?

Le collégien suivait la route (*cherche un synonyme plus élégant*) qui menait à son collège (*cherche un synonyme pour éviter la répétition*) et tous les matins, il prenait le même chemin (*remplace ces deux derniers mots par des termes plus précis*). Il ne voyait (*cherche un verbe moins banal*) pas la nature (*remplace ce nom par un autre nom plus précis*) autour de lui, la nature n'était pourtant pas ordinaire (*cherche un antonyme du mot et reconstruis la phrase pour en conserver le sens*), car c'était le printemps. Mais il était trop pressé car il avait peur (*cherche un synonyme*) d'être en retard.

4 ★★★ Rédige, en respectant scrupuleusement toutes les rubriques (sauf l'étymologie et l'écriture phonétique), un article de dictionnaire pour le mot *clair*. Attention ! Ne recopie pas le dictionnaire !

5 ★★★ À l'aide du dictionnaire, cherche une réponse aux définitions proposées ci-dessous et inscris-les au fur et à mesure dans la grille de mots croisés.

A. synonyme de *drôle*
B. qui n'est pas sociable
C. synonyme d'*avares*
D. qui n'est pas grincheux
E. synonyme de *punir*
F. antonyme de *raccourcir*
G. synonyme de *malin*

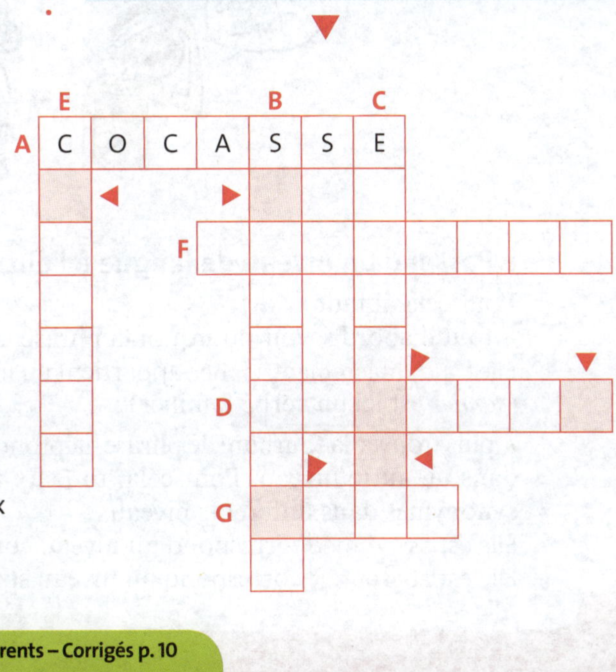

En mettant dans l'ordre les lettres des cases rouges, tu trouveras le nom d'un auteur célèbre.
Pour tout savoir sur cet écrivain, tu peux consulter un dictionnaire des noms propres.

Nom caché : ....

Français
Maths
Histoire-Géo. et EMC
Anglais
Sciences
Évaluations
Dossier orientation

LEXIQUE

19 Les niveaux de langue

OBJECTIF • Reconnaître et utiliser les niveaux de langue

COURS

- On s'exprime différemment suivant : son interlocuteur, le lieu où l'on se trouve, les circonstances.
- Pour cela, on utilise des niveaux de langue différents : le **niveau familier**, le **niveau courant**, le **niveau soutenu**.
- À l'écrit, tu dois éviter d'employer le niveau familier. Toutefois, on peut le trouver dans un dialogue où il correspond à la façon de parler non pas de l'auteur, mais du personnage.

MÉTHODE

Savoir reconnaître les niveaux de langue

La différence entre les niveaux tient : à la prononciation, à la grammaire, au vocabulaire.
Voici un tableau qui te permettra de te repérer :

Niveau	Prononciation	Grammaire	Vocabulaire
Familier	J'veux pas.	Il s'décide à venir ?	Il s'est planté.
Courant	Je n'veux pas.	Est-ce qu'il a décidé de venir ?	Il est tombé.
Soutenu	Je ne veux pas.	A-t-il décidé de venir ?	Il a fait une chute.

Passer d'un niveau de langue à l'autre

Pour cela, il faut :
- tout d'abord savoir pourquoi la phrase appartient à tel ou tel niveau.

Elle est complètement sonnée appartient au niveau familier par le vocabulaire employé (*sonner* est ici un verbe familier) ;
- puis trouver la tournure de phrase, la prononciation ou le vocabulaire correspondant dans un autre niveau. Pour cela, tu peux utiliser le dictionnaire qui te donne des synonymes dans différents niveaux.

Elle est assommée correspond au niveau courant.
Elle est abasourdie correspond au niveau soutenu.

1 ★ **À quel niveau de langue appartient chacune des phrases suivantes ? Pourquoi ? Reporte le numéro des phrases dans la bonne colonne du tableau.**

1. Il m'a piqué ma trousse.
2. Il m'a volé ma trousse.
3. Il s'est barré.
4. Il s'est esquivé.
5. Une incroyable cacophonie dérange mon oreille délicate.
6. Un boucan pas possible me bousille l'tympan.
7. La musique trop forte me dérange.

Niveau familier	N° ....
Niveau courant	N° ....
Niveau soutenu	N° ....

2 ★★ **Certains mots changent de sens suivant le niveau de langue. Par exemple, une *tarte* peut signifier dans le niveau familier une *claque*. Explique les deux sens des mots soulignés suivant qu'ils appartiennent aux niveaux familier ou courant.**

1. Il n'arrête pas de se mettre en boule.
2. C'est une vraie poire.
3. Elle a ramassé une bulle.
4. Cet engin ne casse pas des briques.
5. Cette fois-ci, il n'a pas pu encaisser.

3 ★★ **Entoure l'expression en italique qui convient en fonction du niveau de langue.**

1. Moi et Pierre, on a soif, on voudrait *boire un coup de flotte / se désaltérer*.
2. Le jeune homme se rendit prestement dans le restaurant gastronomique pour *manger / se sustenter / casser la croûte*.
3. La *quiétude / tranquillité* régnait dans le grand bureau de mon père.
4. Mère nous *sonna les cloches / fit des remontrances / gronda* quand elle eut compris que nous étions les protagonistes de cette plaisanterie saugrenue.
5. Il *crèche / vit / réside* dans une belle maison.
6. T'as fait *une boulette / une bévue / une méprise* en l'prenant pour son père, c'est son mari !

4 ★★★ **Réécris ce texte familier inspiré du *Petit Chaperon rouge* dans un niveau courant. Attention, tu dois modifier la grammaire et le vocabulaire !**

Y'avait une fois une brave p'tite gamine. Le Chaperon rouge, qu'on l'appelait. Un jour, elle s'met en tête d'aller voir sa grand-mère. « Fais gaffe », lui dit sa mère. Mais la p'tite, elle fait la sourde oreille. « T'en fais pas », qu'elle lui répond. Et la v'là qui s'met en route. Pile au carrefour, elle s'retrouve nez à nez avec le méchant loup. « Salut, ça va ? » La p'tite pense pas à décamper et clac ! le loup la bouffe. Il se pointe chez la grand-mère et la gobe aussi. Coup de bol ! Pas très loin, y'a un chasseur. Il s'amène et flingue le loup. Et coucou ! La p'tite et la grand-mère, qui n'étaient pas très fufutes, ressortent bien vivantes du gros bidon du loup.

5 ★★★ **Complète le tableau suivant.**

Familier	Courant	Soutenu
zieuter	regarder	contempler
....	casser	....
se gourer	....	....
....	manger	....
....	....	duper
....	....	importuner
se balader	....	....

Livret Parents – Corrigés p. 10

LEXIQUE

20 Les champs lexicaux

OBJECTIF • Reconnaître et composer un champ lexical

COURS

Un champ lexical est **un ensemble de mots qui appartiennent tous au même domaine.**

Femme, épouser, donner naissance à, mari, enfants, descendre de, fils, nièce, tante, oncle, grand-mère, cousin, frère appartiennent au champ lexical de la famille.

Table, chaise, armoire, commode, fauteuil, canapé, lit, tabouret, bureau, décorer, encadrer, meubler appartiennent au champ lexical de l'ameublement.

MÉTHODE

Savoir retrouver dans un texte différents champs lexicaux

Un texte est rarement construit autour d'un seul champ lexical. Il en comporte généralement plusieurs. À toi de savoir les identifier.

> L'escalade commença. Les alpinistes semblaient maîtriser leur appréhension. Le jour J était arrivé. Ce n'était plus le moment d'avoir peur. Pourtant, une angoisse sourde étreignait chacun. Le sommet de la montagne se dressait là-haut, à plus de quatre mille mètres. À peine distinguait-on dans la pénombre du petit matin ses crêtes enneigées. Chacun retint son souffle. Il fallait à tout prix ne pas perdre son sang-froid.

- À la première lecture, nous découvrons **deux champs lexicaux** principaux : **celui de la montagne** et **celui de la peur**, qui permettent de comprendre les thèmes du texte. Il faut tout d'abord souligner dans le texte chacun de ces champs lexicaux de deux couleurs différentes, puis relever les termes soulignés.

– **Champ lexical de la montagne** : *escalade, alpinistes, le sommet de la montagne, ses crêtes enneigées.*

– **Champ lexical de la peur** : *appréhension, avoir peur, angoisse sourde, perdre son sang-froid.*

Savoir constituer soi-même un champ lexical

- Si tu as une rédaction à écrire, tu dois d'abord **constituer les champs lexicaux se rapportant au thème demandé**. Ainsi, ton vocabulaire sera riche et précis.

- **Exemple de sujet :** Comme Ulysse, vous devez affronter sur un bateau, en mer, une terrible tempête. Décrivez la scène.

Ici, tu peux constituer au moins trois champs lexicaux : celui du bateau, celui de la mer, celui de la tempête. Pour cela, réfléchis et utilise le dictionnaire.

– **Champ lexical du bateau** : mâts, hisser les voiles, agrès, proue, cordes, tenir la barre, gouvernail, coque, la cale, être de quart...

– **Champ lexical de la mer** : vague, houle, lame de fond, océan, déferler...

– **Champ lexical de la tempête** : rugir, tornade, bourrasque, le vent qui hurle, ...

1 ★ **Dans le texte suivant, souligne les mots appartenant au champ lexical de l'habillement et à celui du corps humain. Ainsi, tu comprendras comment le narrateur réussit à donner l'impression que son parapluie est un être humain.**

Le plus grand ami que j'avais à l'époque était un parapluie nommé Arthur que j'avais habillé des pieds à la tête. Je lui avais fait une tête avec un chiffon vert que j'avais roulé en boule autour du manche et un visage sympa, avec un sourire et des yeux ronds, avec le rouge à lèvres de Madame Rosa [...]. Arthur était habillé comme un unijambiste avec un soulier de basket bleu et blanc, un pantalon, un veston à carreaux sur un cintre que je lui avais attaché avec des ficelles et je lui avais cousu un chapeau rond sur la tête. [...] Arthur se cassait de temps en temps. J'ai cloué le cintre et ça lui a fait des épaules et il est resté avec une jambe de pantalon vide, comme c'est normal chez un parapluie.

Émile Ajar (Romain Gary), *La Vie devant soi*, © Le Mercure de France, 1975.

2 ★ **Classe les mots et expressions suivants dans le tableau, en identifiant le champ lexical auquel ils appartiennent. Attention ! Un même mot peut appartenir à deux champs lexicaux différents.**

tonnerre – éclairs – tarte – obscurité – flan – ruisseau – étang – pluie – rivière – nuages – foudre – religieuses – sablés – cascade – mare – déluge – tonner – zébrer le ciel – couler – ruisseler – crème – tempête – fleuve – flaque – déchirer le ciel – choux

Champ lexical de	Champ lexical de	Champ lexical de ....
....	....	....
....	....	....
....	....	....
....	....	....
....	....	....
....	....	....
....	....	....

3 ★ **Barre l'intrus dans ces champs lexicaux.**

1. Champ lexical de l'obscurité :
ombre – sombre – nocturne – noir – ténèbres – lueur – nuit – assombrir – foncé

2. Champ lexical de l'amour :
aimer – passionnément – tendresse – baiser – enlacer – soupirer – épris – béguin – amorcer – coup de foudre

3. Champ lexical du courage :
téméraire – oser – entreprendre – bravoure – cran – vaillance – intrépide – audacieux – dureté – hardi – héroïque – résolution

4. Champ lexical du printemps :
gazouiller – bourgeons – hirondelles – brise – fleurs – bise – air parfumé – renouveau – douceur – avril – bouton – éclosion

4 ★★ **À l'aide de mots appartenant au champ lexical de la peur, complète ce texte.**

frayeurs – blême – pétrifiés – la maîtrise de nos nerfs – horrifié – épouvantable – abominable

À longues foulées, cet énorme chien noir bondissait, le nez sur la piste des pas de notre ami. Nous étions si .... que nous lui permîmes de nous dépasser avant d'avoir récupéré .... Puis Holmes et moi nous fîmes feu en même temps ; la bête poussa un hurlement .... : elle avait été touchée au moins par une de nos balles. [...] Au loin sur le chemin, nous aperçûmes Sir Henry qui s'était retourné : il était .... sous le clair de lune ; il leva les mains, ..., regardant désespérément l'.......................... créature qui fonçait sur lui. Mais le cri de douleur qu'avait poussé le chien avait dissipé nos ....

D'après Conan Doyle, *Le Chien des Baskerville*, 1901.

5 ★★★ **Complète le champ lexical de la peur pour écrire une rédaction sur le sujet suivant.**

Vous avez certainement déjà vécu une peur, la nuit : les objets semblent changer de forme, les bruits paraissent tous inquiétants. Faites le récit de cette expérience.

Livret Parents – Corrigés p. 11

21 Les types de discours

OBJECTIF • Reconnaître les différents types de discours

COURS

Le type de discours dépend des intentions de celui qui parle ou écrit.

Le discours narratif

- Il permet de **raconter une histoire**, des événements.
- Les verbes sont généralement au passé simple (au passé composé à l'oral) et à l'imparfait, parfois au présent de narration.

Le discours descriptif

- Il permet de **montrer des personnages, des lieux, des objets**.
- Les verbes sont à l'imparfait ou au présent.

Le discours argumentatif

- Il permet de **défendre une idée, de convaincre** son interlocuteur.

Le discours explicatif

- Il permet **d'apporter des renseignements**, des explications, de faire comprendre un phénomène.

Le discours injonctif

- Il permet **d'ordonner, de conseiller ou d'interdire**.
- Les verbes sont à l'impératif.

MÉTHODE

Identifier un type de discours

- Pour identifier un type de discours, tu dois **te poser différentes questions**.

– Quel est l'objectif de celui qui parle ?

– Quelle est la personne grammaticale employée ? Qui représente-t-elle ?

– Quel est le temps des verbes ?

- **Exemple :** La collection « Chair de Poule » me ravit en tant qu'adolescent. On y trouve tous les ingrédients pour séduire le lecteur : la peur, des rebondissements dans l'action, du suspens, des personnages hors du commun.

Dans ce texte, celui qui parle exprime son goût pour une collection de livres et se justifie : Il veut convaincre. La personne employée est le « je » et le texte est au présent. C'est un discours **argumentatif**.

1 ★ Identifie le type de discours auxquels appartiennent les textes suivants.

Texte 1
Allons ! debout, il est l'heure. Tu dois te rendre à l'école.

Texte 2
C'était une douce jeune fille, aux cheveux blonds et aux yeux bleus comme la mer. Seule une ride d'inquiétude barrait parfois son front.

Texte 3
Ils se mirent en chemin, oubliant la fraîcheur matinale. Peu après le panneau indiquant la direction de Tours, ils tournèrent à gauche et se rendirent à la masure que la vieille leur avait indiquée.

Texte 4
Jamais ! Tu entends, jamais je ne t'accompagnerai au cinéma pour voir ce film. L'histoire n'a aucune originalité, puisque c'est la reprise d'un scénario déjà mis en scène ; les acteurs ont vraiment l'air de s'ennuyer et ne mettent guère de conviction à jouer. Et que te dire de la musique : une véritable torture !

Texte 5
Pour aller au château de La Roche-Guyon, prendre la route qui longe la Seine ; une fois sur la place, tourner à droite et entrer par la porte donnant sur le parking.

Texte 6
Un ordinateur est une machine dotée d'une mémoire lui permettant d'exécuter des programmes enregistrés. C'est un ensemble de circuits électroniques permettant de manipuler des données sous forme binaire. Cette machine permet de traiter des informations selon des séquences d'instructions prédéfinies, appelées aussi programmes.

Texte 7
Pour réussir à l'école, il faut écouter attentivement le cours, poser des questions quand quelque chose n'est pas compris. Il faut aussi apprendre régulièrement ses leçons et faire ses devoirs.

Texte 8
Je ne suis pas d'accord avec la peine réclamée au tribunal contre cet accusé. Certes, il a commis un crime, mais il doit bénéficier de circonstances atténuantes étant donné que son enfance explique en partie sa violence. De plus, on peut considérer qu'il était en état de légitime défense puisqu'il a frappé un être qui ne cessait de l'humilier.

	Type de discours
Texte 1	....
Texte 2	....
Texte 3	....
Texte 4	....
Texte 5	....
Texte 6	....
Texte 7	....
Texte 8	....

2 ★★ Lis le texte argumentatif suivant, extrait du *Supplément au Voyage de Bougainville*, écrit par Diderot et publié en 1772, puis réponds aux questions.

Il s'agit du discours qu'un vieux Tahitien adresse à l'explorateur français Bougainville, qui vient d'arriver à Tahiti.

> Et toi, chef des brigands qui t'obéissent, écarte promptement ton vaisseau de notre rive : nous sommes innocents, nous sommes heureux et tu ne peux que nuire à notre bonheur. […] Nous sommes libres, et voilà que tu as inscrit dans notre terre le titre de notre futur esclavage. Tu n'es ni un dieu, ni un démon : qui es-tu donc pour faire des esclavages ? […] Si un Tahitien débarquait un jour sur vos côtes, et qu'il gravât sur une de vos pierres ou sur l'écorce d'un de vos arbres : « Ce pays appartient aux habitants de Tahiti », qu'en penserais-tu ?

1. Que refuse le vieux Tahitien ? Par quelles idées le vieux Tahitien se justifie-t-il ?

....

....

2. Souligne les mots et expressions qui désignent son interlocuteur, Bougainville. Quelle expression montre que le vieux Tahitien méprise Bougainville ?

....

....

3 ★★★ Sur le thème « Aller à l'école », écris cinq petits textes (4 ou 5 lignes) appartenant à des types différents.

Livret Parents – Corrigés p. 11

22 Le discours narratif

OBJECTIF • Connaître les caractéristiques d'un récit

COURS

● Un texte (ou discours) narratif raconte le déroulement d'une action : c'est un **récit**.
Un récit comporte une situation initiale, un élément perturbateur, des péripéties et un dénouement.

● Des éléments permettent de repérer que le texte qu'on lit est un **discours narratif** :
– la présence de nombreux **verbes d'action** ;
– l'emploi du **passé simple et de l'imparfait** (mais parfois le récit peut se faire au présent pour rendre l'action plus vivante) ;
– l'emploi de **liens temporels** (*puis, soudain, deux jours plus tard*…), de **compléments de temps**.

● On peut aussi trouver à l'intérieur du récit des passages de description (portrait des personnages, description des lieux ou d'un objet) et des dialogues entre les personnages.

MÉTHODE

● Distinguer auteur, narrateur et personnage

• **L'auteur** est l'écrivain qui signe le livre : c'est une personne réelle.

• **Le narrateur** est celui qui dans le livre raconte l'histoire : il n'est pas réel, il appartient à la fiction, à l'histoire inventée.

• **Le personnage** est inventé par l'auteur : il vit l'action racontée.

Par exemple, dans un roman intitulé *La Vie devant soi* (1975) de Romain Gary, c'est Momo, un jeune garçon, qui raconte son histoire : il est donc à la fois le narrateur et le personnage principal.
L'auteur est Romain Gary, il ne peut être confondu avec Momo puisqu'il a 61 ans quand il écrit ce livre.

● Reconnaître les modes de narration

• On peut trouver **des récits à la première personne** : le narrateur est celui qui dit *je* ; il peut être en même temps un personnage de l'histoire qu'il raconte.

Attention ! Quand un écrivain raconte sa vie, il emploie le *je* et il devient à la fois l'auteur, le narrateur et le personnage principal de son récit. C'est ce que l'on appelle une **autobiographie**.

• **D'autres récits sont écrits à la troisième personne** (*il*, *elle*, *ils*, *elles*) : le narrateur n'apparaît pas toujours clairement, sauf lorsqu'il fait des commentaires sur l'histoire, sur les personnages ou lorsqu'il intervient pour donner des précisions, des explications.

1 ★ Souligne et nomme les éléments révélant que l'extrait est un discours narratif.

Un bel après-midi d'automne, les cinq navires sortirent successivement de la rade toutes voiles dehors. Le Prince Taor se lançait dans l'aventure avec une joie sans mélange. Il n'eut pas un regard pour la cité de Mangalore dont les maisons de briques roses, étagées sur la colline, s'éloignaient et paraissaient se détourner de la petite flottille qui obliquait vers l'ouest.
La navigation fut d'abord simple et facile sous le vent vif et régulier de la mousson d'hiver. Comme on s'éloignait sans cesse des côtes, le danger des récifs des bancs de sable et même des pirates diminua rapidement. Tout se serait donc passé le mieux du monde s'il n'y avait pas eu une révolte des éléphants dès le premier soir. Ces bêtes, vivant en liberté dans une forêt royale, avaient l'habitude de somnoler toute la journée sous les arbres et de se rassembler après le coucher du soleil pour aller boire au bord du fleuve. Aussi commencèrent-elles à s'agiter dès que le crépuscule tomba, et comme les bateaux naviguaient presque bord à bord, le premier barrissement que lança le vieux Bodi déclencha un énorme charivari dans les autres navires.

Michel Tournier, *Les Rois mages*,
© Éditions Gallimard, 1983.

2 ★★ Lis le texte et réponds aux questions.

Il était une fois au sud de l'Égypte un royaume, le Méroé, dont le souverain s'appelait Gaspard. […] Or un soir qu'il rêvait sur la terrasse du palais, devant un ciel nocturne tout pétillant d'étoiles, son regard fut surpris par une lueur vague et vacillante qui faisait palpiter l'horizon du sud.
Aussitôt, il manda son astrologue qui s'appelait Barka Maï […].
– Qu'est-ce donc que cette lueur ? lui demanda Gaspard en pointant vers l'horizon son sceptre en corne de rhinocéros.
– Justement, Seigneur, répondit l'astrologue, je voulais t'en parler. C'est une comète qui nous vient de la source du Nil.
Or, il faut savoir que le Nil, fleuve immense et majestueux, traversait tout le territoire de Méroé, mais jamais un voyageur n'avait réussi encore à remonter assez loin à l'intérieur du continent africain pour découvrir sa source. Il en résultait que cette source du Nil demeurait enveloppée de mystère, et que tout ce qui en provenait se chargeait de prestige.

Michel Tournier, *Les Rois mages, op. cit.*

1. Qui est l'auteur ?
2. Qui sont les personnages ?
3. Quel mode de narration observes-tu, 1re ou 3e personne ?
4. Peux-tu dire clairement qui est le narrateur ? Souligne un passage où celui-ci intervient cependant. Pour quelle raison intervient-il ?

3 ★★★ Complète l'extrait de conte suivant en mettant les verbes à l'imparfait (pour la description) ou au passé simple (pour les actions de premier plan).

Le Petit Bonhomme, malgré l'avertissement de ses parents, s'est attardé en forêt.

Que vit-il ce petit arrogant, cet entêté qui (sembler)................ un mulet malgré son peu d'oreilles ? Hum ?

La Bête à sept têtes.

Quatorze yeux d'éclairs et de tonnerres. Dents d'aiguilles, plus épaisses que des arbres, plus longues que des bambous, plus jaunes que la jaunisse. Une queue lui (ceinturer)................ sept fois le ventre avant d'aller serpenter sur sept autres lieues. Ooo, on la (connaître)................ celle-là ! À la place du cœur, elle n'(avoir)................ qu'un peu de graisse. Son âme n'(être)................ qu'une ombre de cactus noyé. Et elle n'(avoir) .... pas plus de sentiment qu'une de ces vagues envoyées par la mer. La Bête (faire) .... la ronde autour du Petit Bonhomme. Le (regarder) .... de haut. Le (regarder) .... d'en bas. Le (regarder) .... de biais, puis tout soudain de face. En un choeur de sept voix, elle lui (grogner) : « D'où sors-tu, petit mâle ? »

Patrick Chamoiseau, « Le Musicien petit bonhomme », *Veilles et Merveilles Créoles : contes du pays Martinique*, dans *Contes des sages créoles*
© Éditions du Seuil, 2018.

4 ★★★ Réécris le texte de l'exercice 2 (jusqu'à « source du Nil ») en faisant de Gaspard le narrateur. Attention, tu devras employer le *je* et ce *je* représentera Gaspard. Fais au fur et à mesure les transformations nécessaires. Imagine une suite au texte que tu viens de réécrire.

Livret Parents – Corrigés p. 11

23 Les étapes du récit

OBJECTIF • Comprendre la composition d'un récit

COURS

Dans un récit, les actions progressent de façon logique et souvent chronologique. Tout récit suit approximativement le schéma suivant :

1. **situation initiale :** équilibre heureux ou malheureux ;

↓

2. **événement perturbateur :** qui rompt l'équilibre de la situation initiale ;

↓

3. **conséquences de l'événement et péripéties :** actions ou sentiments éprouvés ;

↓

4. **élément de résolution et situation finale :** nouvel équilibre heureux ou malheureux.

MÉTHODE

• Repérer les étapes d'un récit

Étape 1 Ma mère mit à ma disposition hebdomadairement une somme assez rondelette que j'allais aussitôt dépenser Place de la Sorbonne ou rue de l'Ancienne Comédie en tubes, cornues, éprouvettes, sels, métalloïdes et métaux. […] Sans doute le commis qui me servait me prenait-il pour un simple commissionnaire. **Étape 2** Il arriva nécessairement qu'un beau matin le récipient dans lequel je fabriquais de l'hydrogène m'éclata au nez. Je n'eus pas plus tôt approché l'allumette, que la flamme, envahissant l'intérieur de l'appareil, projeta au diable verres, tubes et bouchons. **Étape 3** Je compris en tremblant que pour peu que le récipient eût été plus solidement bouché, il m'eût éclaté au visage. **Étape 4** Et ceci me rendit plus réservé dans mes rapports avec le gaz.

André Gide, *Si le grain ne meurt*, 1924, © Éditions Gallimard, 1976.

- **Étape 1 – Situation initiale :** la passion du narrateur pour la chimie et ses achats.
- **Étape 2 – Événement perturbateur :** l'accident, l'explosion du récipient.
  Tu dois remarquer :
  a. le changement de temps : le récit de l'événement perturbateur est presque entièrement au passé simple ;
  b. l'indication de temps qui l'introduit : « il arriva nécessairement qu'un beau matin » ;
  c. le caractère soudain de l'événement : « je n'eus pas plus tôt… » (= dès que).
- **Étape 3 – Conséquences :** les sentiments éprouvés : « Je compris que… »
- **Étape 4 – Situation finale :** méfiance du narrateur pour les expériences chimiques : « et ceci me rendit… »

1 ★ Repère les différentes étapes du récit suivant, après avoir souligné les indications de temps.

Nous traversions tranquillement un vaste pré. Quelques vaches paisibles nous regardaient, l'air à peine étonné de notre visite. Nous riions et chantions à tue-tête, heureux de ce premier jour de printemps et de cette promenade champêtre. Soudain, un beuglement inquiétant interrompit nos rires. Nous nous retournâmes : dix pas derrière nous, se tenait une bête énorme et effrayante, que nous ne tardâmes pas à identifier. C'était un taureau. Pourtant, pas question de se mettre à courir. Il fallait simplement presser le pas. Nos genoux tremblaient. Plus nous accélérions, plus nous sentions son haleine dans notre dos. Encore dix mètres... Enfin, nous franchîmes la barrière, sauvés et soulagés.

2 ★★ En t'appuyant sur les indications de temps, retrouve l'ordre logique de ce récit dont les différentes étapes ont été mélangées.

A. Une seconde fois la sonnette retentit. Elle insistait, décidément il était bien difficile de se débarrasser de cette commère.

B. Nous gardâmes encore le silence, plus amusés que réellement inquiets.

C. C'est alors qu'un coup de sonnette retentit. Nous n'attendions pourtant personne.

D. Après quelques secondes d'hésitation, Charlie se décida à regarder par le trou de la serrure pour identifier le visiteur.

E. Que faire alors ? Répondre ? Non, il n'en était pas question. Nous décidâmes de nous taire et d'attendre son départ. Nous nous regardions en silence, prêts à éclater nerveusement de rire. C'était trop fort. Nous étions réunis tous les dix, prêts à nous amuser et cette chipie risquait de gâcher notre après-midi.

F. C'était l'insupportable Madame Pimes, notre voisine, une vieille femme curieuse et bavarde.

G. Enfin, nous entendîmes grincer la porte du jardin. Elle était partie. Nous poussâmes tous un soupir de soulagement.

H. Nos parents avaient décidé de rendre visite, ce mercredi-là, à une parente éloignée. Ils ne reviendraient pas avant six heures, mais ils comptaient, bien entendu, sur nous pour rester sagement à la maison et faire nos devoirs. L'occasion était trop belle. Dès que la voiture eut franchi le portail, nous appelâmes nos amis et nous improvisâmes une après-midi baptisée : « la maison est notre royaume ». Crêpes, cache-cache, chasse au trésor au programme. La maison était bel et bien envahie par dix petits diables. Quelle joie ! Toute une après-midi de liberté !

Ordre logique	
Étape 1	....
Étape 2	....
Étape 3	....
Étape 4	....
Étape 5	....
Étape 6	....
Étape 7	....
Étape 8	....

3 ★★★ Classe cette série d'épisodes tirés de *La Parure* de Maupassant dans l'ordre chronologique.

1. La femme rencontre l'amie qui lui avait prêté le collier.

2. La femme raconte à son amie pourquoi elle a dû tant travailler.

3. Le couple prend un fiacre pour rentrer.

4. La femme emprunte un collier de diamant à une amie.

5. Le couple reçoit une invitation à un bal.

6. Un couple travaille dur pendant dix ans pour rembourser le collier.

7. Pendant plusieurs jours, ils cherchent le collier partout.

8. La femme se lamente car elle n'a rien à se mettre.

9. L'amie explique que le collier prêté dix ans plus tôt ne valait rien.

10. Le couple passe une belle soirée.

11. Ils achètent un collier de diamants identique à celui qu'ils ont perdu.

12. L'amie ne la reconnaît pas tout de suite car, à force de travailler, la femme s'est enlaidie.

13. En se déshabillant, la femme se rend compte qu'elle a perdu le collier.

Réponse : ....

Livret Parents – Corrigés p. 11

24 Le discours descriptif

OBJECTIF • Reconnaître et organiser une description

COURS

● Faire une **description**, c'est dépeindre des lieux, des objets, des personnages. Dans ce dernier cas, la description s'appelle un **portrait**.

● Dans un récit, une description apporte des informations importantes sur le cadre du récit, ou sur le caractère d'un personnage. Elle sert aussi à transcrire une atmosphère, des sentiments, des émotions.

MÉTHODE

● Savoir identifier un discours descriptif

• Un discours descriptif est caractérisé, dans un récit au passé, par **un changement de temps** : l'imparfait remplace le passé simple (on peut aussi trouver des descriptions au présent).

Nous arrivâmes devant le château. C'**était** une vaste demeure en ruine. Le jardin **était** en friche et n'avait pas été entretenu depuis longtemps. Des tuiles rouges, victimes de la dernière tempête, **jonchaient** le sol.

• Un discours descriptif comporte de nombreux adjectifs qualificatifs et **expansions des groupes nominaux**.

Nous arrivâmes devant le château. C'était une **vaste** demeure **en ruine**. Le jardin était en friche et n'avait pas été entretenu depuis longtemps. Des tuiles **rouges, victimes de la dernière tempête**, jonchaient le sol.

• Un discours descriptif est généralement construit autour d'un **champ lexical** qui permet de décrire dans le détail l'objet ou la personne considérés. Ici, on retrouve deux champs lexicaux :
– celui de l'habitation (château, demeure, jardin, tuiles) ;
– celui de l'abandon (ruine, friche, pas entretenu).

● Faire le plan d'un discours descriptif

• Comme pour le récit, on peut distinguer des étapes de la description, souvent indiquées par des adverbes de lieu et des compléments circonstanciels.

• Une description est organisée selon plusieurs plans, comme un tableau :
– arrière-plan et premier plan ;
– vision lointaine et vision approchée ;
– plan large et gros plan sur personnage.

Au loin, les bateaux continuaient leurs régates. Le soleil couchant commençait à peine à teinter la mer de ses reflets rouges. **Sur le sable, les enfants** poursuivaient leurs jeux, sourds aux appels de leurs parents. La plage devenait déserte. **Émilie** était assise la tête dans les genoux, comme prostrée.

1 ★ **En t'aidant des caractéristiques définies dans la Méthode p. 54, souligne en rouge ce qui appartient à la description dans le texte suivant.**

La barrière de bois s'ouvrit ; un homme entra, âgé de quarante ans peut-être, mais qui semblait vieux de soixante, ridé, tordu, marchant à grands pas lents, alourdis par le poids de lourds sabots pleins de paille. Ses bras trop longs pendaient des deux côtés du corps. Quand il approcha de la ferme, un roquet jaune, attaché au pied d'un poirier, à côté d'un baril qui lui servait de niche, remua la queue, puis se mit à japper en signe de joie.

Guy de Maupassant, *Contes*, 1875.

2 ★ **Essaie de deviner à quels personnages célèbres correspondent les portraits suivants.**

1. Le visage masqué, il s'avance dans la nuit. Sa longue cape noire, taillée dans un tissu précieux, semble l'entourer d'un halo de mystère. Sa fidèle épée, sa plus chère compagne, ne le quitte jamais. Nul ne sait le véritable nom de ce justicier.
On ne connaît que son surnom :
....

2. C'est une petite souris futée. Sa tête est ronde comme une bille, encadrée de deux grandes oreilles qui lui donneraient presque l'air d'un clown. Ses yeux malicieux scrutent ses adversaires.
Son nom est :
....

3. C'est un pauvre canard, si maladroit, à la fois ridicule et touchant. Sa voix nasillarde et criarde est inimitable. On la reconnaîtrait entre mille. Toujours en quête d'un exploit, il échoue toujours. Il aimerait travailler, mais préfère la sieste. Il voudrait bien aider ses trois neveux, mais ils ont plus de bon sens que lui. Il cherche à s'attirer les faveurs de son richissime oncle, mais il parvient seulement à provoquer des catastrophes.
Il s'appelle :
....

3 ★★ **En restant aussi proche que possible des détails du texte suivant, dessine le visage du personnage. Cherche dans le dictionnaire les mots que tu ne comprends pas.**

Cette petite figure blafarde, aux traits tirés, était encadrée de cheveux plats blonds, rassemblés au-dessus de chaque fine oreille en de gros macarons soigneusement tressés. Les grands yeux étaient bordés de longs cils soyeux. Seul le nez, rond et retroussé, conférait à ce visage un petit air de gaieté, vite contredit par la bouche étroite, sévère, aux lèvres pincées. Le menton proéminent dénotait, quant à lui, une volonté de fer.

4 ★★★ **Réécris les phrases suivantes en utilisant tous les éléments de description suivants.**

1. L'oiseau jetait, durant son vol, un cri.
majestueux – bel – rauque – long – dont la blancheur miroitait au soleil – et vigoureux
....
....
....

2. La goutte roulait sur la vitre en laissant une trace.
dont les reflets se teintaient de rose – minuscule – longue – qui serpentait – bleutée
....
....
....

3. Les branches étaient bercées par la brise et se mêlaient en faisant entendre un bruissement.
agréable – du Sud – du saule pleureur – dont les bourgeons n'avaient pas encore éclos – frêles – douce
....
....
....

4. Le livre trônait sur le bureau de mon père.
aux coins écornés – grand – gros – et dont les pages étaient gonflées par l'humidité
....
....
....

Livret Parents – Corrigés p. 11

LECTURE – ÉCRITURE

25 Le dialogue de théâtre

OBJECTIF • Distinguer dialogue et didascalies

COURS

Le texte de théâtre est fait pour être joué. Il est composé d'un texte A et d'un texte B.

- **Le texte A** est celui des **répliques**, c'est-à-dire des paroles échangées par les personnages.
- **Le texte B** est celui des **indications scéniques** sur le nom des personnages, le lieu, le décor, le ton de la voix, les gestes, les mimiques, nécessaires pour que le texte soit joué devant un public. On appelle ces indications scéniques des **didascalies**.

MÉTHODE

Lire un texte de théâtre

Voici un court extrait d'une scène de *La Farce de Maître Pathelin* (v. 1460).

> **Scène II.** *On frappe à la porte. Pathelin disparaît derrière les rideaux du lit en faisant un signe à sa femme pour lui recommander la circonspection. On frappe de nouveau.*
>
> GUILLEMETTE (*elle va ouvrir et à voix basse*). – Ne frappez pas si fort, messire, s'il vous plaît.
> MAÎTRE GUILLAUME. – Dieu vous garde, dame.
> GUILLEMETTE. – Plus bas !
> MAÎTRE GUILLAUME. – Plus bas ? Pourquoi plus bas ?
> GUILLEMETTE. – Le bruit lui donne la fièvre.
> MAÎTRE GUILLAUME. – À qui ?
> GUILLEMETTE. – À qui ? Mais à mon mari donc ! À maître Pierre Pathelin.
> MAÎTRE GUILLAUME. – C'est justement à lui que je veux parler.
> GUILLEMETTE. – À lui, le pauvre homme ! Et comment pourriez-vous lui parler ? Ne savez-vous pas qu'il est au lit et très malade ?
> MAÎTRE GUILLAUME. – Malade ?
> GUILLEMETTE. – Je crois qu'il fait un somme pour l'instant. Il est un peu plus calme.
> MAÎTRE GUILLAUME (*comme ahuri*). – Qui, plus calme ?
> GUILLEMETTE. – Mon mari.
> MAÎTRE GUILLAUME. – Qui est votre mari ?
> GUILLEMETTE. – Je vous l'ai déjà dit : maître Pierre Pathelin.
> MAÎTRE GUILLAUME. – Malade ! je l'ai vu il n'y a pas une heure.

- **Distinguer répliques et indications scéniques**

Les indications scéniques sont en italiques. Certaines portent sur les gestes (*on frappe à la porte, elle va ouvrir*), d'autres sur le ton (*à voix basse*), sur la mimique du personnage (*comme ahuri*).

- **Comprendre la façon dont parlent les personnages**

Ils parlent habituellement d'une façon qui reflète leur condition ou leur caractère (caractère buté de Maître Guillaume, caractère rusé de Guillemette).

- **Remarquer l'enchaînement des répliques**

– Questions-réponses : « Plus bas ? Pourquoi plus bas ? », « Le bruit lui donne la fièvre. »
– Reprise de mots : « C'est justement à lui que je veux parler. » « À lui, le pauvre homme ! »

1 ★ **Dans l'extrait suivant du *Bal des voleurs* (1938) de Jean Anouilh, relève les didascalies et classe-les dans le tableau proposé. Hector et Peterbono sont deux voleurs. L'un est déguisé en chaisière, l'autre en monsieur très digne.**

LA CHAISIÈRE*. – Un ticket, Monsieur, pour votre fauteuil ?
HECTOR, *magnanime***. – Puisque c'est l'usage.
LA CHAISIÈRE. – C'est soixante-cinq centimes.
(*Pendant qu'il cherche sa monnaie, la chaisière lui vole son portefeuille, puis la grosse montre et le porte-monnaie du crieur public qu'il venait lui-même de voler.*)
HECTOR *a saisi la main dans sa poche*. – Hé ! dites donc là, vous !…
(*La chaisière se débat et va se sauver ; elle perd sa perruque.*)
HECTOR *s'exclame*. – Mais tu es fou mon vieux ! (*Il soulève légèrement sa moustache et sa perruque.*) C'est moi.

* loueuse de chaises dans un jardin public.
** d'un air généreux.

Indications sur le ton	Indications sur les gestes	Indications sur les mimiques
....	....	....
....	....	....
....	....	....
....	....	....

2 ★★ **Souligne les didascalies de cet extrait des *Fourberies de Scapin* (1671) de Molière.**

GÉRONTE. – Tiens Scapin, je ne me souvenais pas que je viens justement de recevoir cette somme en or, et je ne pensais pas qu'elle dût m'être aussitôt ravie. Il lui présente sa bourse, qu'il ne laisse pourtant pas aller ; et dans ses transports, il fait aller son bras d'un côté et de l'autre, et Scapin le sien pour avoir la bourse. Tiens ! Va racheter mon fils.

SCAPIN, tendant la main. – Oui, Monsieur.

GÉRONTE, retenant la bourse qu'il fait semblant de vouloir donner à Scapin. – Mais dis à ce Turc que c'est un scélérat.

SCAPIN, tendant encore la main. – Oui.

Acte II, scène 7.

3 ★★★ **Complète le texte suivant en ajoutant les didascalies nécessaires. Celles-ci doivent être logiques par rapport aux répliques.**

La scène se passe à Marseille. Marius, le fils de César, et Panisse viennent de se disputer. Panisse entre dans le bar de César.

CÉSAR (..................). – Ô Panisse, que tu te fais rare ! On ne t'a pas vu depuis hier.
PANISSE (..................). – Puisque tu m'invites, je viens ; il serait bien mal poli de refuser un verre de mousseux.
CÉSAR. – Je comprends !
PANISSE (..................). – Mais j'avais juré de ne plus remettre les pieds chez toi, et c'est une promesse que je tiendrai.
CÉSAR. – Et pourquoi tu ne veux plus mettre les pieds chez moi ?
PANISSE (..................). – Parce que ton fils est un grossier.
CÉSAR. – Mon fils est un grossier ?
PANISSE. – Un véritable grossier.
CÉSAR (..................). – A vouatt !
PANISSE. – Il n'y a pas de vouatt ! Et la prochaine fois que je le rencontre ce sera un coup de pied au derrière.
CÉSAR. – A vouatt !
PANISSE (................................). – Et tu peux remarquer que je ne porte plus les espadrilles. Aujourd'hui, j'ai mis les souliers (................)
CÉSAR. – Et c'est à moi que tu viens dire ça ?
PANISSE (................). – C'est à toi.
CÉSAR (................)

Marcel Pagnol, *César*, 1946,

Livret Parents – Corrigés p. 12

26 Le poème

OBJECTIF • Identifier les différents vers

COURS

L'Adieu

J'ai cueilli ce brin de bruyère
L'automne est morte souviens-t'en
Nous ne nous verrons plus sur terre
Odeur du temps brin de bruyère
Et souviens-toi que je t'attends

Guillaume Apollinaire, *Alcools*, 1913, © Éditions Gallimard, 1993.

- Ce texte est un court poème d'une seule strophe. Pour bien l'apprécier, il faut le lire à haute voix. Alors, on entend sa musicalité. Il est écrit en vers qui ont chacun huit syllabes.
- Le poème comporte deux rimes : *bruyère*, *terre*, *bruyère* et *souviens-t'en*, *attends*.

MÉTHODE

Compter les syllabes d'un vers

Il faut découper les syllabes du vers : J'ai / cuei / lli / ce / brin / de / bru / yère = 8 syllabes.

- Le *e* final compte quand le mot est au pluriel ou quand le mot qui suit commence par une consonne.
- Dans les autres cas, et lorsque le mot est en fin de vers, on ne compte pas le *-e* final.
L'au / tom / n(e) est / mor / te / sou / viens / t'en = 8 syllabes.
- Un vers de huit syllabes est un **octosyllabe**. Un vers de dix syllabes est un **décasyllabe**. Un vers de douze syllabes est un **alexandrin**.

Comprendre la disposition des rimes

- Quand une rime se termine par un *-e* (bruyère, terre), c'est une **rime féminine**.
- Dans tous les autres cas, on parle de **rime masculine** (souviens-t'en, attends).
- Les rimes dans les poèmes peuvent être disposées différemment :

Le Temps a laissé son manteau — A
De vent, de froidure et de pluie, — B
Et s'est vêtu de broderie, — B
De soleil luisant, clair et beau. — A
(Charles d'Orléans)

rimes **embrassées**

Soleil, je t'adore comme les sauvages, — A
À plat ventre sur le rivage. — A
Soleil, tu vernis tes chromos, — B
Tes paniers de fruits, tes animaux. — B
(Jean Cocteau)

rimes **plates**

C'est la jeunesse et le matin. — A
Vois donc, ô ma belle farouche, — B
Partout des perles : dans le thym, — A
Dans les roses, et dans ta bouche. — B
(Victor Hugo)

rimes **croisées**

1 ★ **Fais le décompte des syllabes de cet extrait d'une fable de La Fontaine, en isolant chaque syllabe par un trait vertical, puis indique le nom du vers.**

1. Maître Corbeau, sur un arbre perché,
2. Tenait en son bec un fromage.
3. Maître Renard, par l'odeur alléché,
4. Lui tint à peu près ce langage.

	Nombre de syllabes	Nom du vers
1.	....	....
2.	....	....
3.	....	....
4.	....	....

2 ★ **Indique de quelle nature est la rime des quatre vers de l'exercice précédent. Coche la bonne case du tableau.**

	Rime féminine	Rime masculine
1.	....	....
2.	....	....
3.	....	....
4.	....	....

3 ★ **Quelle est la disposition des rimes des vers de l'exercice 1 ? Coche la bonne réponse.**

- ❑ 1. rimes plates
- ❑ 2. rimes croisées
- ❑ 3. rimes embrassées

4 ★★ **Retrouve la disposition originale de cette suite de la fable précédente en t'aidant des rimes. Tu dois retrouver cinq vers.**

Et Bonjour, Monsieur du Corbeau. Que vous êtes joli ! Que vous me semblez beau ! Sans mentir, si votre ramage se rapporte à votre plumage, Vous êtes le Phénix des hôtes de ces bois.

- Nom du 5e vers : ....
- Nom du 6e vers : ....
- Nom du 7e vers : ....
- Nom du 8e vers : ....
- Nom du 9e vers : ....

5 ★★★ Voici un poème de Claude Roy :

J'ai croisé Dimanche
Tout près de Saint-Leu
Une souris blanche
Portant un sac bleu.

Souris blanche, Souris bleue
in *Enfantasques*, © Gallimard, 1993.

Complète ces poèmes inspirés de celui de Claude Roy, de sorte à composer :

1. Un quatrain à rimes croisées
J'ai croisé Lundi
Tout près d'Amsterdam
....
....

2. Un quatrain à rimes embrassées
J'ai croisé Lundi
Tout près de Marseille
....
....

6 ★★★ **Même exercice que l'exercice 1.**

1. Une Grenouille vit un bœuf
2. Qui lui sembla de belle taille.
3. Elle qui n'était pas grosse en tout comme [un œuf.
4. Envieuse s'étend, et s'enfle, et se travaille.
5. Pour égaler l'animal en grosseur.

	Nombre de syllabes	Nom du vers
1.	....	....
2.	....	....
3.	....	....
4.	....	....
5.	....	....

Livret Parents – Corrigés p. 12

27 L'image

OBJECTIF • Lire une image

COURS

Une image est la représentation d'un être ou d'une chose sur un support.
Il existe des images fixes (dessin, peinture, photographie…) et des images mobiles (cinéma, dessin animé…).

• L'analyse d'une image

Différents éléments entrent dans la composition d'une image :
– les **couleurs** : elles peuvent être vives ou pastels, chaudes ou froides ;
– le **plan** : une image peut représenter un plan d'ensemble, un plan moyen, un plan américain ou un gros plan ;
– le **point de vue** : il peut proposer une vision frontale, une plongée ou une contre-plongée.

• Les fonctions d'une image

• **Illustrer et raconter :** une image peut représenter un épisode d'une légende.

• **Informer, dénoncer, critiquer :** un dessin ou une photographie a la capacité de faire réfléchir, d'attirer l'attention sur un problème, une injustice…

• **Faire vendre :** la publicité utilise de nombreuses images pour faire rêver, pour donner envie au consommateur d'acquérir quelque chose.

• Image et texte

Les images sont très souvent accompagnées d'un texte. Celui-ci peut être un titre, un slogan (formule brève, frappante, facile à retenir, fréquente dans les images publicitaires), une légende (un petit texte qui accompagne une image, notamment un dessin humoristique).

MÉTHODE

• Analyser le rapport de l'image et du texte : une publicité

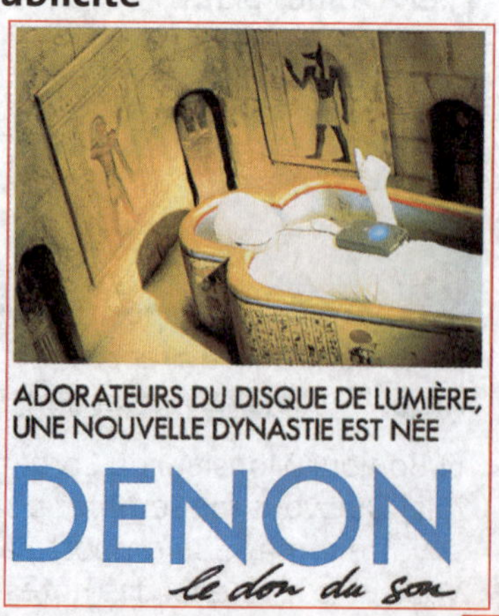

• **Décrire l'image**
Elle représente un sarcophage dont la momie lève le pouce en signe de victoire et un lecteur de disque compact.

• **Comprendre les enjeux de l'image**
La publicité se sert de la grandeur de la civilisation égyptienne pour valoriser le produit.

• **Analyser le slogan**
Il joue sur le double sens de l'expression « disque de lumière » qui renvoie au soleil adoré par les Égyptiens et à la fascination qu'exerce aujourd'hui la technologie. On peut aussi noter le travail des sonorités du slogan « **Denon** le **don du son** », et le jeu de mot (don du sang).

Français
Maths
Histoire-Géo. et EMC
Anglais
Sciences
Évaluations
Dossier orientation

1 ★ **Associe chacune de ces illustrations de Gustave Doré au conte de Perrault qui lui correspond.**

1. •

2. •

3. •

4. •

• **A.** *Barbe bleue*   • **B.** *Le Petit Poucet*   • **C.** *Le Petit Chaperon rouge*   • **D.** *Le Chat botté*

2 ★★ **Indique quel est le point de vue adopté dans chacun des cas pour représenter la Tour de Babel. Coche la bonne réponse.**

1. 

- ❑ **A.** contre-plongée
- ❑ **B.** vision frontale
- ❑ **C.** plongée

2. 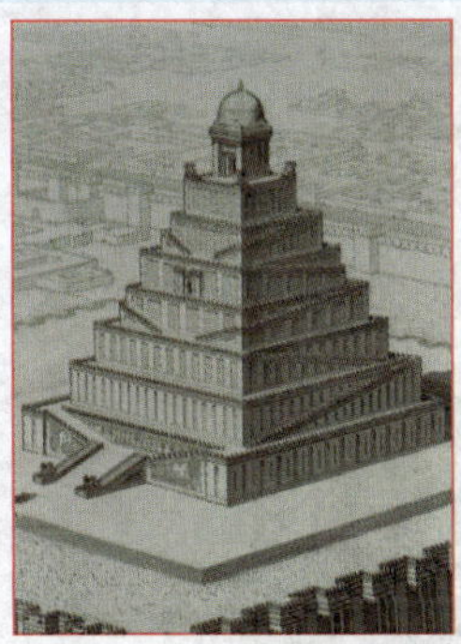

- ❑ **A.** contre-plongée
- ❑ **B.** vision frontale
- ❑ **C.** plongée

3. 

- ❑ **A.** contre-plongée
- ❑ **B.** vision frontale
- ❑ **C.** plongée

3 ★★★ **Imagine, pour chacun des produits ou des événements suivants, un slogan publicitaire qui marque les gens.**

1. Une campagne publicitaire anti-tabac.
Slogan : ....
....

2. Une campagne contre la pollution.
Slogan : ....
....

3. Une campagne pour le Salon du livre de la jeunesse.
Slogan : ....
....

4. Une campagne pour une nouvelle chaîne de télévision exclusivement réservée aux enfants.
Slogan : ....
....
....

Livret Parents – Corrigés p. 12

28 Le sujet d'écriture

OBJECTIF • Réussir un sujet d'écriture

COURS

Avant de te lancer dans ta rédaction, tu dois être certain d'en avoir bien compris le sujet.
Voici un exemple :
Racontez votre rentrée en classe de sixième.

Ce sujet t'indique :

• Le thème de ton devoir

C'est-à-dire ce que tu dois raconter : la rentrée en 6e.

• Les contraintes d'écriture

C'est-à-dire la façon dont tu dois rédiger :
– la première contrainte est le **type de rédaction** (ici, c'est un récit et non une description ou un dialogue) ;
– la seconde contrainte est la **personne grammaticale** à laquelle la rédaction doit être écrite (ici, tu dois employer la première personne puisqu'il s'agit de ta rentrée).

MÉTHODE

• Repérer les mots-clés d'un sujet

Sujet :
Racontez votre rentrée en classe de sixième et votre rencontre avec de nouveaux camarades.

Pour bien comprendre le sujet, tu dois :
- **lire plusieurs fois le sujet ;**
- **souligner les mots-clés :**

– en rouge pour **le thème**. Ici, le thème est double : la rentrée en classe de sixième et la rencontre avec de nouveaux camarades ;
– en bleu pour **le type de rédaction**. Pour cela, repère le verbe à l'impératif qui te précise souvent le type de rédaction que l'on attend : il s'agit ici du verbe *racontez*. Tu dois donc écrire un récit ;
– en vert pour **la personne grammaticale.** L'emploi de l'adjectif possessif *votre* indique que tu dois écrire un récit à la première personne du singulier.

1 ★ Pour chacun des sujets suivants, coche les contraintes correspondantes.

1. Vous vous êtes égaré dans un quartier que vous ne connaissez pas. Racontez cette expérience en évoquant votre peur.

première personne	❑	dialogue	❑
troisième personne	❑	récit	❑
		description	❑

2. Vous avez fait une promenade en forêt en automne. Faites le récit de votre expédition en décrivant le paysage ainsi découvert.

première personne	❑	dialogue	❑
troisième personne	❑	récit	❑
		description	❑

3. Un vieux clown rencontre un petit garçon et lui raconte les merveilles du cirque. Imaginez leur rencontre et leur conversation.

première personne	❑	dialogue	❑
troisième personne	❑	récit	❑
		description	❑

2 ★★ Dans les sujets suivants, souligne en rouge le thème et en vert les contraintes. Sois vigilant !

1. Décrivez une vieille dame.

2. Vous vous êtes égaré dans un quartier que vous ne connaissez pas. Racontez cette expérience en évoquant votre peur.

3. Deux jeunes gens décident de faire le tour du monde. Racontez les préparatifs de leur voyage.

4. Un rat des villes rencontre un rat des champs. Racontez les circonstances de leur rencontre et imaginez leur conversation.

3 ★★ À quel sujet l'extrait de rédaction proposé correspond-il ? Coche la bonne réponse.

Lorsque je sortis du vaisseau que j'avais mis vingt ans à construire, et que l'atterrissage n'avait pas trop abîmé, j'aperçus un champ de fleurs à quelques mètres de moi : des fleurs dont la couleur et la forme m'étaient inconnues. Je m'approchai, curieux et excité à l'idée de découvrir une variété nouvelle. Les fleurs bleu-gris brillaient d'un éclat étrange. Quand je me penchai pour en cueillir une, je découvris, stupéfait, qu'il s'agissait d'une fleur de métal !

❑ **Sujet 1 :** Un savant voyage dans le temps et atterrit quelque part en l'an 3000. Racontez son extraordinaire aventure et le monde qu'il découvre.

❑ **Sujet 2 :** Votre père est un savant qui a inventé une machine à remonter le temps. Vous profitez de son absence pour lui emprunter son vaisseau et atterrissez quelque part en l'an 3000. Racontez votre expérience et le monde que vous découvrez.

❑ **Sujet 3 :** Vous voyagez dans le temps et atterrissez quelque part en l'an 3000. Racontez votre expérience et décrivez le monde que vous découvrez.

4 ★★★ À partir des sujets proposés, complète le tableau suivant.

Sujet 1 : Vous êtes le Chaperon rouge. Racontez votre rencontre avec le loup et imaginez votre conversation.

Sujet 2 : Un savant voyage dans le temps et atterrit au cœur de Paris en l'an 3000. Racontez son extraordinaire expérience et décrivez le monde qu'il découvre.

Sujet 3 : Vous rendez visite à un vieux cousin qui habite sur une île perdue en Bretagne. Imaginez votre séjour chez lui.

	Quel est le thème ?	À quelle personne grammaticale dois-je écrire ?	Quel(s) type(s) de rédaction dois-je choisir ?
Sujet 1	....	....	....
Sujet 2	....	....	....
Sujet 3	....	....	....

Livret Parents – Corrigés p. 12

29 La rédaction d'un récit

OBJECTIF • Construire un récit

COURS

- Lorsque tu prépares une rédaction, tu dois déterminer les étapes de ton récit.
- **À chaque étape correspond un paragraphe.**
La construction de ton récit apparaît donc très clairement.
- **Ton récit doit être complet**. Tu ne dois sauter aucune étape et tu ne dois pas oublier de présenter la situation finale.

MÉTHODE

Construire son récit

Voici un sujet de rédaction qui t'invite à construire un récit :
Au cours d'une promenade en forêt, tu rencontres un vieux garde forestier qui te sert de guide et te fait découvrir le monde des arbres. Raconte cette aventure.

- Avant de te lancer dans ta rédaction, et après avoir compris le sujet, **tu dois établir le plan de ton récit**. Celui-ci comporte :

– une **introduction** où tu fixes le cadre et les circonstances de ton aventure.
Pourquoi décides-tu de faire cette promenade ?
À quel moment de l'année ?
Es-tu seul ou accompagné d'amis, de parents ?
– un **développement** en trois temps :
1. ce qui s'est passé avant la rencontre avec le vieux garde forestier : le chemin que tu as suivi, les découvertes que tu as faites… ;
2. la rencontre elle-même ;
3. les conséquences de cette rencontre : la visite de la forêt avec le garde forestier et ce qu'il te fait découvrir ;

– une **conclusion** : ce que t'a apporté cette aventure (par exemple, l'amour de la nature).

- **Tu dois enchaîner logiquement chaque étape avec des mots de liaison** qui montrent la progression de ton récit. Par exemple :

– début de l'introduction : Par un beau matin d'automne…
– développement :
1. Dès que j'eus pénétré dans la forêt, …
2. Soudain, au détour d'un sentier, apparut …
3. Puis, le vieil homme me proposa de me servir de guide …

– conclusion : Depuis ce jour …

- Enfin, n'oublie pas de **consacrer un paragraphe à chaque étape,** de **respecter un alinéa** (= retrait) au début de chaque paragraphe, de **sauter une ligne** entre l'introduction, le développement et la conclusion.

EXOS

1 ★ **Voici l'introduction et la conclusion d'un récit, ainsi que le début de chaque étape du développement. Imagine le contenu de chacune de ces étapes, de façon à passer logiquement de la situation initiale à la situation finale.**

Introduction
Enfin mon rêve se réalisait. C'était ma première traversée de l'Atlantique. J'avais quitté mon village, ma famille, mes amis pour vivre cette grande aventure. Par un petit matin brumeux, j'embarquai donc sur L'*Invincible*, un trois mâts qui avait déjà accompli deux fois la traversée. J'y rencontrai mes compagnons de navigation ainsi que le Capitaine, un homme solide et puissant. Tout s'annonçait pour le mieux.

Développement
1. Cela faisait huit jours que nous étions à bord ....
....
2. Brusquement, ...
....
3. Alors, nous essayâmes ....
....

Conclusion
Quelques jours plus tard, un cargo, qui croisait au large, aperçut nos signaux. Nous étions sauvés. Malgré le danger, malgré la peur, je ne regrettais pas mon aventure et je me fis la promesse de repartir un jour, en voilier, vers des rivages lointains.

2 ★★ **Voici un sujet de rédaction. Complète le tableau qui te permet d'obtenir le plan de ton récit.**

Pim et Pam sont deux jumeaux pleins de malice. Un jour, ils décident de jouer un bon tour à un membre de leur famille. Fais le récit de cette farce.

Étape	Idée essentielle	Mot de liaison
Introduction	....	....
Développement		
Avant la farce	....	....
La farce	....	....
Ses conséquences	....	....
Conclusion	....	....

3 ★★★ **Un vieil homme te révèle l'existence d'un fabuleux trésor. Avec quelques amis, tu décides de suivre le plan donné par le vieil homme pour parvenir à la cachette du trésor. Raconte ton aventure, en suivant le parcours de chasse au trésor proposé par le dessin. Ton récit doit tenir compte de chacune de ces étapes.**

Livret Parents – Corrigés p. 13

30 La rédaction d'une description

OBJECTIF • Savoir décrire

COURS

Toi aussi tu peux avoir à écrire un texte descriptif : description d'un paysage ou portrait d'un personnage. Il existe plusieurs types de description entre lesquels tu dois choisir.

• La description technique

En géographie, on peut te demander de décrire un relief. Dans ce cas, tu dois employer un vocabulaire précis (celui que tu as appris en géographie dans le cours sur le relief) :

Cette photographie représente un paysage alpin. On remarque ici qu'il s'agit du versant exposé au soleil, que l'on appelle l'adret. La vallée occupée par un village est le lieu des activités humaines.

• La description pittoresque

On te demande de décrire un vieux village. Ta description doit rendre ce lieu intéressant. Tu dois donc trouver des détails et des expressions qui montrent le charme du village :

Quel paysage impressionnant ! Les cimes enneigées dominent une vallée baignée de soleil où se niche un vieux village, avec ses chalets traditionnels, ses pâturages à peine verts, ses petits sentiers tortueux.

• La description poétique

Elle doit faire rêver et elle doit montrer ton émotion devant un paysage. Tu dois utiliser des images et des comparaisons :

La montagne millénaire, comme une vieille cathédrale pointée vers le ciel, est la gardienne de ces lieux. Tout en bas, douillettement blottis au creux de la vallée et bercés par une chaude lumière, de minuscules chalets forment de petites taches noires.

MÉTHODE

• Enrichir une description

• **Remplacer les verbes d'état** (*il y a*, *se trouve*, *est*) **par des verbes précis et expressifs.** Il faut comprendre la façon dont l'objet occupe l'espace.

Objet vertical : *se dresser*, *s'élever*, *être érigé*.

Objet horizontal : *s'étendre*, *s'étaler*, *s'élargir*, *s'étirer*, *allonger*.

Objet en hauteur : *surplomber*, *dominer*, *surmonter*, *culminer*.

Objets en désordre : *joncher*, *s'éparpiller*, *parsemer*, *répandre*.

Objet posé à côté de… : *voisiner*, *border*, *longer*.

• **Employer des images et des comparaisons** pour rendre la description plus pittoresque ou plus poétique : La montagne, **gardienne de ces lieux**, se dresse **comme une cathédrale**.

• Enfin, **utiliser le présent ou l'imparfait, établir les champs lexicaux** nécessaires à la description et ordonner la description selon un plan précis.

1 ★ **Complète la description suivante à l'aide des comparaisons et des images proposées.**

l'azur – un caniche – un épi de blé – du champagne – de la soie – une petite tache de sang – de légers voiles – un chérubin

C'était un drôle de petit garçon, potelé et joufflu. Il ressemblait à .... Sur le faîte de sa tête se dressait une mèche de cheveux, dorée comme .... Sa mère eût souhaité qu'il fût frisé comme ...., mais seules quelques boucles blondes tombaient doucement sur sa nuque. Ses yeux, qui avaient la couleur de ...., pétillaient comme .... Ils étaient bordés de longs cils et lorsqu'il tombait de sommeil, ses fines paupières se posaient comme .... sur ses yeux. Sa peau était douce comme .... Sa bouche rouge vif était pareille à .... au milieu de ce visage si doux.

2 ★★ **Remplace les verbes soulignés par des verbes expressifs et effectue les transformations nécessaires (ex. : est à côté → longe).**

1. La voie ferrée est à côté du lac.

....

2. Le grand chêne est plus haut que le reste de la forêt.

....

3. Ce village perché est au-dessus de la vallée.

....

4. Au milieu de la pièce, des piles de livres sont sur le sol.

....

5. Au pied de la montagne se trouve une vaste plaine.

....

3 ★★★ **Pour préparer ta description, complète le tableau suivant.**

1. Donne un nom précis à six éléments du dessin.

2. Accompagne ce nom d'un adjectif de couleur et d'un adjectif de forme.

3. Construis maintenant une phrase descriptive qui permet de situer dans l'espace chacun des éléments désignés, et utilise un verbe expressif.

4. Introduis ensuite une comparaison pour chacun des éléments. Ordonne enfin les éléments de ta description selon un plan précis de ton choix : de gauche à droite, de haut en bas, du plus proche au plus lointain ; puis relie chaque élément de la description à l'aide d'adverbes de lieu ou de compléments circonstanciels.

	Nom	Adjectif	Phrase avec verbe expressif	Comparaison	Ordre des éléments dans le plan	Mot de liaison
Élément 1	....	....	....	....	....	....
Élément 2	....	....	....	....	....	....
Élément 3	....	....	....	....	....	....
Élément 4	....	....	....	....	....	....
Élément 5	....	....	....	....	....	....
Élément 6	....	....	....	....	....	....

Livret Parents – Corrigés p. 13

31 Les verbes introduisant le dialogue

OBJECTIF • Maîtriser les verbes introducteurs du dialogue

COURS

Souvent, ton dialogue va te paraître bien répétitif et monotone.
Pour éviter ce défaut, tu dois apprendre à **varier les verbes introducteurs** du discours rapporté : *dire, répondre, demander*. Pour varier, tu peux :

- **Choisir un autre verbe plus précis** qui te permettra d'insister sur l'intonation, le ton ou les sentiments du personnage. Je ne sais pas, **bafouilla** Émile.
- **Ajouter un complément au verbe**, qui te permettra de souligner la façon de parler du personnage ou son émotion. Je ne sais pas, répondit Émile **d'une voix inquiète**.

MÉTHODE

Varier les verbes introducteurs du dialogue

- Avant d'écrire le dialogue, définis quels peuvent être les sentiments, les émotions, les intonations du personnage.
- Puis, remplace les verbes trop communs par des verbes plus précis et éventuellement ajoute des compléments. Tu peux t'inspirer du tableau suivant que tu pourras compléter en utilisant ton dictionnaire :

Sentiment, ton, émotion	Verbe
colère, mécontentement	crier, hurler, gronder, maugréer, rugir, marmonner, brailler, tonner 
rire	s'esclaffer, pouffer, ricaner, ironiser 
surprise	s'exclamer, s'étonner, s'interroger, s'émerveiller 
ton volontaire	répliquer, rétorquer, argumenter, décider, insister, réclamer, exiger 
ton hésitant	bégayer, bredouiller, balbutier, bafouiller, hésiter 
prière	implorer, prier, exhorter, supplier 
à voix basse	chuchoter, murmurer, sussurer, souffler 
ton interrogatif	interroger, questionner, s'enquérir 

EXOS

1 ★ **En t'aidant de la liste proposée dans la Méthode p. 68, remplace les verbes soulignés par des verbes plus précis.**

1. Cesse de m'énerver, dit-elle.

....

2. Quelle heure est-il ? demanda le chef de gare.

....

3. Comme toujours, tu es en retard. C'est intolérable, dit le professeur.

....

4. Viens avec moi. J'ai peur, dit l'enfant.

....

5. C'est décidé. Je ne bougerai pas d'ici, répond Pierre.

....

6. Quelle jolie maison ! dit-elle.

....

2 ★★ **On peut exprimer le ton ou l'humeur du locuteur par un complément circonstanciel de manière. Complète les expressions suivantes selon le modèle proposé.**

Ex. : s'étonna-t-il → dit-il avec étonnement

1. s'indigna-t-il
→ dit-il avec ....
2. gémit-il
→ dit-il dans un ....
3. hésita-t-il
→ dit-il avec ....
4. souffla-t-il
→ murmura-t-il dans un ....
5. rugit-il
→ dit-il dans un ....
6. s'émerveilla-t-il
→ dit-il avec ....
7. bégaya-t-il
→ prononça-t-il dans un ....
8. insista-t-il
→ affirma-t-il avec ....
9. cria-t-il
→ prononça-t-il dans un ....

3 ★★ **Dans ce dialogue, remplace les verbes soulignés par des verbes plus précis pour mettre en valeur les sentiments ou le ton de voix de chaque personnage.**

« Viens jouer avec moi », dit Émilie.

....

Antoine répondit qu'il n'en avait nullement l'intention.

....

« Viens jouer avec moi », dit encore Émilie.

....

Antoine répondit que décidément elle était fort obstinée.

....

« Viens jouer avec moi », dit une nouvelle fois Émilie.

....

Antoine répondit qu'il ne s'occupait plus d'elle et tourna les talons.

....

Une heure plus tard, Antoine revint dans la cour. « Tu es encore ici ! », dit-il en regardant Émilie, assise l'air boudeur sur les marches. Émilie ne répondit pas.

....

– « Que fais-tu donc ? », demanda-t-il.

....

– « Je t'attends pour jouer », dit Émilie, les yeux pleins de larmes.

....

Antoine, attendri, la regarda et dit alors : « Tu as gagné ! Allez, jouons ! ».

....

4 ★★★ **Imagine le dialogue entre un petit garçon turbulent qui asperge les passants avec un pistolet à eau et ses victimes.**

Choisis une victime énervée, une victime surprise, une victime qui éclate de rire...

Compare les trois dialogues. Auraient-ils été aussi différents si tu avais toujours employé le verbe *dire* ?

Livret Parents – Corrigés p. 13

32 Les textes fondateurs de la littérature

OBJECTIF • Découvrir les textes fondateurs

COURS

Certains textes, à l'origine de la littérature et de la culture européenne, ont une importance considérable sur le plan culturel.

● La **Bible**, texte religieux, comprend l'Ancien Testament et le Nouveau Testament.

• L'Ancien Testament (écrit globalement en hébreu et achevé au Ier siècle av. J.-C.) raconte l'histoire et la religion du peuple juif.

• Le Nouveau Testament (écrit en grec) est consacré davantage à la vie de Jésus et aux origines de l'Église chrétienne.

● L'***Odyssée***, grand poème grec attribué à Homère, qui a peut-être vécu au IXe siècle av. J.-C., est un récit mythologique. Il raconte les aventures d'Ulysse après la guerre de Troie jusqu'à son retour à Ithaque, où l'attend sa femme Pénélope.

● L'***Énéide***, écrit par Virgile, auteur latin du Ier siècle av. J.-C., raconte l'installation des Troyens en Italie et annonce la fondation de Rome. Son personnage principal est Énée, un prince légendaire troyen.

● ***Les Métamorphoses*** d'Ovide (auteur latin du Ier siècle av. J.-C.) reprennent et racontent à leur manière les grandes histoires de la mythologie grecque et latine.

MÉTHODE

● Utiliser sa connaissance des grands textes fondateurs

• Les textes fondateurs, que ce soient **la Bible** ou les textes de la mythologie grecque et latine, sont des **repères culturels**.

• Les connaître permet, par exemple, de **comprendre** :

– **certains mots entrés dans la langue française.**
Ainsi, une odyssée désigne aujourd'hui un voyage tumultueux, rempli d'aventures ;

– **certaines allusions dans un texte, un film.**
Ainsi, dans une fable de La Fontaine, le roi Lion envoie un ours, dont la grimace lui a déplu, « chez Pluton faire le dégoûté ». Tu ne peux comprendre cette expression que si tu sais que Pluton désigne le dieu des Enfers dans la mythologie. Cela signifie donc que le lion tue l'ours ;

– **une certaine organisation des récits que l'on retrouve ensuite dans toute la littérature.**
Par exemple, l'épopée – qui caractérise l'*Odyssée*, l'*Énéide* et *Les Métamorphoses* – est un genre qui montre le héros en lutte avec le monde ou des forces qui le dépassent et fait souvent intervenir le merveilleux.

1 ★ Trouve le sens des phrases suivantes en faisant des recherches sur les mots en caractères gras. (Utilise un dictionnaire des noms propres et des noms communs.)

1. La révision de ce cours fut un vrai **chemin de croix**.

....

2. Ce vin est délicieux. Un véritable **nectar** !

....

3. Ce jeune homme est d'une rare beauté ! Quel **Apollon** !

....

4. Arrête de pleurer comme une **madeleine**.

....

5. Son **narcissisme** est insupportable.

....

6. On s'y perd dans cette forêt. C'est un véritable **labyrinthe**.

....

7. Il échoua à cause de sa gourmandise. C'était son **talon d'Achille**.

....

8. Elle était attendue comme le **messie**.

....

2 ★★ Lis cet extrait des *Métamorphoses* d'Ovide (traduction de Frédéric Leblay), puis réponds aux questions.

Le crime règne désormais sur toute l'étendue de la terre, et Jupiter décide de punir le genre humain.

Aussitôt il enferme <u>Aquilon</u> dans les antres d'<u>Éole</u>, et tous les vents qui font fuir les nuages amassés, et il lâche <u>Notus</u>. Ce dernier s'envole de ses ailes humides ; son terrible visage est couvert d'un obscur brouillard, sa barbe est chargée de nuages, l'eau s'écoule de ses cheveux blancs, des brumes couvrent son front et ses ailes et sa poitrine ruissellent. Et lorsqu'il a pressé de sa large main les nuées suspendues, un fracas se fait entendre ; d'épais nuages répandent ensuite leurs pluies du haut de l'<u>éther</u>. La messagère de <u>Junon</u>, Iris, revêtue de diverses couleurs, rassemble les eaux et alimente les nuages.

1. Recherche dans un dictionnaire la définition des noms soulignés.

Aquilon : ....

Éole : ....

Notus : ....

éther : ....

Junon : ....

2. À quel épisode de la Bible correspond ce récit ?

....

3. Que désigne aujourd'hui le mot *déluge* ?

....

3 ★★★ Réponds aux questions suivantes.

1. Qu'appelle-t-on une métamorphose ?

....

2. Imagine en quoi ou en qui tu souhaiterais te métamorphoser et raconte cette expérience.

....

4 ★★★ Fais le portrait de ton héros mythologique préféré en une dizaine de lignes.

Livret Parents – Corrigés p. 13

Maths

+ • une évaluation page 242

1 Nombres entiers

OBJECTIF • Utiliser les grands nombres entiers

COURS

- Les nombres s'écrivent à l'aide de 10 chiffres : 0, 1, 2, 3, 4, 5, 6, 7, 8, 9.

Les chiffres servent à écrire les nombres comme les lettres servent à écrire les mots.

Exemples : 1 234 est un nombre composé de 4 chiffres.
635 est un nombre composé de 3 chiffres.
8 est un nombre composé d'un seul chiffre.

- Les nombres entiers sont des nombres qui servent tous les jours pour compter.

Exemples : J'ai 25 camarades dans ma classe.
Il y a 324 demi-pensionnaires au collège.
Mon petit frère pèse 32 kg.

MÉTHODE

Lire un nombre entier

Afin de faciliter la lecture des nombres entiers, on peut grouper les chiffres par 3 en partant de la droite du nombre. On retrouve ainsi les différentes classes (unités simples, mille, millions, milliards…).

milliards			millions			mille			unités simples		
centaines	dizaines	unités	centaines	dizaines	unités	centaines	dizaines	unités	centaines	dizaines	unités
					9	7	5	4	2	3	4

Exemple

- 9 754 234 se lit : neuf-millions-sept-cent-cinquante-quatre-mille-deux-cent-trente-quatre
- On peut se servir du tableau pour décomposer un nombre entier de différentes façons :

$$9\,754\,234 = (9 \times 1\,000\,000) + (7 \times 100\,000) + (5 \times 10\,000) + (4 \times 1\,000) + (2 \times 100) + (3 \times 10) + (4 \times 1)$$
$$= 9\,000\,000 + 700\,000 + 50\,000 + 4\,000 + 200 + 30 + 4$$

Multiplier un nombre entier par 10

Cela revient à décaler les chiffres d'un rang vers la gauche dans le tableau.

Exemple : 9 754 234 × 10 = 97 542 34**0** (0 ajouté en raison du décalage des chiffres d'un rang vers la gauche. On ne peut pas laisser la case des unités des unités simples vide).

Remarque Pour multiplier par 100 un nombre entier, on décale les chiffres de 2 crans vers la gauche.
Pour multiplier par 1 000 un nombre entier, on décale les chiffres de 3 crans vers la gauche.

1 ★ Dans le nombre 198 342 576 :

1. quel est le chiffre des unités de mille ?
2. quel est le chiffre des centaines* ?
3. quel est le chiffre des dizaines de millions ?
4. quel est le chiffre des unités de milliard ?
5. combien ce nombre contient-il de millions ?

* À noter : lorsqu'on ne précise pas le nom de la classe, il s'agit des unités simples.

2 ★ **Trouve le nombre entier qui précède et le nombre entier qui suit l'entier donné.**

Exemple : .... 65 ....

64 66

1. .... 30 999 ....
2. .... 999 999 ....
3. .... 600 999 ....
4. .... 230 000 000 ....

3 ★ **Écris en chiffres les grands nombres suivants.**

1. En 2018, la population mondiale était de sept-milliards-cinq-cent-trente-quatre-millions.
2. La distance entre Paris et Marseille par la route est d'environ sept-cent-soixante-seize-mille-trois-cent-dix mètres.
3. Le squelette de l'australopithèque Lucy date d'environ trois-millions-cent-quatre-vingt-mille ans.

4 ★★ **Donne le nombre à quatre chiffres pour lequel :**

– le chiffre des centaines est le double du chiffre des unités ;

– le chiffre des unités de mille est la moitié de celui des dizaines ;

– le chiffre des unités de mille est 3 ;

– le chiffre des unités est 4.

5 ★★ James Bond doit entrer un code pour désamorcer une bombe.

Le code est le plus petit nombre à 6 chiffres qu'il peut trouver en utilisant une seule fois chacun des mots suivants : huit – cent – quatre – mille – neuf.

Écris ta réponse : ....

6 ★★ Le compteur de la voiture de Marc indique 50 345 km.

1. Complète la décomposition de ce nombre :
50 345 = (5 × ....) + (3 × ....) + (........ × 10) + (........ × 1).

2. Dans 10 ans, Marc pense qu'il aura fait 10 fois plus de kilomètres.
Combien de kilomètres aura-t-il fait dans 10 ans ?
....

7 ★★★ Dans la ville de Tom, il y a un vieux bâtiment à restaurer.

Tom propose d'utiliser Internet pour récolter des dons en présentant le projet.
Il y a 4 dons possibles : 1 € ; 10 € ; 100 € et 1 000 €.

Information 1 : 2 680 personnes ont donné pour la restauration.

Information 2 : 4 grosses entreprises de la région ont donné 1 000 € chacune.

Information 3 : la moitié des donneurs a versé 1 € chacun.

Information 4 : un quart des donneurs a versé 10 €.

Information 5 : le reste des donneurs a versé 100 €.

1. Quelle est la somme récoltée au total ?
....
Tu l'écriras aussi sous la forme : (.... × 10 000) + (.... × 1 000) + (.... × 100) + (.... × 10) + ...

2. Pour soutenir le projet, le département décide de participer afin qu'au total, Tom dispose de 100 000 € pour la réfection de la tour.
Quelle somme a été donnée par le département ? ....

Livret Parents – Corrigés p. 14

2 Fractions décimales et nombres décimaux

OBJECTIF • Comprendre et utiliser l'écriture décimale des nombres

COURS

● Lorsque les nombres entiers ne sont pas suffisants pour mesurer une longueur par exemple, on fractionne l'unité en parties égales.

Exemple : lorsqu'on fractionne 1 cm en 10 parties égales, on obtient des dixièmes de cm appelés les mm.

● Quand on partage une unité en parties égales, on obtient une fraction de cette unité.

1 unité — 1 dixième de cette unité est colorié.

1 dixième peut s'écrire sous forme fractionnaire $\frac{1}{10}$ → 1 : le numérateur ; 10 : le dénominateur

● Une fraction décimale est une fraction dont le dénominateur est 1, 10, 100, 1 000… (le numérateur est un entier).

Remarque $\frac{10}{10} = 1$; $\frac{100}{100} = 1$; $\frac{1\,000}{1\,000} = 1$.

● Un nombre décimal est un nombre qui peut s'exprimer sous la forme d'une addition d'un nombre entier et de fractions décimales.

Exemple : $3 + \frac{5}{10} + \frac{2}{100}$ est un nombre décimal. On peut l'écrire plus simplement à l'aide d'une virgule : 3,52. Cette écriture est l'écriture décimale du nombre.

Un nombre décimal peut aussi s'écrire sous forme d'une seule fraction décimale :

$$1{,}24 = 1 + \frac{2}{10} + \frac{4}{100} = \frac{100}{100} + \frac{20}{100} + \frac{4}{100} = \frac{124}{100}$$

MÉTHODE

● Lire un nombre décimal

43,635 se lit quarante-trois virgule six-cent-trente-cinq ou quarante-trois et six-cent-trente-cinq millièmes.

43 est la partie entière de 43,635.

635 est la partie décimale de 43,635.

6 ; 3 et 5 sont les décimales de 43,635.

À NOTER

1 dixième $0{,}1 = \frac{1}{10}$

1 centième $0{,}01 = \frac{1}{100}$

1 millième $0{,}001 = \frac{1}{1000}$

● Décomposer un nombre décimal

43,635	= 4 × 10	+ 3 × 1	+ 6 × 0,1	+ 3 × 0,01	+ 5 × 0,001
	= 4 dizaines	3 unités	6 dixièmes	3 centièmes	5 millièmes
	= 4 × 10	+ 3 × 1	$+ 6 \times \frac{1}{10}$	$+ 3 \times \frac{1}{100}$	$+ 5 \times \frac{1}{1000}$

centaines	dizaines	unités	virgule	dixièmes	centièmes	millièmes
	4	3	,	6	3	5

1 ★ **Décompose chacun des nombres suivants comme dans l'exemple.**

Exemple : $12{,}31 = 12 + \frac{3}{10} + \frac{1}{100}$
$= 12 + 0{,}3 + 0{,}01$

1. 54,035 2. 102,102 3. 0,43

2 ★★ **Trouve le nombre entier auquel je pense, sachant que :**

- il a quatre chiffres ;
- le chiffre des centaines de ce nombre est le double du chiffre des dizaines ;
- le chiffre des unités de ce nombre est le chiffre des dixièmes de 75,81 ;
- la somme des chiffres de ce nombre est égale à 15 ;
- le chiffre des milliers de ce nombre est le chiffre des centièmes de 0,012.

Réponse : ....

3 ★★ **Donne l'écriture décimale des nombres suivants.**

1. $1 + \frac{2}{10}$ = ...
2. $34 + \frac{9}{100}$ = ...
3. $\frac{204}{100}$ = ...
4. $\frac{32}{10}$ = ...
5. $12 + \frac{24}{10}$ = ...

4 ★★ **Pour chacune des propositions suivantes, dis si elle est vraie ou fausse.**

1. 4 est le chiffre des centièmes de $\frac{41}{1000}$.
2. 4 est le chiffre des dixièmes de $\frac{1}{10} + \frac{4}{10}$.
3. 4 est le chiffre des dizaines de 34,92.
4. 0,8 + 0,2 est un entier.
5. Mille millièmes n'est pas un entier.
6. 72,420 = 72,42.
7. On ne change pas un nombre décimal non entier si on lui ajoute des zéros à gauche ou à droite.
8. On ne change pas un entier si on lui ajoute des zéros à gauche ou à droite.
9. L'entier qui suit 1 099 est 2 000.
10. Le chiffre des dixièmes de 12 est 0.

5 ★★ **Pour chacun des nombres suivants, complète la phrase : « 5 est le chiffre des... ».**

513,23 : ....

5 000 142 : ....

0,005 2 : ....

$\frac{5}{10\,000}$: ....

425,6 : ....

72,53 : ....

6 ★★★ **En donnant l'écriture décimale des nombres du tableau 1, retrouve la lettre qui correspond à chaque case et forme le nom d'un célèbre mathématicien.**

Tableau 1

1	$\frac{15}{10}$ =
2	$5 + \frac{78}{1000}$ =
3	$\frac{130}{10}$ =
4	$5 + \frac{7}{10} + \frac{8}{100}$ =
5	$\frac{130}{100}$ =
6	$\frac{15}{1000}$ =

5,078	U
1,5	E
0,015	D
1,30	I
5,78	L
13,0	C

Réponse :

1	2	3	4	5	6	1

Français

Maths

Histoire-Géo. et EMC

Anglais

Sciences

Évaluations

Dossier orientation

3 Comparaison de décimaux

OBJECTIF • Classer les nombres décimaux

COURS

- > signifie « est plus grand que » ou « est supérieur à » : **12 > 4,7 ; 5 > 0**.
- < signifie « est plus petit que » ou « est inférieur à » : **12 < 47 ; 0 < 5**.
- L'ordre « croissant » va du plus petit au plus grand : **5 < 5,01 < 5,1**.
- L'ordre « décroissant » va du plus grand au plus petit : **5,1 > 5,01 > 5**.

MÉTHODE

Comparer deux nombres décimaux

On compare d'abord leurs parties entières :

- **si elles sont différentes :**

42,5
4,245
→ 42 > 4, donc **42,5 > 4,245**

- **si elles sont égales, deux méthodes :**

1. on compare les décimales, rang par rang, en partant de la gauche :

42, 4 5
42, 4 2 1
= 5 > 2
donc **42,45 > 42,421**

ou

2. on s'arrange pour avoir le même nombre de décimales pour chacun :

42,45 = 42, 450
42,421 = 42, 421
→ 450 > 421
donc **42,45 > 42,421**

Intercaler un nombre entre 2 autres

Cela signifie trouver un nombre compris entre les 2 nombres donnés.
Exemple : intercaler un nombre entre 12,8 et 12,89.
12,8 = 12,80.
On cherche un nombre plus grand que 12,80 et plus petit que 12,89.
Par exemple : 12,85.
12,8 < 12,85 < 12,89.

Encadrer un nombre

C'est trouver un nombre qui lui est inférieur et un nombre qui lui est supérieur.
Exemple :

- encadrement de 23,46 par 2 nombres entiers consécutifs (qui se suivent).

23 < 23,46 < 24.

- 23,4 < 23,46 < 24,5 : voici un encadrement au dixième de 23,46.

(1 dixième d'écart)

1 ★ 1. Range dans l'ordre croissant :

4,931 ; 4,09 ; 40,9 ; 4,10 ; 4,82.

……………………………………………………

2. Range dans l'ordre décroissant :
2,22 ; 2,02 ; 2,202 ; 2,022 ; 2,2.

……………………………………………………

2 ★ On sait que Mathilde a 15 billes de plus qu'Alice et 20 billes de moins que Camille.

1. Qui a le plus de billes ? ……………………………

……………………………………………………

2. Qui en a le moins ? ……………………………

……………………………………………………

3 ★★ **Fais une croix dans les cases qui conviennent (exemple : 0,08 < 1,1 ; d'où la croix déjà placée).**

	… < 1,1	1,1 < … < 1,2	1,2 < …
1,15			
0,08	✗		
1,201			
1,097			
1,101			

4 ★★ **Coche la bonne réponse.**

1. 1,9 est plus petit que 1,10.
❑ vrai ❑ faux

2. 43,540 = 43,54.
❑ vrai ❑ faux

3. 72,402 0 = 72,42.
❑ vrai ❑ faux

4. 48 < 48,2 < 48,19.
❑ vrai ❑ faux

5. 25,2 et 25,3 + $\frac{11}{10}$ ont la même partie entière.
❑ vrai ❑ faux

6. 6,5 > 6,43 > 6,3.
❑ vrai ❑ faux

7. 1,0 > 1.
❑ vrai ❑ faux

8. Il n'y a pas de décimal compris entre 25,2 et 25,3.
❑ vrai ❑ faux

9. Il n'y a pas d'entier entre 25,2 et 25,3.
❑ vrai ❑ faux

10. 1,0 = 1.
❑ vrai ❑ faux

5 ★★ Laura est moins grande que Romain, qui est lui-même plus petit qu'Émilie et Julie. Louise est plus petite que Julie mais plus grande qu'Émilie.

1. Peut-on classer ces cinq enfants du plus petit au plus grand ? Si oui... fais-le !

2. Sachant que Thibaut, le plus jeune de tous, est plus petit que Romain, peut-on classer les six enfants du plus petit au plus grand ?
Si oui... fais-le !

6 ★★★ **Complète par des nombres décimaux qui conviennent.**

5 < ………… < ………… < 6

5,1 < ………… < ………… < 5,2

5,1 < ………… < ………… < 5,12

5 > ………… > ………… > 4,9

5,12 > ………… > ………… > 5,11

5,5 > ………… > ………… > 5,49

7 ★★★ **Parmi les 9 terrains suivants, lesquels peuvent être utilisés pour du football ?**

Information 1 : la largeur d'un terrain de football varie entre 45 m et 90 m.
Information 2 : sa longueur varie entre 90 m et 120 m.
Information 3 : la longueur doit être supérieure à la largeur.

	Terrain 1	Terrain 2	Terrain 3
Largeur	540 dm	900 dm	0,48 hm
Longueur	7 659 cm	90 m	910 dm

	Terrain 4	Terrain 5	Terrain 6
Largeur	7,9 dam	44,59 m	8,5 dam
Longueur	110 m	101 m	0,89 hm

	Terrain 7	Terrain 8	Terrain 9
Largeur	620 dm	69 m	65,78 m
Longueur	89,79 m	940 dm	78,4 dam

4 Graphiques / Tableaux / Diagrammes

OBJECTIF • Utiliser les représentations graphiques

COURS

- Certaines situations peuvent se traduire par un graphique.

Exemple : Madame N. Kuche gagne 2 100 € par mois.
Elle répartit ainsi ses dépenses : loyer : 500 € ; nourriture : 500 € ; impôts : 350 € ; loisirs : 400 € ; divers : 350 €.

- Cette situation se traduit par :

- **Un diagramme en bâtons**

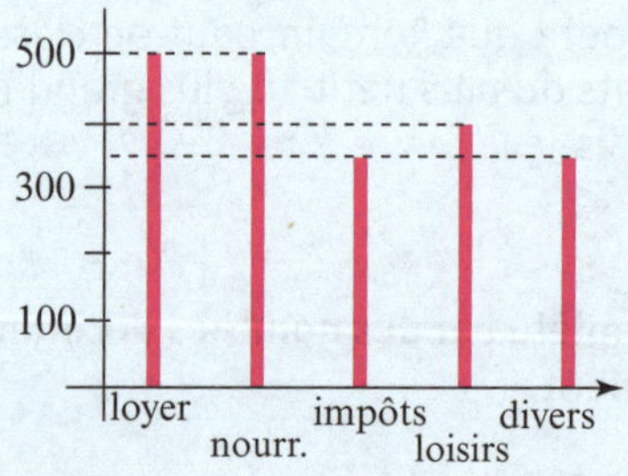

- **Un histogramme**

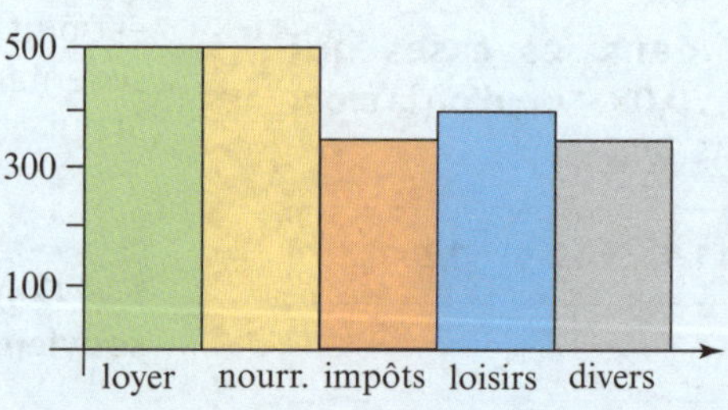

- **Un diagramme circulaire**

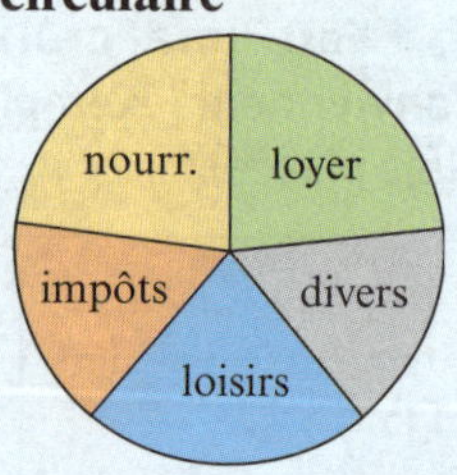

MÉTHODE

Savoir construire un tableau

- Jeanne fait une enquête pour le journal de son collège. Elle demande à ses camarades quel est leur sport préféré.
- Voici leur réponse : foot, rugby, foot, tennis, danse, natation, foot, tennis de table, tennis, karaté, boxe, foot, rugby, foot, foot, tennis, danse, judo, handball, foot, handball, foot.
- Jeanne fait un tableau de 2 lignes : une ligne pour le nom du sport, et une ligne pour le nombre de réponses correspondantes.

Sport	Foot	Rugby	Tennis	Danse	Natation	Tennis de table	Karaté	Boxe	Judo	Handball
Nombre d'élèves	8	2	3	2	1	1	1	1	1	2

Avec cette colonne, on comprend qu'il y a 3 élèves de la classe de Jeanne qui préfèrent le tennis

1 ★ Au mois de septembre, chaque élève du collège a pu pratiquer un des 4 sports suivants : l'escalade, le basket, le tennis de table, la natation.

Sport / Niveau	Escalade	Basket	Tennis de table	Natation
6e	24	32	34	22
5e	20	37	33	30
4e	27	18	31	20
3e	32	28	18	26

1. Combien d'élèves de 6e ont fait de la natation ?

....

2. Quel sport a été pratiqué par le plus d'élèves de 3e ?

....

3. Combien d'élèves ont fait du basket au mois de septembre ?

....

4. Quel a été le sport le plus pratiqué dans ce collège au mois de septembre ?

....

2 ★ Le diagramme ci-dessous représente la température observée durant la première quinzaine du mois de Juillet au Vigean :

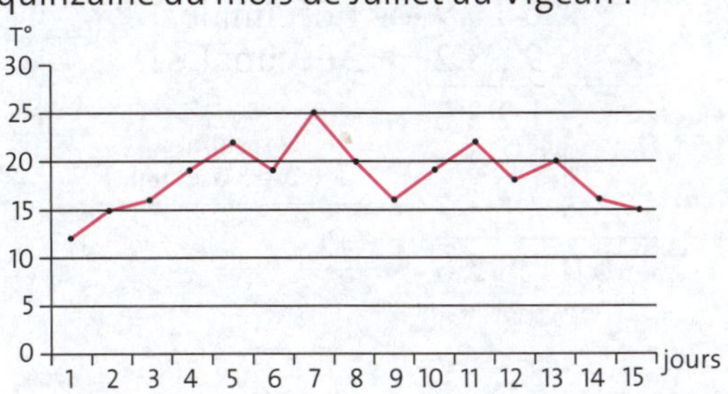

Donne :

1. le nombre de jours où la température est supérieure ou égale à 20 °C : ....
2. les dates où la température est égale à 16 °C : ....
3. le jour où la température est maximale : ....

....

4. À quel moment du mois peut-on dire que la température a augmenté pendant 5 jours ?

....

....

3 ★★ On a représenté sur ce diagramme en bâtons les notes des élèves à une interrogation.

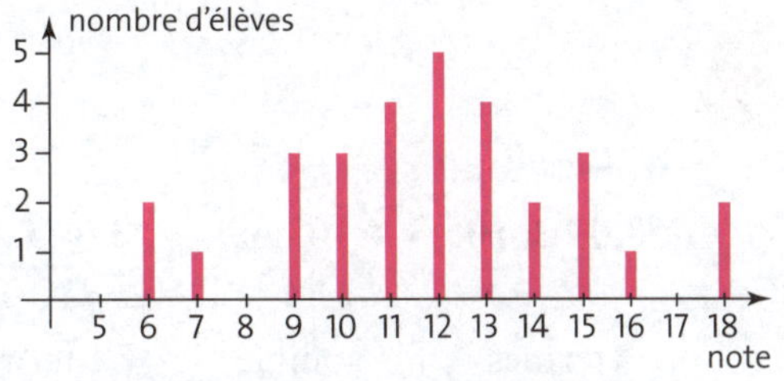

1. Combien d'élèves ont eu 6 ?
2. Combien d'élèves ont eu 17 ?
3. Combien d'élèves ont eu au moins 13 ?
4. Quelle a été la note maximale ?
5. Quelle a été la note la plus obtenue ?
6. Combien y a-t-il d'élèves dans la classe ?
7. Quel est l'écart entre la note la plus haute et la note la plus basse ?

4 ★★★ Cet histogramme représente la fréquentation d'une salle de cinéma pendant une semaine.

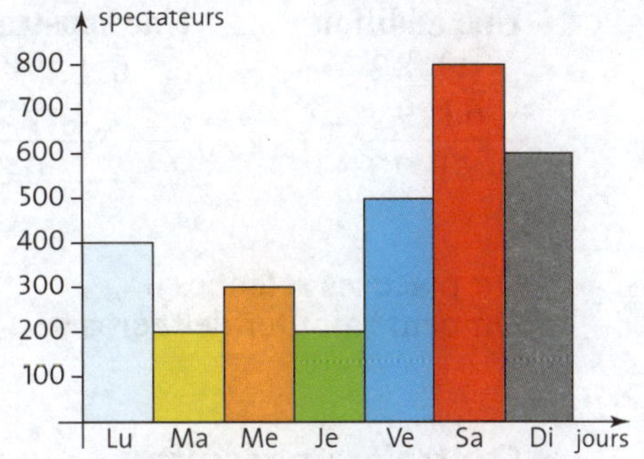

1. Combien y avait-il de spectateurs le lundi ?
2. Combien y avait-il de spectateurs les trois premiers jours de la semaine ?
3. Y a-t-il plus de spectateurs le week-end (samedi + dimanche) que le reste de la semaine ?
4. La place de cinéma coûte 10,10 €, mais :
– le lundi, le tarif est unique : 7,70 € ;
– le mercredi, un tiers des spectateurs sont des étudiants qui paient 7,70 € ;
– le samedi, la salle a accueilli trois groupes de 25 élèves payant chacun 3,20 €.
Quelle a été la recette de cette salle pour cette semaine ?

5 Additions / Soustractions / Multiplications

OBJECTIF • Utiliser les opérations courantes

COURS

• Vocabulaire

58,09 + 105,3 = 163,39 — termes : 58,09 et 105,3 ; somme : 163,39

324,5 – 98,91 = 225,59 — termes : 324,5 et 98,91 ; différence : 225,59

45,26 × 9,3 = 420,918 — facteurs : 45,26 et 9,3 ; produit : 420,918

• Règle

• Pour **multiplier un nombre par 10 ; 100 ; 1 000 ; …,** on déplace la virgule de ce nombre de 1 ; 2 ; 3 ; … rangs vers la droite, en ajoutant des zéros si nécessaire.

• Dans un calcul avec **parenthèses,** on effectue en premier ce qu'il y a entre parenthèses.
3 × (5 + 8) = 3 × 13 = 39

MÉTHODE

• Poser et effectuer une opération

• **Une addition**

```
  ¹9,82
+ 61,9
------
  71,72
```

• **Une soustraction**

```
  6 ₁1, 9 ₁0
−   ₁ 9, ₁8 2
-----------
  5 2, 0 8
```

• **Une multiplication**

```
      6 1, 9  → 1 décimale
  ×    9, 8 2  → 2 décimales
  ----------
     1 2 3 8
   4 9 5 2 •
 5 5 7 1 • •
 -----------
   6 0 7,8 5 8
```

le résultat a 1 + 2 = 3 décimales

– On place les retenues ₁.
– On peut rajouter des zéros 0.

• Contrôler un résultat

• Utilisation de la calculatrice.
• Ordre de grandeur : 9,82 est voisin de 10 et 61,9 est voisin de 60,
donc : 9,82 + 61,9 est voisin de 10 + 60 = 70
61,9 – 9,82 est voisin de 60 – 10 = 50
61,9 × 9,82 est voisin de 60 × 10 = 600
ce qui correspond bien aux résultats trouvés.

• Calculer « de tête »

148 + 29 = 148 + 30 – 1 = 178 – 1 = 177
(148 + 30 : facile ! ; 178 – 1 : facile !)

2 × 36 × 0,5 = 2 × 0,5 × 36 = 1 × 36 = 36
(2 × 0,5 : facile ! ; 1 × 36 : facile !)

À RETENIR
2 × 0,5 = 1
4 × 0,25 = 1

1 ★ Corrige les erreurs.

1. 59,5 + 10,7 = 69,12

2.
```
   257
−   82,1
--------
  235,1
```

3. 11,2 × 0,3 = 33,6

4.
```
  123 7
− 238,3
--------
  362,0
```

5.
```
  293,9
− 342,1
--------
  151,8
```

2 ★★ On sait que 728 − 345,6 = 382,4. Sans poser d'opération, calcule.

1. 728 − 382,4 = ...
2. 7 280 − 3 456 = ...
3. 1 728 − 345,6 = ...
4. 345,6 + 382,4 = ...
5. 738 − 355,6 = ...
6. 1 382,4 + 1 345,6 = ...

3 ★★ Complète le tableau suivant.

Opération	Ordre de grandeur	Résultat exact
990 + 5 020	1 000 + 5 000 = 6 000	6 010
7 805 + 95		
107,3 − 8,9		
16,5 − 0,548		
198,9 × 19,3		
53,4 × 0,95		

4 ★★ Sachant que :

A	C	E	I	L	N	S	V
36	0,01	4,9	351,2	630	0,89	0,063	0,018

décode le message suivant :

1,8 × 0,01 ....   25 × 3,512 × 4 ....

18 × 2 × 0,001 × 0,5 ....   0,5 × 49 × 0,2 ....

0,9 × 700 ....   0,7 × 0,7 × 10 ....   0,9 × 0,07 ....

9 × 0,000 1 × 20 ....   90 × 0,01 × 40 ....

1 − 0,99 ....   1,2 × 10 × 3 ....   1 − 0,11 ....

4 × 2 500 × 0,000 001 ....   7 × 7 × 0,1 ....

0,3 × 0,7 × 0,3 ....

5 ★★ Éléonore met 43 litres d'essence chaque semaine dans le réservoir de sa voiture. Elle a le choix entre la station Tatol où un litre coûte 1,27 €, et la station Essou où un litre coûte 1,35 €.

1. Calcule le coût du plein dans chaque station.
2. Combien d'euros Éléonore économise-t-elle en allant chez Tatol ?

6 ★★★ Une équipe de basket souhaite renouveler la tenue de ses 18 joueurs (1 short, 1 tee-shirt et 1 paire de chaussettes). Les tee-shirts seront floqués avec le nom du joueur dans le dos et le logo du club sur l'avant. Elle s'adresse à 2 magasins de sport.

Chez Mécatlon : le short coûte 6,25 €, le tee-shirt 10,15 € et la paire de chaussettes 2 €.

Chez Entresport : le short est à 6,80 €, le tee-shirt à 9,96 € et la paire de chaussettes à 1,90 €.

Pour le flocage, Mécathlon propose le prix suivant par tee-shirt : 6,80 € pour le nom du joueur dans le dos et 2,40 € pour le logo du club.

Entresport propose : 7 € pour le nom du joueur dans le dos et 2,50 € pour le logo du club.

En justifiant tes calculs, trouve quelle est l'offre la plus intéressante pour l'équipe.

Livret Parents – Corrigés p. 14

6 Division euclidienne

OBJECTIF • Utiliser la division à quotient entier

• Division avec des entiers

Exemple : On veut distribuer 258 billes à 11 enfants de façon que chacun en ait le même nombre, et le plus possible. Il faut donc diviser 258 par 11.

Ordre de grandeur

250 : 10 = **25**

Division

```
258 | 11
 38 | 23
  5 |
```

258 = 11 × 23 + 5
et 5 < 11

Réponse

On peut donc donner 23 billes à chaque enfant.

(Il restera 5 billes, que l'on ne peut couper en morceaux !)

• Vocabulaire

```
dividende | diviseur
          | quotient
    reste | euclidien
```

dividende = diviseur × quotient euclidien + reste
reste < diviseur

MÉTHODE

• Utiliser les critères de divisibilité

Le reste de la division de 253 par 11 est 0 : la division « tombe juste ». On dit que 253 est divisible par 11 ou 253 est multiple de 11.

- Il existe des **règles** permettant de reconnaître les nombres divisibles par 2 ; 3 ; 4 ; 5 ; 9 ou 10 sans poser les divisions correspondantes.
- Un entier est divisible par :
  - 2 si son chiffre des unités est 0, 2, 4, 6 ou 8 ;
  - 5 si son chiffre des unités est 0 ou 5 ;
  - 10 si son chiffre des unités est 0 ;
  - 3 si la somme de ses chiffres est divisible par 3 ;
  - 9 si la somme de ses chiffres est divisible par 9 ;
  - 4 si le nombre formé de ses 2 derniers chiffres est divisible par 4.

Exemple : 2 145 est divisible par 5 et par 3, mais pas par 2 ; 4 ; 10 ou 9.

- Aucun nombre n'est divisible par 0 (258 ÷ 0 n'existe pas).

Mais 0 est divisible par tous les nombres sauf 0. (0 ÷ 258 = 0, mais 0 ÷ 0 n'existe pas.)

EXOS

1 ★ Complète le tableau suivant.

Dividende	Diviseur	Quotient euclidien	Reste	Égalité
549	7	78		549 = 7 × .... + ...
1 214	14			
	15	17	11	.... = 15 × 17 + 11
507		63	3	
22	35			

2 ★ Parmi les nombres suivants : 840 ; 54 315 ; 211 ; 247 356 ; 1 ; quels sont ceux qui sont multiples de 2 ? de 3 ? de 4 ? de 5 ? de 9 ? de 10 ?

3 ★ Vrai ou faux ? Coche la bonne réponse.

	V	F
1. Un nombre qui se termine par 2 est divisible par 2.	❑	❑
2. Un nombre qui se termine par 3 est divisible par 3.	❑	❑
3. 777 est divisible par 3.	❑	❑
4. 777 est divisible par 7.	❑	❑
5. Un nombre divisible par 3 est divisible par 9.	❑	❑
6. Un nombre divisible par 9 est divisible par 3.	❑	❑
7. 47 est divisible par 7.	❑	❑
8. 1 est divisible par tous les nombres.	❑	❑
9. Tous les nombres sont divisibles par 1.	❑	❑

4 ★★

1. Retrouve tous les nombres de la forme 4•6• divisibles par 9.

2. Retrouve tous les nombres de la forme 4•6• divisibles à la fois par 9 et par 5.

5 ★★★ Réponds à la question suivante.

Le diviseur est 44 ; le quotient est le double du diviseur et le reste est nul. Quel est le dividende ?

....

6 ★★★

Arthur fête son anniversaire. Il souhaite que ses 7 amis partent avec le même nombre de bonbons chacun. Lui gardera les bonbons restants. Il dispose de 91 bonbons.

1. Avec combien de bonbons ses amis repartiront ? Combien lui restera-t-il de bonbon(s) ?

2. Pas satisfait du nombre de bonbons qu'il gardera, il décide que ses amis auront chacun 12 bonbons.

Combien en gardera-t-il pour lui ?

7 ★★★

Une usine bretonne de sablés vend des gâteaux secs en paquets de 16.

À la fin de la journée de travail, les sablés restants sont offerts à une école voisine pour le goûter des enfants.

Voici le nombre de sablés fabriqués en une semaine :

Lundi	Mardi	Mercredi	Jeudi	Vendredi
652	725	412	1 008	873

1. Combien de paquets ont été emballés chaque jour ?

2. Combien de sablés ont été donnés à l'école cette semaine-là ?

8 ★★★

Marie et Jeanne sont les 2 meilleures amies du monde.

L'anniversaire de Marie est le 16 mars, celui de Jeanne est le 28 avril.

1. Marie et Jeanne sont nées la même année. Marie est née un lundi. Quel jour est né Jeanne ?

2. Hier, Jeanne a dit à son amie : « Je suis plus jeune que toi de 3 millions de secondes ! ».

Cette affirmation de Jeanne est-elle vraie ?

Justifie ta réponse.

Livret Parents – Corrigés p. 15

7 Division décimale

OBJECTIF • Maîtriser le sens et la technique de la division

COURS

Définition

- a et b sont deux entiers, b est non nul. On appelle **quotient** de a par b le nombre qui multiplié par b donne a.
- Ce nombre peut se noter $\boldsymbol{a \div b}$ ou $\dfrac{a}{b}$.
- On a $\dfrac{a}{b} \times b = a$.
- Pour calculer un quotient, on effectue une **division**.

Quotient de deux nombres

- Le quotient de deux nombres est entier ou décimal non entier si la division s'arrête.

Exemple : $91 \div 13 = 7$ et $45{,}1 \div 8 = 5{,}637\,5$.

- Le quotient de deux nombres n'est pas décimal si la division ne s'arrête pas.

Exemple :

19,2	9
12	2,133…
30	
30	
30	

Le reste n'est jamais nul, la division ne s'arrête pas, le quotient de 19,2 par 9 n'est pas décimal.
Il est proche de 2,13 et plus proche encore de 2,133 mais n'est égal à aucun décimal.

On note $19{,}2 \div 9 = \dfrac{19{,}2}{9}$ et $\dfrac{19{,}2}{9} \approx 2{,}13$.

Calcul mental

Diviser par 10 ; 100 ; 1 000 revient à décaler la virgule de ce nombre de 1 ; 2 ; 3 rangs vers la gauche en ajoutant des zéros si nécessaire.

MÉTHODE

Diviser un décimal par un entier

Exemples :

- Divise 171,2 par 16.

– Un ordre de grandeur de $171{,}2 \div 16$ est $160 \div 16 = 10$.

– Tu poses la division : en 17, combien de fois 16 ? 1 fois… Lorsque tu « abaisses » le 2, première décimale de 171,2, tu mets une virgule au quotient.

171,2	16
11	10,7
11 2	
0 0	

- Pour faire la division décimale de 391 par 46, il suffit de remarquer que $391 = 391{,}0$. Ensuite, on procède comme dans le premier exemple.

– Un ordre de grandeur de $391 \div 46$ est $400 \div 50 = 8$.

– Tu poses la division :

391,0	46
– 368	8,5
23 0	
– 23 0	
0	

EXOS

1 ★ **Sans effectuer de divisions, entoure le résultat exact de chacun des quotients du tableau ci-dessous (cherche un ordre de grandeur comme dans la Méthode page 86).**

Quotient	Résultat 1	Résultat 2	Résultat 3
114 ÷ 12	4,8	100,5	9,5
1 006 ÷ 8	125,75	12,575	50,5
396 ÷ 225	17,6	1,76	176
786 ÷ 1 048	0,75	5	68

2 ★ On donne :

129 × 470 = 60 630
7 812 ÷ 126 = 62
1 528 × 26 = 39 728
414 ÷ 125 = 3,312
126 ÷ 24 = 5,25
39 728 ÷ 191 = 208

En utilisant les opérations précédentes, trouve les résultats manquants :

5,25 × 24 = ...
60 630 ÷ 470 = ...
208 × 191 = ...
39 728 ÷ 1 528 = ...
3,312 × 125 = ...
126 × 62 = ...
7 812 ÷ 62 = ...
39 728 ÷ 208 = ...

3 ★★ **Pose et effectue les divisions suivantes (elles « s'arrêtent » toutes).**

1. 896 ÷ 7 ; 2. 200,2 ÷ 7 ; 3. 123,9 ÷ 14 ;
4. 378 ÷ 45 ; 5. 7 319 ÷ 52 ; 6. 56 ÷ 125.

4 ★★ **Réponds aux questions suivantes.**

1. À vélo, Antoine a roulé à vitesse constante pendant 4 h et a parcouru 94,2 km. Combien de kilomètres a-t-il parcouru en 1 h ?

....

2. Trois enfants se partagent la monnaie des courses. Partis avec 50 €, ils ont dépensé 32,75 €. Combien chacun va-t-il recevoir ?

....

3. Mina veut faire 16 petits paquets avec 1,920 kilogramme de dragées. Quel sera le poids de chacun ?

....

4. Quelle quantité de sirop de menthe peut-on mettre dans chaque verre, si l'on a 18 verres et 2,25 litres de sirop ?

....

5 ★★ **Réponds par vrai ou faux.**

	V	F
1. ? ÷ 1 000 = 0,0164 donc ? = 164	❑	❑
2. 18 263 ÷ 7 = 2609	❑	❑
3. 343,15 ÷ 100 = 34315	❑	❑
4. 14,69 ÷ 9 ≈ 1,63	❑	❑
5. ? × 225 = 976,5 donc ? = 4,34	❑	❑

6 ★★ Je pense à un nombre. Je le multiplie par 13. J'obtiens 2 171. Quel est le nombre auquel j'ai pensé ?

Je pense à un nombre $\xrightarrow{\times 13}$ 2 171

7 ★★★ Adèle, Martin et leurs trois copains vont au cinéma et décident d'y inviter Noé.
La place de cinéma coûte 7 €. Comme il est invité, Noé ne paie pas.
Combien chacun des enfants dépense-t-il ?

....

....

8 ★★★ **Retrouve les données manquantes de l'exercice en observant la démarche juste d'un élève.**

> 50 − 22 = 28 ; 5 × 3,2 = 16 ; (28 − 16) ÷ 6 = 2.
> Donc le prix d'un cahier est 2 €.

Sofia achète .... classeurs à .... € l'un et .... cahiers identiques.

Sur un billet de .... €, on lui rend .... €.

Quel est le prix d'un cahier ?

....

8 Fractions

OBJECTIF • Comprendre la notion de fraction

COURS

• Définition

Une fraction est un nombre écrit sous la forme $\frac{a}{b}$, où a et b sont des entiers et b est non nul. $\frac{a}{b} = a \div b$.

Exemples : $\frac{12}{12}$; $\frac{72}{10}$; $\frac{72}{12}$; $\frac{2}{3}$.

Attention !

• Certaines fractions sont des nombres décimaux :
$\frac{12}{12} = 12 \div 12 = 1$ et $\frac{72}{10} = 72 \div 10 = 7{,}2$.

• Certaines fractions ne sont pas des décimaux :
$\frac{2}{3} \approx 0{,}6666$ car la division est infinie lorsqu'on divise 2 par 3

• Règle

On ne change pas un quotient de deux nombres si on les multiplie ou si on les divise par un même nombre non nul.

Exemple : $\frac{9}{6} = \frac{18}{12} = \frac{3}{2}$ (× 2 puis ÷ 6 au numérateur et au dénominateur)

MÉTHODE

• Représenter une fraction

Exemple : Quelle fraction de la figure ci-dessous a été coloriée ?

On a divisé le rectangle en parties égales et on a colorié 4 carreaux sur 6 ou 2 colonnes sur 3.

On a donc colorié $\frac{4}{6}$ ou $\frac{2}{3}$ du rectangle.

• Écrire sous forme fractionnaire

• Un nombre décimal peut toujours s'écrire sous forme de fraction.

Exemple : Écris sous forme de fractions les décimaux : 0,5 ; 0,75 ; 4.

$0{,}5 = \frac{5}{10} = \frac{50}{100} = \frac{1}{2}$; $\quad 0{,}75 = \frac{75}{100} = \frac{3}{4}$; $\quad 4 = \frac{4}{1} = \frac{8}{2} = \frac{40}{10}$.

• Le quotient de deux décimaux peut toujours s'écrire sous forme de fraction.

Exemple : Écris sous forme de fractions les quotients : 17 ÷ 5 et 45,1 ÷ 8

$17 \div 5 = \frac{17}{5} = \frac{34}{10}$; $\quad 45{,}1 \div 8 = \frac{45{,}1}{8} = \frac{451}{80}$.

• Calculer de tête

• Calculer la moitié d'un nombre, c'est le diviser par 2. La moitié de $24 = \frac{24}{2} = 12$.

• Calculer le tiers d'un nombre, c'est le diviser par 3. Le tiers de $24 = \frac{24}{3} = 8$.

• Calculer le quart d'un nombre, c'est le diviser par 4. Le quart de $24 = \frac{24}{4} = 6$.

EXOS

1 ★ **Donne une écriture décimale des fractions suivantes.**

$\frac{9}{10}$; $\frac{53}{100}$; $\frac{9}{20}$; $\frac{222}{50}$; $\frac{17}{4}$; $\frac{128}{200}$; $\frac{459}{2}$; $\frac{23}{16}$; $\frac{80}{20}$; $\frac{9}{9}$.

2 ★ **Écris les nombres suivants sous la forme d'une fraction.**

4,9 ; 5 ; 9,111 ; 24 ÷ 4 ; 0,9 ; 0,004 5 ; 12,64 ; 27 ÷ 7 ; 4,1 ÷ 6.

3 ★ **Donne si possible une écriture décimale des fractions suivantes. Sinon, donne une valeur approchée avec un chiffre après la virgule.**

$\frac{5}{4}$; $\frac{4}{5}$; $\frac{8}{7}$; $\frac{7}{8}$; $\frac{25}{16}$; $\frac{16}{3}$.

4 ★★ **Réponds par vrai ou faux.**

1. $\frac{5}{6} = 5{,}6$ **2.** $\frac{6}{5} = 1{,}2$ **3.** 3,6 est le tiers de 10,8

4. $\frac{56}{49} = \frac{8}{7}$.

5 ★ **Complète le tableau.**

Nombre	Fraction	Écriture à virgule
5 millièmes		
83 centièmes		
	$\frac{7}{5}$	
159 dixièmes		
trois quarts		

6 ★★ **Dans chaque cas, l'aire d'un grand carré est égale à une unité. Colorie l'aire correspondant à la fraction décimale donnée.**

1. $\frac{145}{100}$

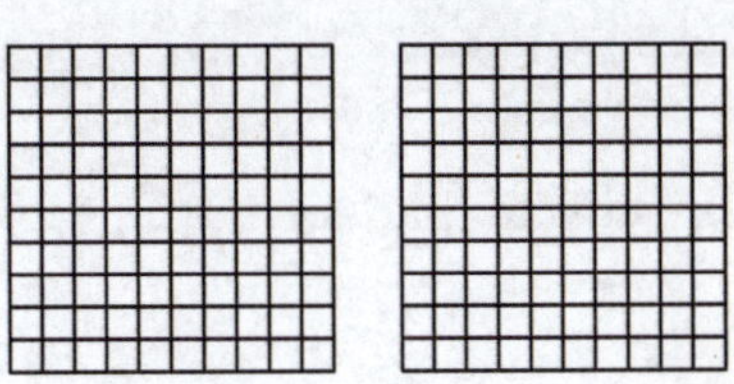

2. $\frac{16}{10}$

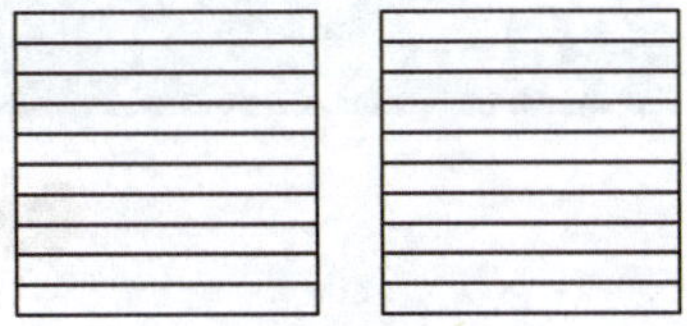

3. $\frac{23}{10}$

7 ★★ **Complète.**

$\frac{25}{15} = \frac{...}{3} = \frac{45}{...} = \frac{...}{18}$; $\frac{8}{7{,}2} = \frac{80}{...} = \frac{...}{9}$.

8 ★★ Théo a grandi, il décide de donner à ses petits cousins une partie de sa collection de Plémabile. Il en possède 924.

Il en donne la moitié à Ali, le tiers à Ismaël, et la moitié du reste à Miryam.

1. Combien de Plémabile ont eu chacun des enfants ?

2. Combien lui en reste-t-il ?

9 ★★ **Quelle est la fraction coloriée de chaque figure ?**

1.
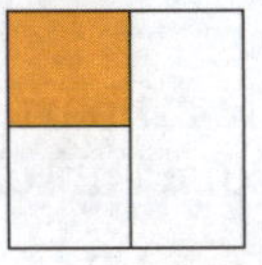
2.
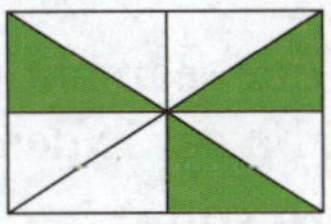
3.
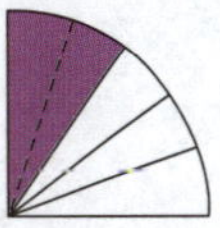

4.
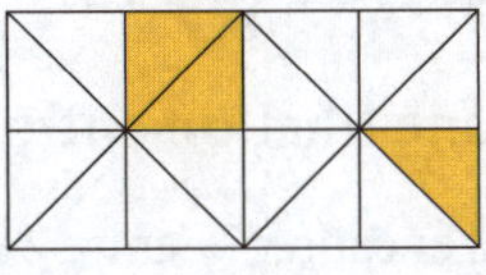
5.
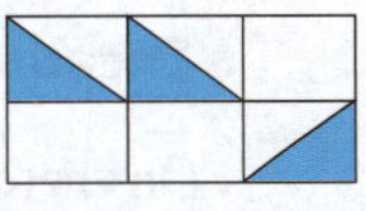

10 ★★★ **Effectue les calculs suivants en observant d'abord l'exemple. Tu donneras les résultats sous forme d'une fraction.**

Ex. : $a = \frac{3}{4} + 0{,}8 = 0{,}75 + 0{,}8 = 1{,}55 = \frac{155}{100}$.

$b = 1 + \frac{1}{2} + \frac{1}{4}$; $c = 3 + \frac{21}{5} + \frac{7}{10}$; $d = 1{,}7 + \frac{17}{10}$;

$e = \frac{1}{10} + \frac{1}{100}$; $f = \frac{3}{10} \times \frac{52}{100}$.

Livret Parents – Corrigés p. 15

9 Repérages sur une droite graduée

OBJECTIF • Placer un point sur une droite graduée et lire son abscisse

COURS

• Repérage sur une demi-droite graduée

• On peut graduer une demi-droite à partir de son origine (ici : le point A) en choisissant une longueur unité (ici : la longueur du segment [AB]) que l'on reporte régulièrement.

• On peut, à tout point de la demi-droite, faire correspondre un nombre appelé **abscisse** de ce point. Sur la droite précédente, A a pour abscisse 0. On note A(0). On a aussi B(1) et M(4,5).

MÉTHODE

• Lire l'abscisse d'un point sur une demi-droite graduée

Exemple :

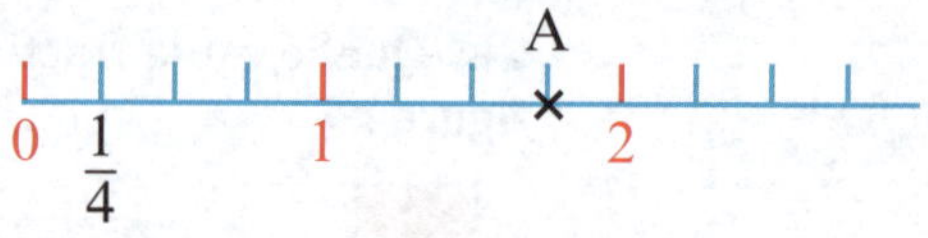

• Chaque segment unité est partagé en quatre segments de même longueur.
• On voit sur le dessin que l'abscisse de A est comprise entre 1 et 2.
• L'abscisse de A est $\frac{7}{4}$ ou 1,75.

• Encadrer une fraction entre 2 entiers consécutifs

• On cherche à encadrer $\frac{13}{3}$ entre 2 entiers consécutifs à l'aide d'une demi-droite graduée.
• On partage chaque segment unité en 3 segments de même longueur pour obtenir des tiers. Il ne reste plus qu'à compter les tiers jusqu'à $\frac{13}{3}$.

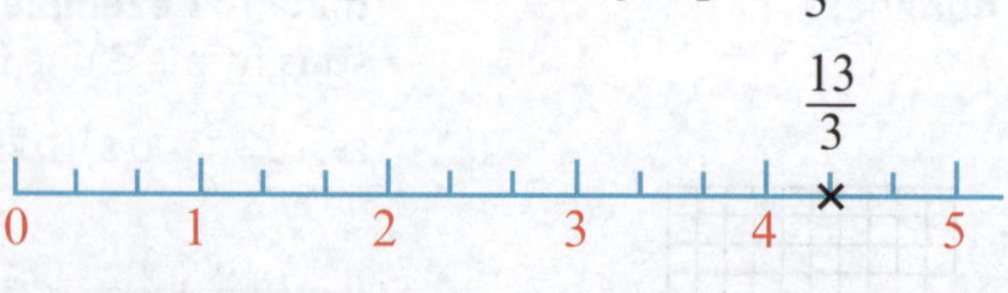

• Pour encadrer, il ne reste plus qu'à utiliser la demi-droite graduée :

$$4 < \frac{13}{3} < 5$$

EXOS

1 ★ **Trace une demi-droite graduée en prenant 1 cm pour unité de longueur. Place les points suivants dont les abscisses sont entre parenthèses :**

A(2,5) ; B(1,3) ; C($\frac{9}{2}$) ; D($\frac{22}{4}$).

2 ★ **Sur la demi-droite graduée suivante, place le point A d'abscisse 2 ; le point B d'abscisse 1,5 ; le point C d'abscisse $\frac{1}{4}$; le point D d'abscisse 2,75.**

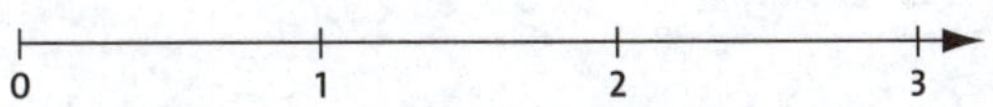

3 ★★ **Sur chacune des demi-droites graduées, lis l'abscisse des points M, N, P et R.**

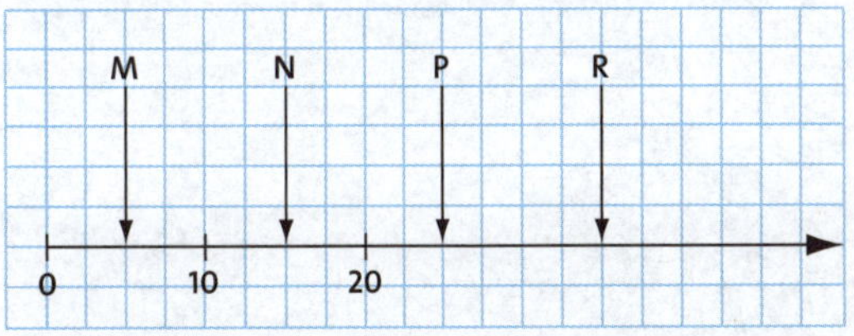

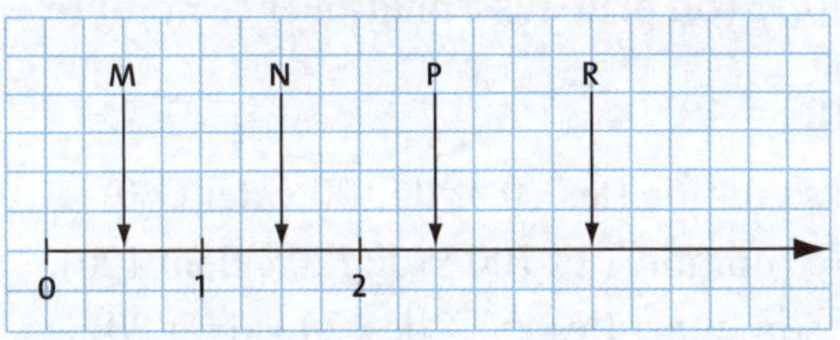

4 ★★ **Sur chacune des demi-droites graduées, lis l'abscisse des points A, B et C.**

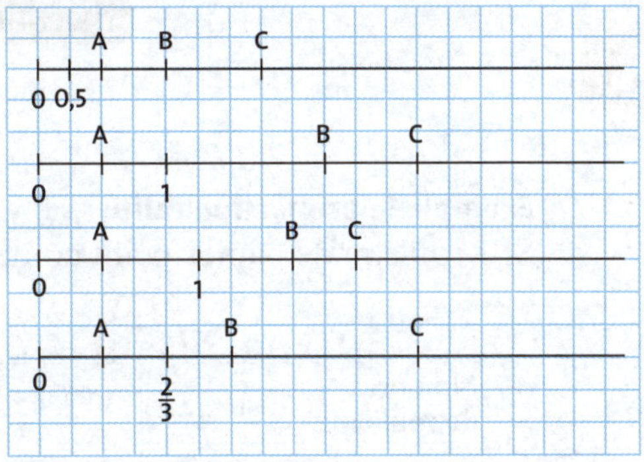

5 ★★

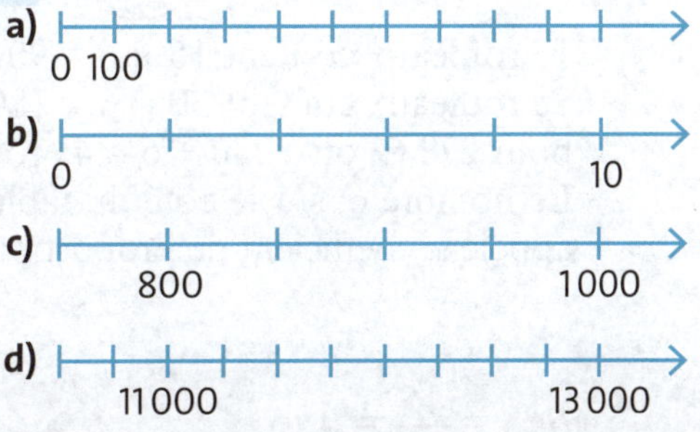

Sur l'axe a, place le point A d'abscisse 600.
Sur l'axe b, place le point B d'abscisse 4 et le point C d'abscisse 8.
Sur l'axe c, place le point D d'abscisse 850 et le point E d'abscisse 950.
Sur l'axe d, place le point F d'abscisse 12 000.
Relie les points ABDFEC. Comment appelle-t-on ce type de figure ? ....

6 ★★★ **1.** Donne une écriture fractionnaire des nombres correspondant aux points A et B.

2. Sur la demi-droite graduée ci-dessous, place les nombres : $\frac{8}{6}$; 1,5 ; $\frac{7}{3}$; $\frac{6}{3}$; $\frac{9}{6}$.

3. En t'aidant de la demi-droite graduée, range dans l'ordre croissant les nombres : $\frac{8}{6}$; 1,5 ; $\frac{7}{3}$; $\frac{6}{3}$; $\frac{9}{6}$.

7 ★★★ Mehdi est l'organisateur d'une course de 100 m. Il relève les résultats des coureurs :

10 s et $\frac{32}{100}$ de secondes ; 10 s et $\frac{9}{10}$ de secondes ; 10 s et $\frac{80}{100}$ de secondes ; 10 s et 66 centièmes de secondes ; 10 s et $\frac{6}{10}$ de secondes ; 10 s et 4 dixièmes de secondes ;
Classe ces temps dans l'ordre croissant. Tu pourras t'aider si nécessaire de la demi-droite graduée.

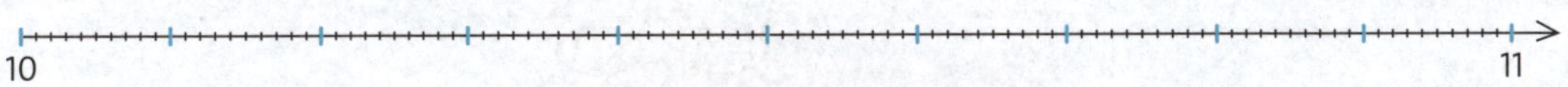

Livret Parents – Corrigés p. 16

10 Proportionnalité

OBJECTIF • Reconnaître et utiliser les situations de proportionnalité

COURS

• Tarif

Exemple 1 : proportionnalité
Si 1 rouleau de papier peint coûte 6 €,

Nombre de rouleaux	1	15	30	45
Prix (€)	6	90	180	270

(× 2 ; × 6 ; ÷ 6 ; × 2)

15 rouleaux coûtent 15 × 6 = 90 €,
30 rouleaux coûtent 30 × 6 = 180 €,
pour 270 €, on a 270 ÷ 6 = 45 rouleaux.
Le nombre 6, sur le côté du tableau, est appelé le coefficient de proportionnalité.

Exemple 2 : non proportionnalité
Tarif postal :

Poids d'une lettre (en grammes)	15 g	30 g
Prix de l'affranchissement (en euros)	0,75 €	1,40 €

Le prix payé pour 30 g n'est pas le double du prix payé pour 15 g : le prix du timbre n'est pas proportionnel au poids de la lettre.

• Taux de pourcentage

$15\ \% = \frac{15}{100} = 0{,}15$

Prendre 15 % de 120 c'est multiplier 120 par 0,15 (on peut aussi multiplier ce nombre par 15 et diviser le résultat par 100).
15 % de 120 = (15 × 120) ÷ 100 = 1800 ÷ 100 = 18.

- Prendre 50 % d'un nombre, c'est prendre sa moitié (les 50 % de 120 valent 60).
- Prendre 100 % d'un nombre, c'est prendre ce nombre (les 100 % de 120 valent 120).
- Prendre 25 % d'un nombre, c'est prendre son quart (les 25 % de 120 valent 30).

MÉTHODE

• Reconnaître une situation de proportionnalité

Exemples : Proportionnel ou pas ?

- Alia a 10 ans et mesure 130 cm. Quelle sera sa taille à 20 ans ? Ce n'est pas une situation de proportionnalité et, à 20 ans, Alia ne mesurera pas 260 cm !
- 2 kg de pommes coûtent 3,24 €. Combien coûtent 3 kg ?

C'est une situation de proportionnalité : 1 kg de pommes coûte 3,24 ÷ 2 = 1,62 € et 3 kg coûtent 1,62 × 3 = 4,86 €.

Masse en kg	2	1	3
Prix (€)	3,24	1,62	4,86

(÷ 2 ; × 3 ; ÷ 2 ; × 3)

1 ★ Réponds aux questions posées (s'il y en a) dans les énoncés suivants et dis à chaque fois s'il s'agit ou non d'une situation de proportionnalité.

1. Lisa a 10 ans et sa grand-mère 70 ans. Quand Lisa aura 20 ans, sa grand-mère aura-t-elle 140 ans ? Sinon quel âge aura sa grand-mère ?
Situation de proportionnalité : ❑ oui ❑ non

2. Rémi mesure 160 cm à 12 ans. Peut-on prévoir sa taille quand il aura 24 ans ?
Situation de proportionnalité : ❑ oui ❑ non

3. Trois cuillerées à soupe de farine correspondent à 90 g de farine. À combien de cuillerées correspondent 150 g de farine ?
Situation de proportionnalité : ❑ oui ❑ non

4. Le numéro d'une revue mensuelle coûte 3,5 €. On propose un abonnement de 6 mois pour 20 € et un abonnement de 1 an pour 38 €.
Situation de proportionnalité : ❑ oui ❑ non

5. À 3 ans, Paul sait compter jusqu'à 10. Peut-on prévoir jusqu'à combien il saura compter à 6 ans ?
Situation de proportionnalité : ❑ oui ❑ non

6. Le prix d'un livre est-il proportionnel à son format ?
Situation de proportionnalité : ❑ oui ❑ non

7. Une voiture roule toujours à la même vitesse. Elle parcourt 225 km en 3 h. Combien parcourt-elle en 2 h ? en 8 h ?
Situation de proportionnalité : ❑ oui ❑ non

8. Vu dans un supermarché : 6 pots de yaourts : 1,8 €; un pack de 16 pots des mêmes yaourts : 5 €.
Situation de proportionnalité : ❑ oui ❑ non

2 ★★

La voiture de Boris consomme 7,8 litres de carburant tous les 100 km.

1. Complète le tableau de proportionnalité sans en calculer le coefficient.

Distance parcourue en km	100		25	75	
Consommation en litres	7,8	15,6			0,78

2. Calcule le coefficient de proportionnalité. Que représente-t-il ?

3 ★★ Résous le problème suivant.

La recette d'une tarte au citron donne les proportions suivantes pour 6 personnes : 2 œufs, 3 citrons, 150 g de farine, 120 g de sucre et 140 g de beurre. Lucas et Maelys ont invité 7 copains : il faut donc modifier ces proportions pour faire une tarte pour 9 personnes. À toi de jouer !

4 ★★

Sachant que 85 % des 700 élèves d'un collège déjeunent à la cantine, combien d'élèves de ce collège déjeunent à la cantine ?

5 ★★ Calcule 10 % de 530. Même question avec 25 % ; 50 % ; 75 % ; 100 % ; 200 %.

6 ★★★

Un commerçant fait des remises de 12 % et a modifié ainsi ses étiquettes :

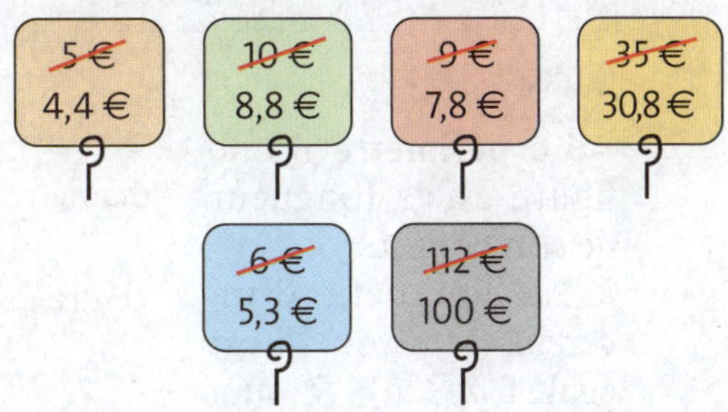

Rectifie ses erreurs !

7 ★★★ Fais cet exercice en te chronométrant : il faut environ de 30 s pour répondre aux questions.

1. Calcule 50 % de 120 €.
2. Calcule 25 % de 60 élèves.
3. Calcule 10 % de 400 élèves.
4. Calcule 25 % de 24 m.
5. Calcule 50 % de 33 m.
6. Calcule 10 % de 54 €.

8 ★★★ Réponds aux questions suivantes.

1. Un objet, qui coûtait 110 €, coûte 100 €.
Son prix a-t-il diminué de 10 % ? ....
2. Un objet, qui coûtait 80 €, coûte 100 €.
Son prix a-t-il augmenté de 20 % ? ....

Livret Parents – Corrigés p. 17

11 Longueurs et périmètres

OBJECTIF • Calculer le périmètre d'une figure simple et reporter une longueur au compas

COURS

• Longueurs

Nom	Définition	Figure
Triangle isocèle	Triangle possédant 2 côtés de même longueur.	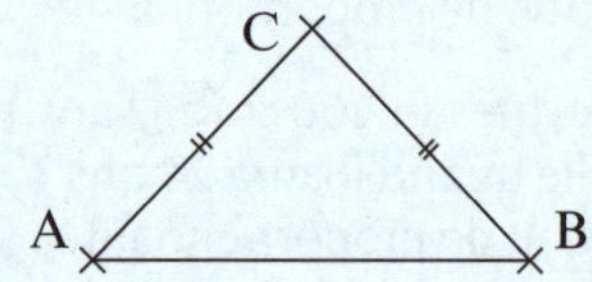
Triangle équilatéral	Triangle ayant ses 3 côtés de même longueur.	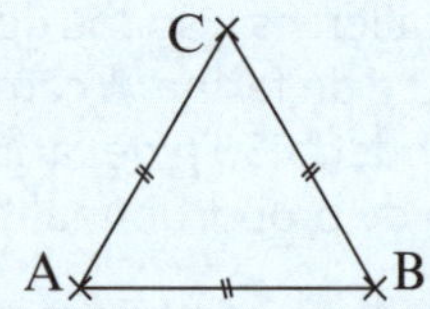
Losange	Quadrilatère ayant ses 4 côtés de même longueur. Ses diagonales sont perpendiculaires et se coupent en leur milieu.	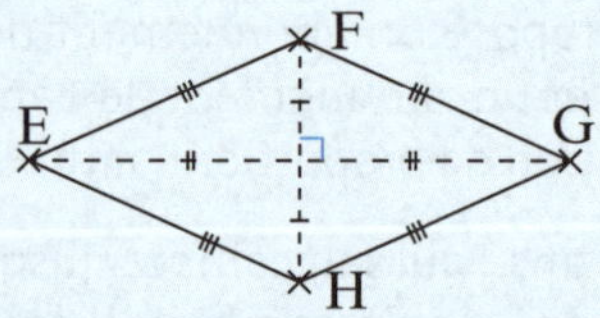

• Périmètres

• Le **périmètre** d'une figure est la longueur de son contour.

• La longueur d'un cercle, de rayon R, est égale à $2 \times \pi \times R$, où π vaut environ 3,14.

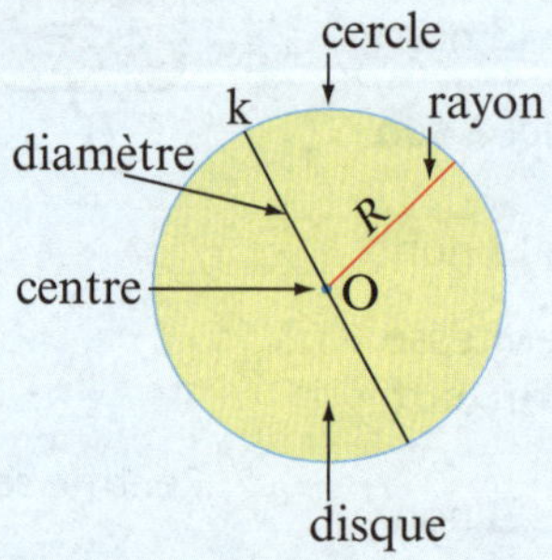

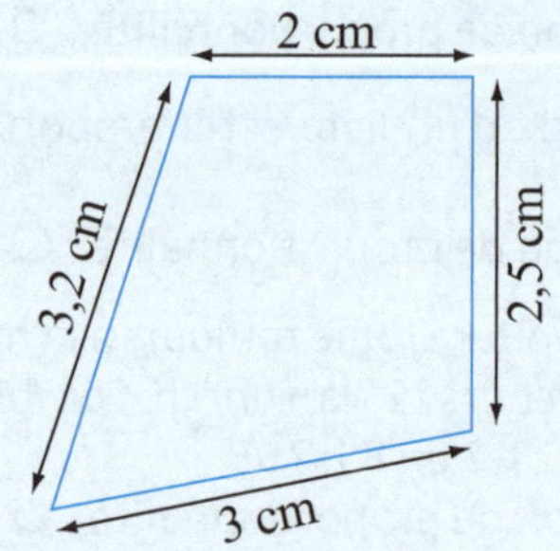

$\mathcal{P} = 3{,}2 + 2 + 2{,}5 + 3 = 10{,}7$ cm

MÉTHODE

• Reporter une longueur

Le **compas** sert à reporter des longueurs.

Exemple : Trace le triangle ABC, tel que AB = 5 cm ; BC = 7 cm et AC = 4 cm.

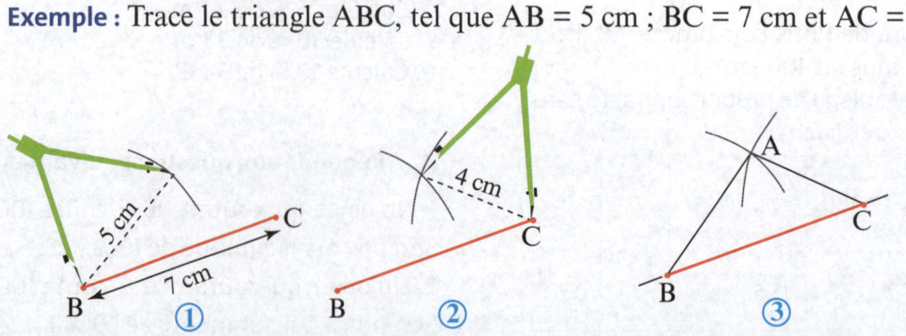

1 ★ **Le périmètre d'un rectangle est 108 cm. Sachant que sa largeur est 24 cm, calcule sa longueur.**

2 ★ **Après avoir reproduit les quatre figures suivantes en respectant les mesures indiquées, calcule leur périmètre, en faisant, si besoin, des mesures sur le dessin.**

1.

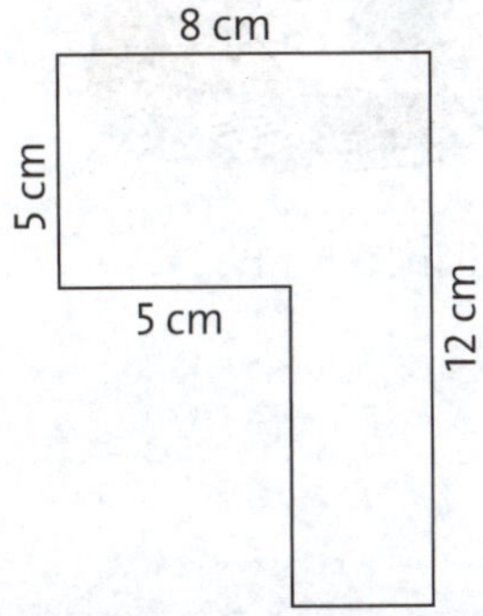

2.

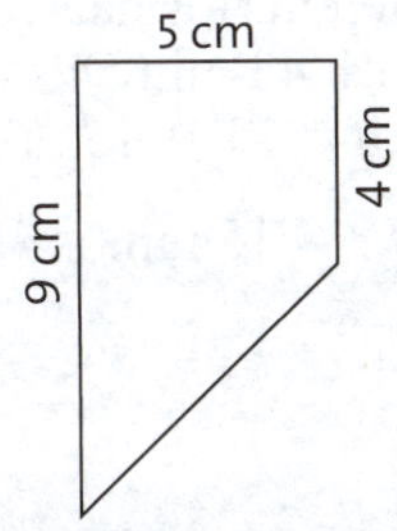

3.

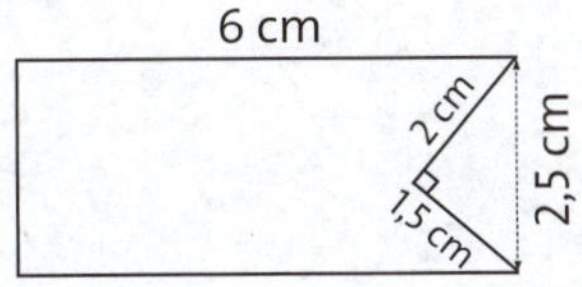

4.

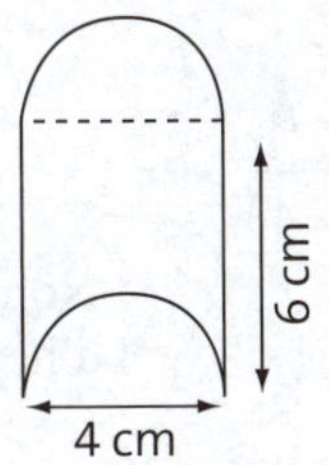

3 ★ **Construis le triangle BOL dont les côtés mesurent : BO = 10 cm, OL = 7 cm et BL = 5 cm.**

4 ★★ **Construis un losange FAON tel que FO = 8 cm et dont le périmètre est égal à 20 cm.**

5 ★★ **Pour chacun des problèmes suivants, rédige une solution, en t'aidant d'un dessin.**

1. Sur une allée rectiligne de 49 mètres de long, on plante un arbre tous les 7 mètres.

Combien y a-t-il d'arbres ?

2. Sur une allée circulaire de 49 mètres de périmètre, on plante un arbre tous les 7 mètres.

Combien y a-t-il d'arbres ?

6 ★★ Un court de tennis a une forme rectangulaire, de largeur 11 mètres et de longueur 24 mètres. On place un grillage à 5 mètres du bord du court, tout autour de celui-ci.

Quelle longueur de grillage sera-t-elle nécessaire ?

7 ★★★ 1. Construis un rectangle de 3,3 cm de longueur et de 2,7 cm de largeur.

2. Construis un carré de même périmètre que le rectangle précédent.

8 ★★★ **Un champs rectangulaire a un périmètre de 164 m. Sa largeur fait 28 m de moins que sa longueur. Trouve la largeur et la longueur de ce rectangle.**

9 ★★★ Un centre aquatique vient de construire 2 nouveaux bassins

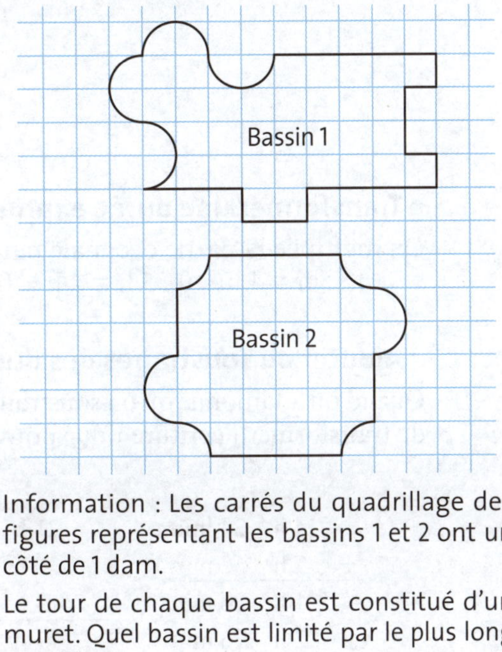

Information : Les carrés du quadrillage des figures représentant les bassins 1 et 2 ont un côté de 1 dam.

Le tour de chaque bassin est constitué d'un muret. Quel bassin est limité par le plus long muret ?

Livret Parents – Corrigés p. 17

12 Durées

OBJECTIF • Calculer avec les unités de temps

COURS

- 1 min = 60 s. Donc 1 s = $\frac{1}{60}$ min.

1h = 60 min. Donc 1min = $\frac{1}{60}$ h.

1h = 3 600 s.

1 jour = 1 j = 24 h. Donc 1 j = $\frac{1}{24}$ h.

1 année = 365 j ou 366 j (pour les années bissextiles).

À RETENIR

$\frac{1}{4}$ h = 0,25 h = 15 min

$\frac{1}{2}$ h = 0,5 h = 30 min

- Les durées peuvent être exprimées dans différents formats :
  - en Heures Minutes et Secondes (HMS) : 1 h 43 min 54 s
  - en écriture décimale : 1,25 h = 1 h + 0,25 h = 1 h + 15 min = 1 h 15 min
  - en écriture fractionnaire : $\frac{3}{4}$ h = 3 × $\frac{1}{4}$ h = 3 × 15 min = 45 min

MÉTHODE

Transformer des minutes en HMS

Il suffit de faire une division euclidienne par 60.
876 min = 14 h 36 min car :

8	7	6	6 0
2	7	6	1 4
	3	6	

Nombre d'heures (1 4)

Nombre de minutes (3 6)

Transformer une durée exprimée en heure décimale en format HMS

On multiplie la partie décimale par 60 pour transformer les heures en minutes.
4,35 h = 4 h + 0,35 h = 4 h + 0,35 × 60 min = 4 h + 21 min = 4 h 21 min.

Ajouter ou soustraires des durées

Quand on additionne ou on soustrait chaque unité séparément, il est parfois nécessaire de transformer l'écriture pour pouvoir faire le calcul ou pour exprimer la réponse.

	h	min
	14 h	34 min
+	7 h	52 min
	21 h	86 min
=	22 h	26 min

	h	min
	~~21 h~~	~~18 min~~
	20 h	78 min
−	9 h	43 min
	11 h	35 min

N'ayant pas assez de minutes pour faire l'opération, on a enlevé 1 h et ajouté 60 min.
21 h 18 min = 20 h 78 min

EXOS

1 ★ Sur sa fiche de paie, Bastien lit qu'il a travaillé 151,65 h ce mois-ci. Aide Bastien à exprimer cette durée en format HMS.

2 ★ Le professeur d'EPS a chronométré une course de 800 m entre 4 élèves de sa classe. Mais il a fait une erreur de manipulation. Il doit enlever 25 s aux temps de chacun des élèves.

Fanny = 3 min 34 s
Pauline = 3 min 19 s
Imane = 3 min 12 s
Laurie = 3 min 07 s

Calcule le temps corrigé de chacun des 4 élèves.

3 ★★ Au club d'athlétisme, l'entraîneur lance une course entre 2 athlètes sur 3 tours de stade. Il relève les temps de passage à chaque tour.

	1er tour	2e tour	3e tour
Stéphane	53 s	1 min 42 s	2 min 35 s
Dominique	46 s	1 min 25 s	2 min 09 s

1. Calcule l'écart de temps entre les 2 coureurs pour chaque tour.

....

....

2. Combien de temps Stéphane a-t-il mis pour faire le tour 2 ? le tour 3 ?

....

....

Réponds à ces mêmes questions pour Dominique.

....

....

4 ★★ Manu dit : « J'ai dormi pendant 39 quarts d'heure ». Emma lui répond : « Et moi, j'ai dormi de 22 h 13 à 7 h 39 ».

Qui a dormi le plus longtemps ?

....

5 ★★ Théodore est né il y a 11 ans 16 jours 8 h et 30 s. A-t-il vécu plus de 400 000 000 de secondes ? Justifie ta réponse.

6 ★★ Eliud Kipchoge a battu le record du monde de marathon en 2018 : 2 h 01 min et 40 s.

Maya a mis exactement trois fois plus de temps. Calcule la durée de son marathon.

7 ★★ Léo compte aller à la piscine 4 fois par semaine durant les 5 semaines de vacances qu'il passe chez sa grand-mère. À chaque fois, il reste 45 min dans l'eau et fait 35 longueurs du bassin de 25 m.

1. Combien de temps est-il resté à la piscine durant ses vacances ? Donne le résultat en format HMS.

2. Il met 55 s à parcourir 1 longueur. Combien de temps a-t-il mis pour réaliser ses 35 longueurs quotidiennes ? et toutes les longueurs des vacances ? Ta réponse doit être au format HMS.

8 ★★ Luis veut mettre sur clé USB les 432 épisodes de sa série préférée (1 h par épisode) et les 244 épisodes d'une autre série ($\frac{1}{2}$ h par série).

Combien lui faudra-t-il de clés USB (sachant que les clés lui permettent de sauvegarder 4 h de vidéo) ?

....

9 ★★★ Chloé, élève de 6e, a 26 « heures » de cours par semaine. Dans son collège, les « heures » de cours durent 55 min.

1. Combien Chloé passe-t-elle de temps en cours dans la semaine ?

....

2. Pour ses devoirs, elle travaille : $\frac{3}{4}$ h du lundi au vendredi, 1 h 30 le samedi et le dimanche.

Calcule le temps hebdomadaire qu'elle consacre à ses devoirs.

....

3. Entre ses cours et les devoirs, combien de temps travaille-t-elle par semaine ? Et pendant toute l'année scolaire (qui dure 36 semaines) ?

....

....

Livret Parents – Corrigés p. 18

13 Aires

OBJECTIF • Calculer l'aire d'une figure simple

COURS

• Aires par comptage

L'aire d'une figure est la mesure de sa surface.

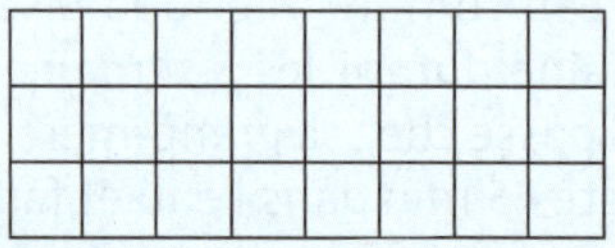

Unité d'aires (u.a.)

Aire du rectangle : 24 u.a.

• Formules d'aires

• L'aire d'un rectangle est égale au produit de sa longueur L par sa largeur ℓ : $\mathcal{A} = L \times \ell$.

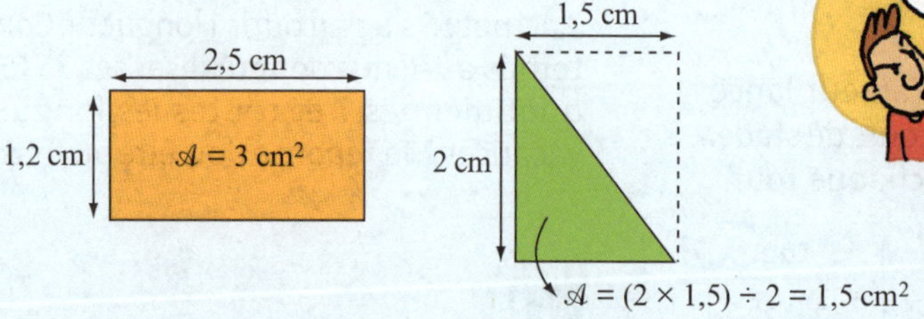

• L'aire d'un triangle rectangle, c'est la moitié de l'aire d'un rectangle.

• L'aire d'un disque de rayon R est : $\mathcal{A} = \pi \times R^2 = \pi \times R \times R$.

$\mathcal{A} = \pi \times 4^2 = \pi \times 4 \times 4 = \pi \times 16 \approx 50{,}3$ cm².

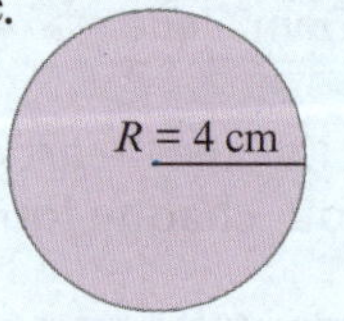

• 1 cm² = aire d'un carré d'1 cm de côté.

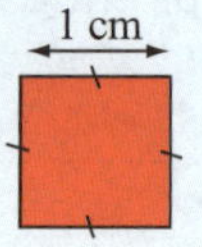

MÉTHODE

• Calculer l'aire d'un polygone

On peut décomposer un polygone en plusieurs figures connues pour calculer son aire totale.

Exemple : Le polygone ABCDEF a été décomposé en trois parties :

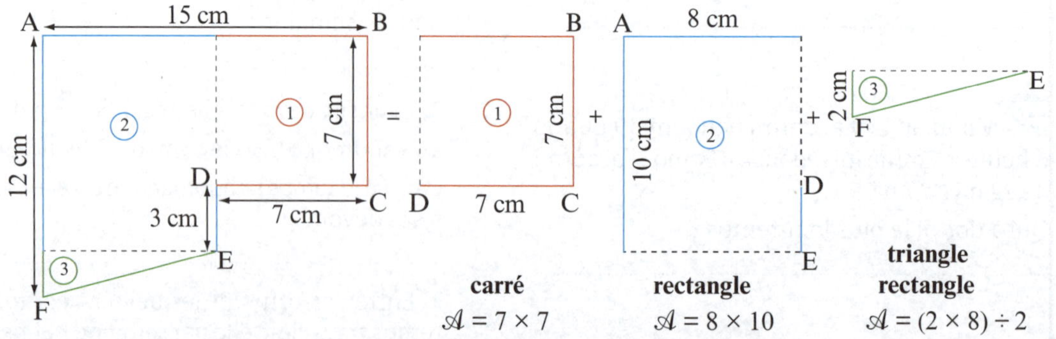

carré	rectangle	triangle rectangle
$\mathcal{A} = 7 \times 7$	$\mathcal{A} = 8 \times 10$	$\mathcal{A} = (2 \times 8) \div 2$
$\mathcal{A} = 49$ cm²	$\mathcal{A} = 80$ cm²	$\mathcal{A} = 8$ cm²

Aire totale = 49 + 80 + 8 ;
Aire totale = **137 cm²**.

1 ★ **L'aire d'un rectangle est 108 cm². Sachant que sa longueur est 24 cm, calcule sa largeur.**

2 ★★ **Après avoir reproduit les trois figures suivantes en respectant les mesures indiquées, calcule leur aire.**

1.

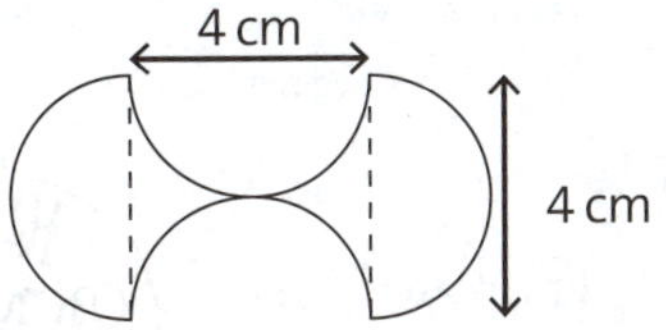

2. ABCD carré.
Quelle est l'aire de EDC ?

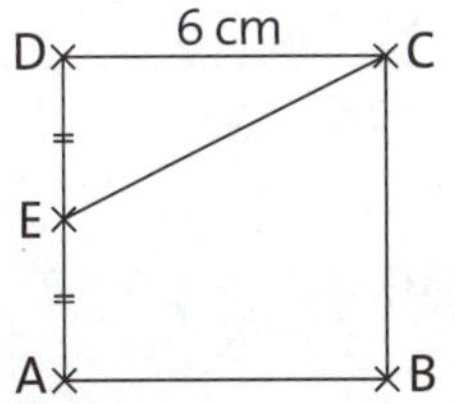

3. FGHI rectangle avec FG = 5,5 cm et GH= 3,2 cm. JHKL carré de 2,3 cm de côté.
Quelle est l'aire de la figure ?

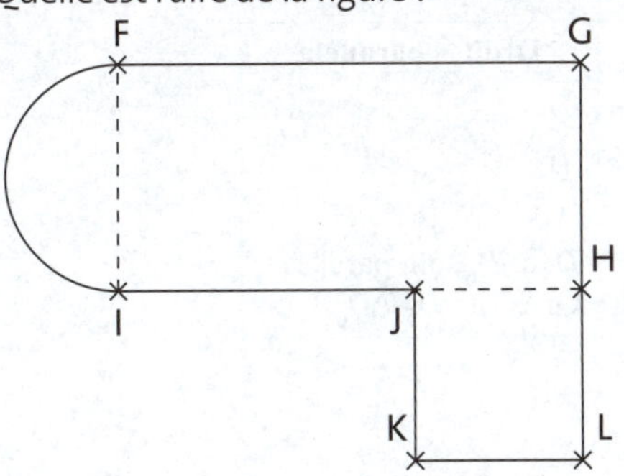

3 ★★ **Trouve l'aire de chacune de ces figures :**

1. en prenant pour unité d'aire le carreau rouge ;
2. en prenant pour unité d'aire le triangle vert.

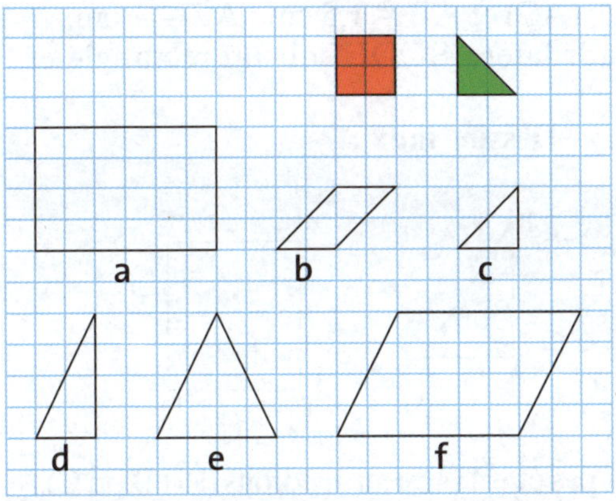

4 ★★★ 1. Trouve l'aire de ces deux figures en prenant pour unité d'aire le triangle rouge pour la figure rouge et le carreau vert pour la figure verte.

2. Ces deux figures ont-elles la même aire ?

5 ★★★ Dans la ville, un nouveau jardin est en cours d'élaboration. Le paysagiste souhaite faire un parc carré, de 1 dam de côté. Il partagera ensuite le carré en huit zones de même surface (8 triangles rectangles) pour y planter différentes variétés de fleurs.

Document 1 : Plan du jardin

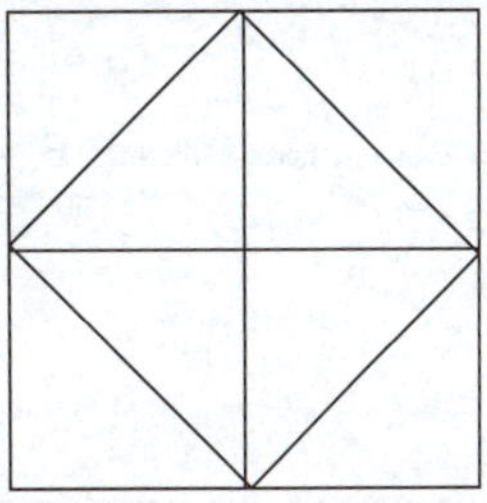

Document 2 : Prix des fleurs

Le paysagiste placera des fleurs d'une seule couleur dans chaque zone triangulaire (toutes les zones auront une couleur différente).

1 m² de fleurs jaunes 14,95 €	1 m² de fleurs bleues 15,05 €	1 m² de fleurs rose 13,75 €	1 m² de fleurs rouge 14,55 €
1 m² de fleurs violettes 15,10 €	1 m² de fleurs blanches 14 €	1 m² de fleurs orange 14,25 €	1 m² de fleurs noires 15,05 €

1. Quelle est la surface du jardin ?
2. Quelle est la surface d'une zone triangulaire ?
3. Combien coûtera l'aménagement en fleurs de ce jardin ?

Livret Parents – Corrigés p. 18

14 Figures planes

OBJECTIF • Suivre un programme de construction

COURS

• Droites, segments

• Une droite se trace à l'aide d'une règle.

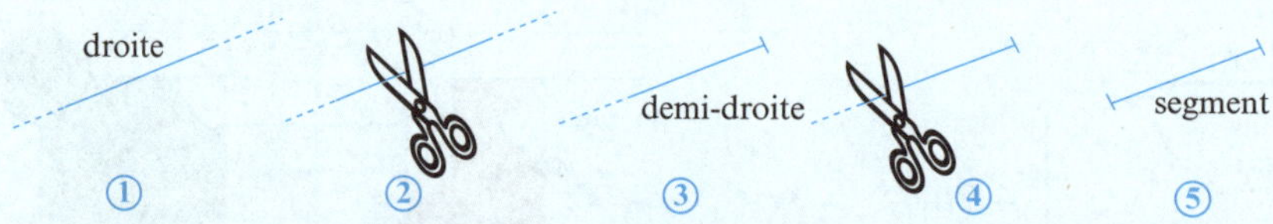

• Par deux points A et B, il passe une seule droite : la droite (AB).

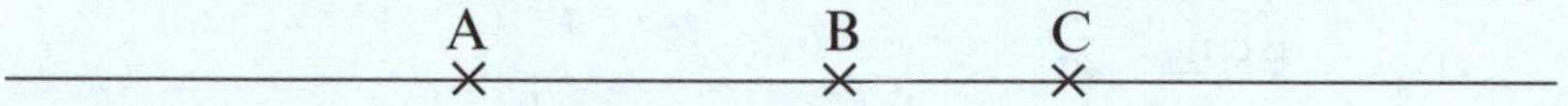

Ainsi, C appartient à la **droite** (AB), mais C n'appartient pas à la **demi-droite** d'origine B passant par A, ni au **segment** [AB].

• Droites sécantes ou parallèles

• Deux droites qui se rencontrent en un seul point sont **sécantes**.

• Deux droites qui ne sont pas sécantes sont **parallèles**.

Droites sécantes		**Droites parallèles**
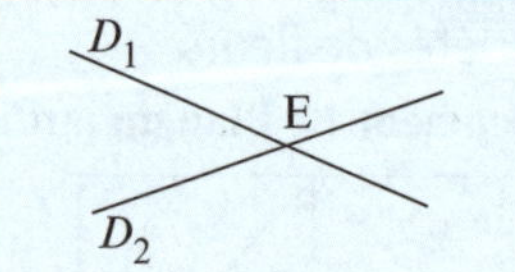 D_1 et D_2 sont sécantes en E.	**cas particulier** 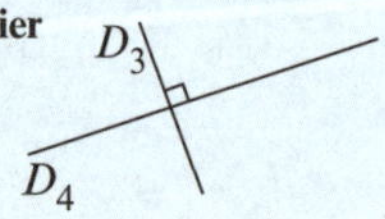 D_3 et D_4 sont perpendiculaires. On écrit : $D_3 \perp D_4$.	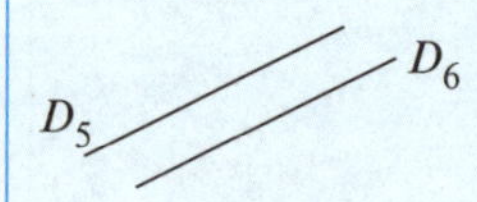 D_5 et D_6 sont parallèles. On écrit : $D_5 // D_6$.

MÉTHODE

• Suivre un programme de construction

Un **programme** de construction est une suite d'instructions ou consignes à effectuer afin de réaliser un dessin.

Exemple :

• Placer les points A, B et C, tels que (AB) ⊥ (AC) et AB = 1,5 cm ; AC = 1 cm.

• Placer les points D et E tels que le quadrilatère BCDE soit un rectangle et BE = 1,5 cm.

Dessins justes :

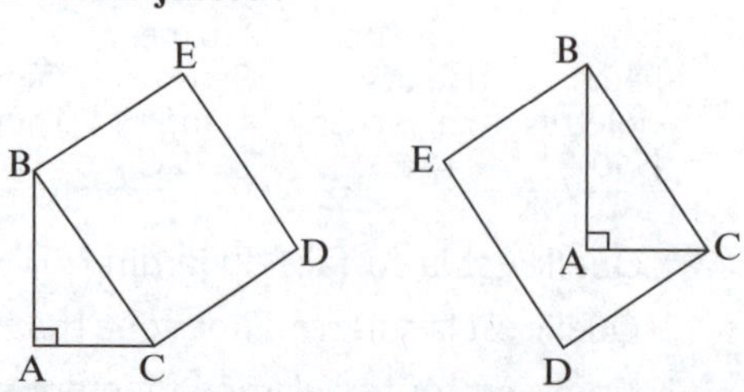

Dessins faux :

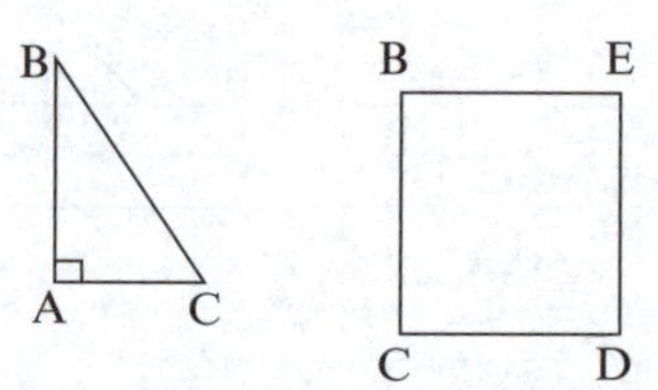

En effet, dans une même figure, un point ne peut pas être à plusieurs endroits (ici : B ou C).

1 ★ Observe ce dessin.

1. Trace le segment [AB].
2. Trace la droite (AC).
3. Trace le segment [AD].
4. Place un point M sur le segment [AC].
5. Place un point N sur la droite (AC) en dehors du segment [AC].

2 ★ **Suis le programme de construction suivant.**

1. Trace une droite D_1.
2. Place un point A sur la droite D_1.
3. Trace la droite D_2 qui passe par A et qui est perpendiculaire à D_1.
4. Place un point B sur D_2, différent du point A.
5. Trace la parallèle à D_1 qui passe par B.
6. Place le point C sur D_2, différent de B, tel que les longueurs AC et AB soient égales.

3 ★ **Coche la bonne réponse.**

Cette figure est formée des droites D_1, D_2, D_3, D_4 et D_5.

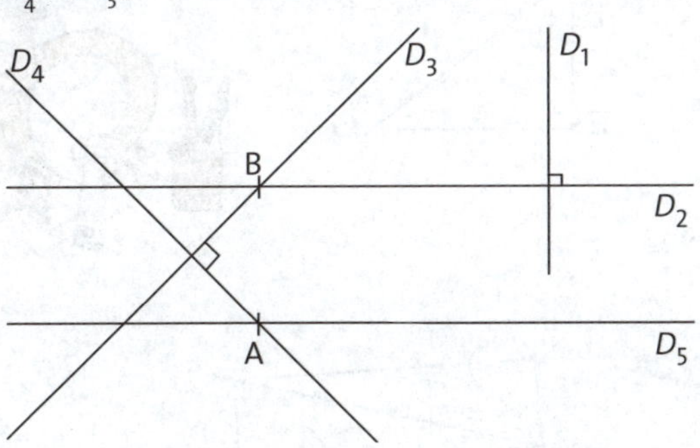

	V	F
1. D_1 et D_2 sont parallèles.	❑	❑
2. D_1 et D_2 sont perpendiculaires.	❑	❑
3. D_3 et D_4 sont sécantes.	❑	❑
4. D_2 et D_4 sont sécantes.	❑	❑
5. D_1 et D_4 sont sécantes.	❑	❑
6. D_2 et D_5 sont parallèles.	❑	❑
7. D_3 et D_5 sont perpendiculaires.	❑	❑
8. D_4 et D_5 se coupent au point A.	❑	❑
9. D_3 et D_4 se coupent au point B.	❑	❑

4 ★★ Le voleur de bijoux a laissé une pièce à conviction dans la salle des coffres ! Tu peux la découvrir en suivant le programme de construction suivant.

1. Au crayon à papier, sans appuyer :
– trace le rectangle ABCD tel que AB = 10 cm et BC = 4 cm ;
– place K milieu de [AB] et E tel que D soit le milieu de [AE] ;
– place L tel que ABLE soit un rectangle ;
– place F sur [EL] tel que EF = 1 cm ;
– place G à l'intersection des droites (EK) et (DL) ;
– place H à l'intersection des droites (GB) et (CD).

2. Au feutre noir :
– repasse la ligne ABCHGFEA ;
– laisse sécher, puis gomme les traits tracés au crayon.

5 ★★★ Observe le triangle ABC suivant.

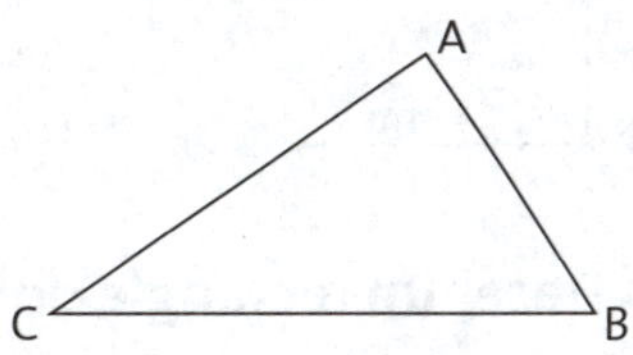

1. Trace la parallèle à (AB) qui passe par C et la parallèle à (BC) qui passe par A. Les deux droites se coupent en I.
2. Place le point J tel que A soit le milieu du segment [IJ] et le point K tel que C soit le milieu du segment [IK].
3. Trace le segment [JK]. Qu'observes-tu ?

Livret Parents – Corrigés p. 18

15 Triangles et quadrilatères

OBJECTIF • Reconnaître et tracer des figures particulières

COURS

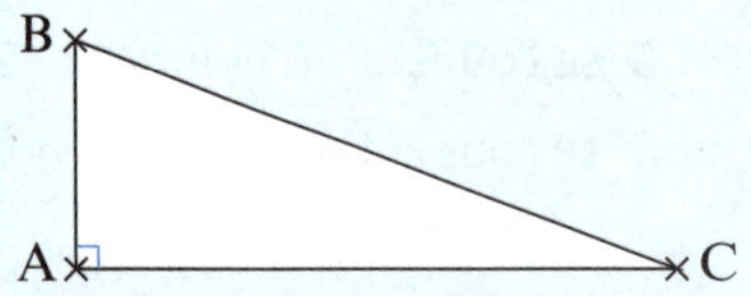

- ABC est un **triangle rectangle** en A.
[BC] est l'hypoténuse du triangle (côté le plus long du triangle rectangle).

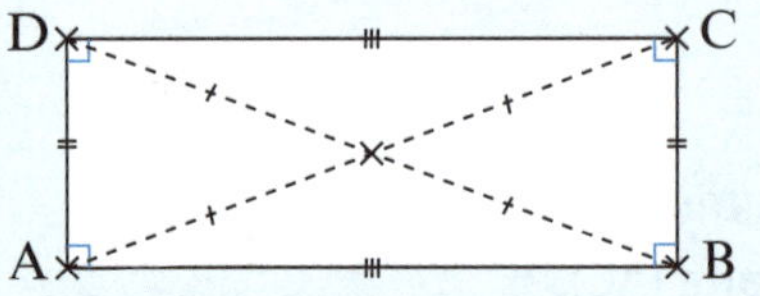

- ABCD est un **rectangle**.
Les diagonales d'un rectangle se coupent en leur milieu et ont la même mesure.

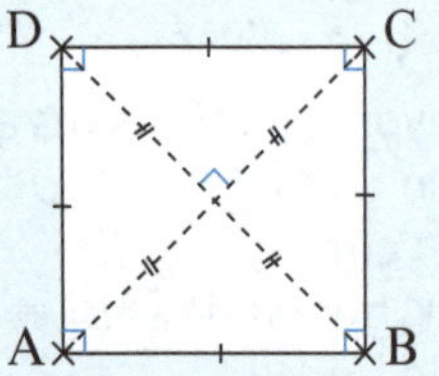

- ABCD est un **carré**.
C'est à la fois un rectangle et un losange. Ses diagonales se coupent en leur milieu, ont la même longueur et sont perpendiculaires.

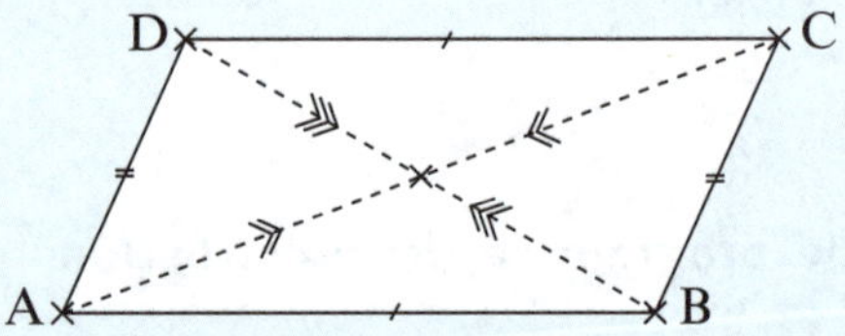

- ABCD est un **parallélogramme**.
Les côtés opposés du parallélogramme sont parallèles et de même longueur. Ses diagonales se coupent en leur milieu.

MÉTHODE

Tracer un triangle rectangle dont on connaît...

- les mesures de l'hypoténuse et d'un autre côté :
EFG triangle rectangle en F avec EG = 5 cm et FG = 4 cm.

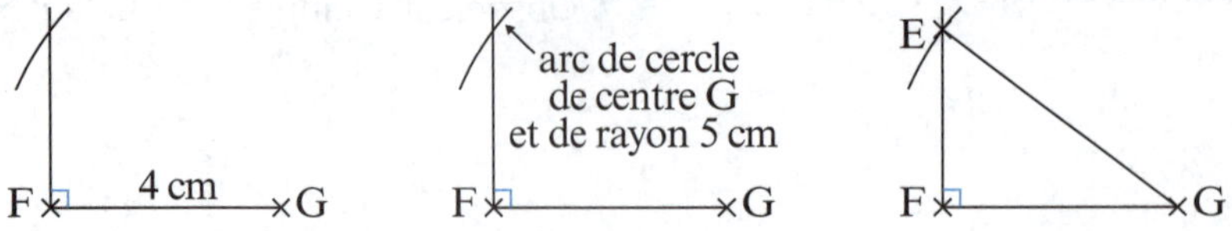

Tracer un rectangle dont on connaît...

- la mesure de ses diagonales : 3 cm.

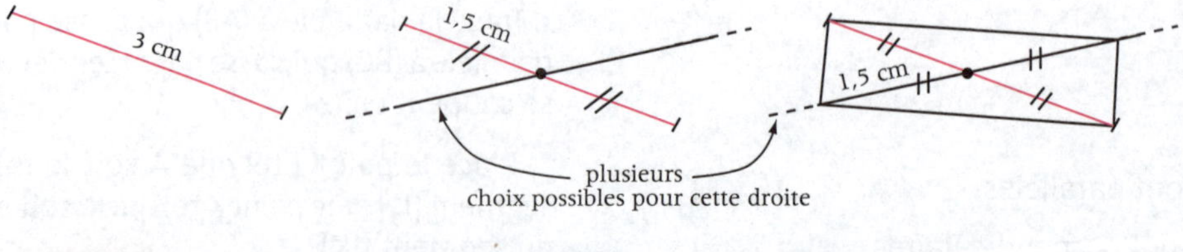

Remarque Dans l'exemple précédent, si l'on trace les 2 diagonales perpendiculaires, alors on obtient un carré.

EXOS

1 ★ Cite tous les triangles isocèles et tous les losanges du dessin ci-dessous.

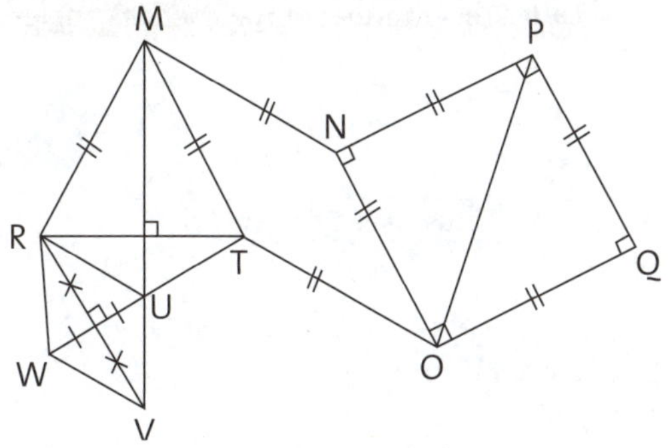

2 ★ Construis un rectangle CHAT, tel que TA = 5 cm et TH = 7 cm.

3 ★ Construis un losange MING, tel que MN = 7 cm et GI = 4 cm.

4 ★ Retrouve le losange PLOC, sachant que P est sur la droite (*d*).

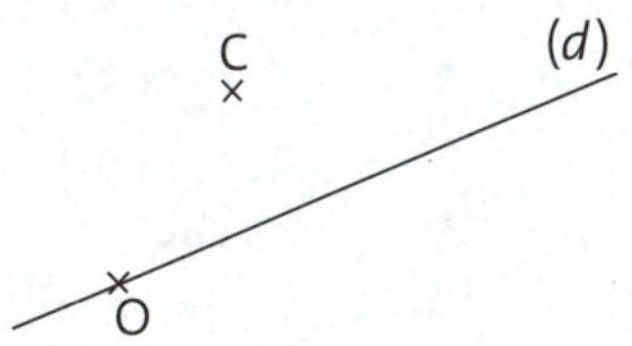

5 ★★ Reproduis en vraie grandeur les rectangles ci-dessous.

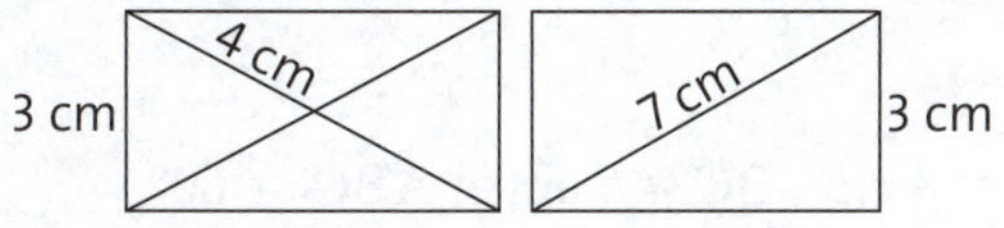

6 ★★ Trace un carré ABCD sachant que AC = 4 cm.

Trace la parallèle d_1 à [BD] passant par A, et la parallèle d_2 à [BD] passant par C.

Trace la parallèle d_3 à [AC] passant par B, et la parallèle d_4 à [AC] passant par D.

Appelle E le point d'intersection de d_1 et d_3, F le point d'intersection de d_1 et d_4, G le point d'intersection de d_2 et d_4 et H le point d'intersection de d_2 et d_3.
Quelle est la nature du quadrilatère EFGH ? Combien mesure un côté ?

7 ★★ Trace le parallélogramme BCDE sachant que A est le milieu de ses diagonales.

D est sur le cercle $\mathscr{C}_2$ et E sur le cercle $\mathscr{C}_1$.

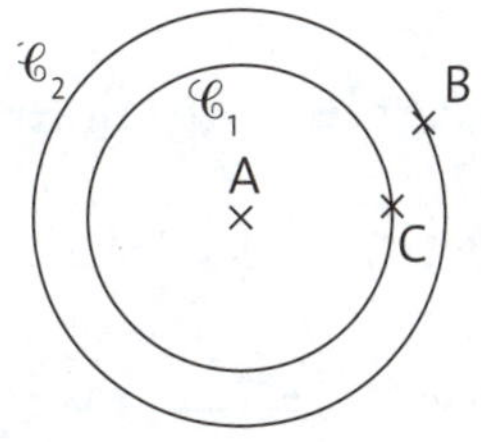

8 ★★ Sur une feuille blanche, trace un losange ABCD avec AB = 8 cm et BD = 8 cm.

Place le point E, tel que BDCE soit un losange. Gomme le traits de construction pour ne conserver que les 5 points.
Trace les cercles de centres A, B, C, D et E et de rayon 5 cm. Trace ensuite les cercles de même centres mais de rayons 5,5 cm. En ajoutant des couleurs aux anneaux obtenus, tu devrais reconnaître un célèbre logo.

9 ★★ Retrouver le rectangle BERK, sachant que O est le milieu des 2 diagonales et que les points E et K sont sur la droite (*d*).

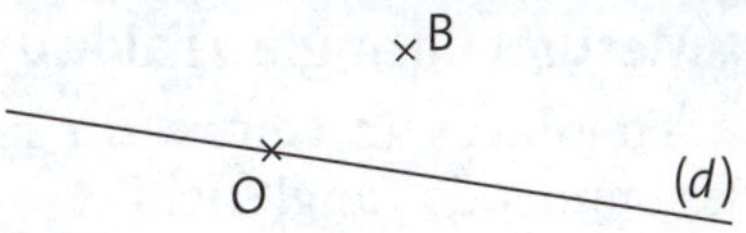

10 ★★★ Je suis un carré, je m'appelle FACE, le point O est mon centre ; mes sommets F et A sont sur la droite (*d*). Dessine-moi.

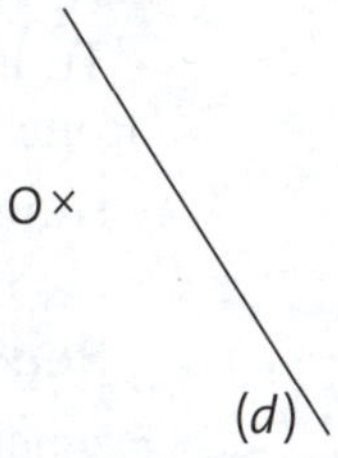

11 ★★★ En utilisant uniquement la règle non graduée, termine la construction du rectangle BURP sachant que R et P sont sur ce cercle de centre O.

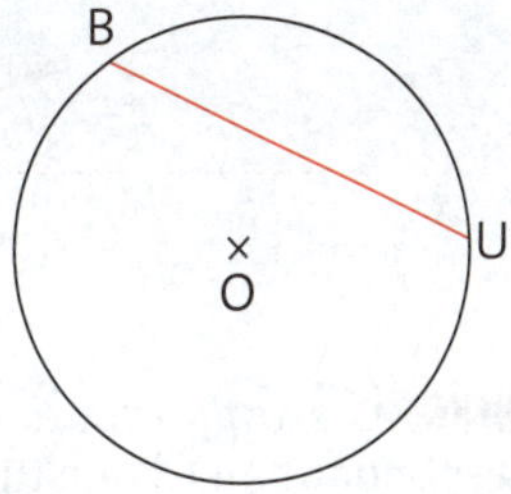

16 Angles

OBJECTIF • Mesurer et reporter des angles

COURS

• Classer les angles selon leur nature

Nom	angle nul	angle aigu	angle droit	angle obtus	angle plat
Dessin		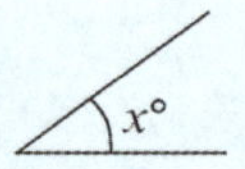	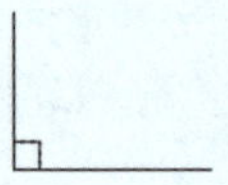	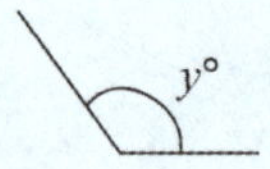	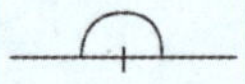
Mesure (en degrés)	0°	0° < x° < 90°	90°	90° < y° < 180°	180°

• Nommer un angle

Voici l'angle $\widehat{BAC}$ ou $\widehat{CAB}$.
[AB] et [AC] sont ses côtés.
A est son sommet.

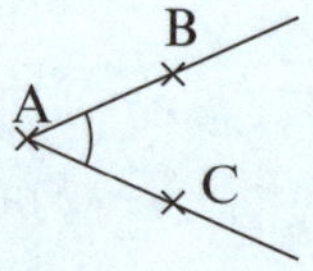

• Reconnaître une égalité d'angle

2 angles sont égaux s'ils sont superposables.

MÉTHODE

• Mesurer un angle à l'aide d'un rapporteur

- Tu places le centre du rapporteur sur le sommet de l'angle, ici E.
- Tu alignes le 0° sur la demi-droite [EF).
- Tu lis la graduation au niveau de la demi-droite [EG).
- L'angle $\widehat{FEG}$ mesure ici 50°

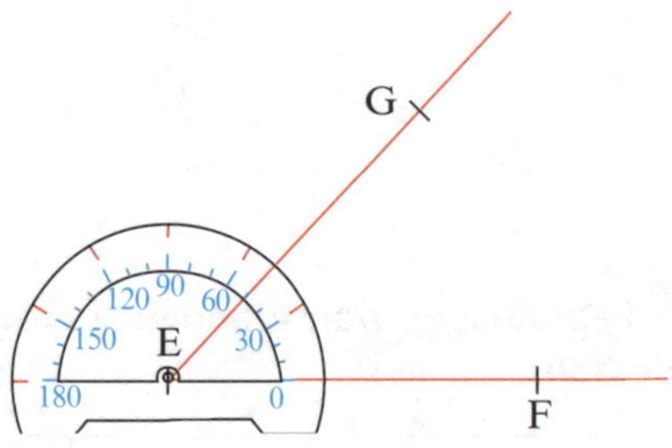

• Reporter un angle

Exemple : Trace le triangle ABC, tel que AB = 4 cm ; BC = 5 cm et $\widehat{ABC}$ = 60°.

- Tu traces le segment [AB].
- Puis tu places le centre du rapporteur sur B ; tu alignes le 0° sur le segment et tu vas chercher la graduation « 60° ». Il ne reste plus alors qu'à tracer le segment [BC] de longueur 5 cm.

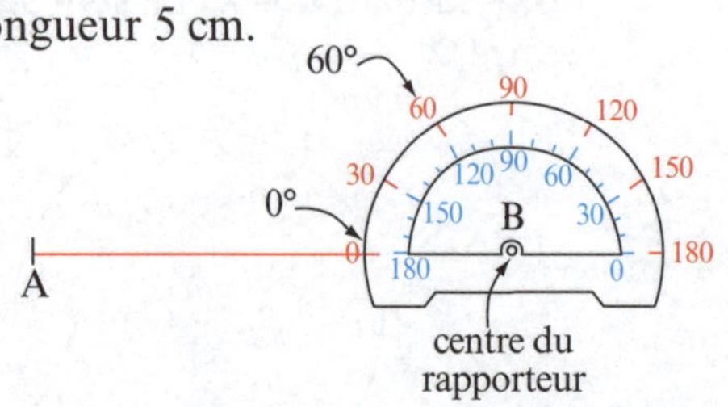

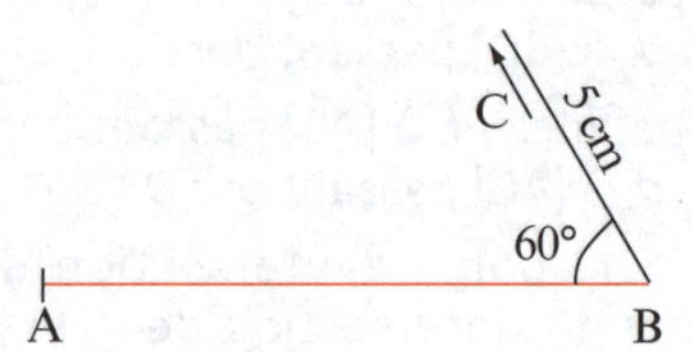

À noter Les rapporteurs ont souvent 2 sens de lecture, veille à suivre les graduations correspondant au 0° que tu as choisi.

EXOS

1 ★ Dans la figure ci-contre, nomme les angles marqués par un arc de cercle et donne leur nature (aigu, droit, obtus ou plat).

Les 2 angles $\widehat{DAC}$ et $\widehat{DBC}$ sont-ils égaux ?

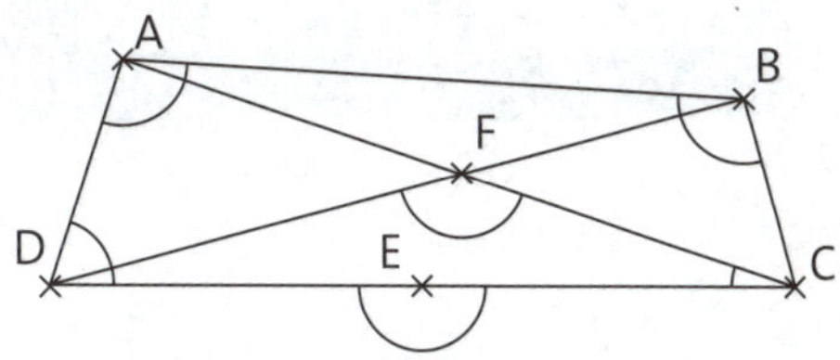

2 ★ **Observe la figure ci-dessous et réponds par vrai ou faux.**

	V	F
1. ABG est un triangle rectangle.	❑	❑
2. ACF est un triangle isocèle.	❑	❑
3. CGF est un triangle isocèle.	❑	❑
4. EGF est un triangle équilatéral.	❑	❑
5. $\widehat{BAG}$ est un angle aigu.	❑	❑
6. $\widehat{AGE}$ est un angle obtus.	❑	❑
7. $\widehat{EGC}$ est un angle aigu.	❑	❑
8. $\widehat{DGE}$ est un angle obtus.	❑	❑

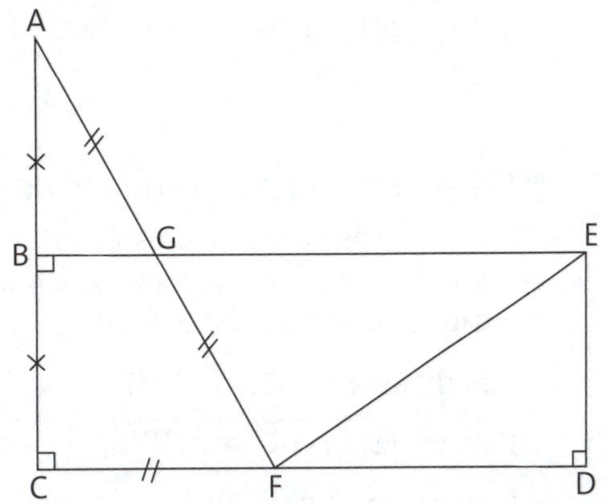

3 ★ **Construis le triangle SUP, rectangle en U, tel que l'angle $\widehat{USP}$ mesure 50° et SU = 5 cm.**

4 ★★ **Reproduis les figures ci-dessous en respectant les mesures.**

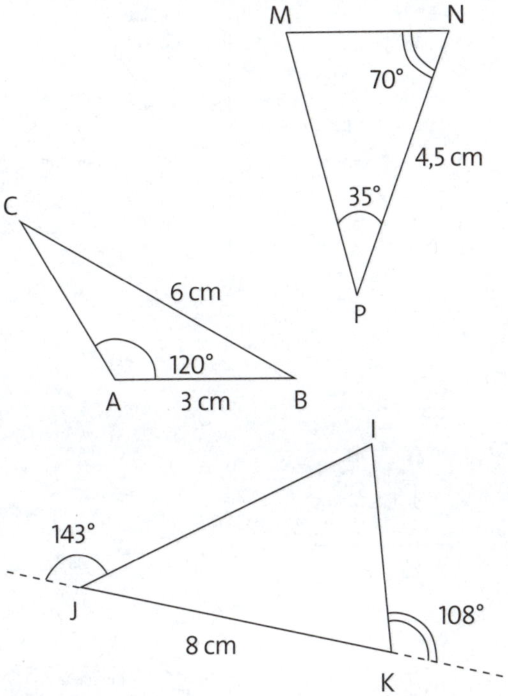

5 ★★★ Un animal a honteusement volé la fabuleuse tarte aux myrtilles que la mère Michel avait laissé refroidir sur le bord de la fenêtre ! Découvre son visage en suivant ces instructions :

1. Au crayon à papier, sans appuyer :
– trace le triangle ABC, rectangle en B, avec BC = 5 cm et AC = 8 cm ;
– place D tel que ABCD forme un rectangle ;
– place F sur le segment [AB] tel que l'angle $\widehat{BCF}$ mesure 30° ;
– place G sur le segment [CD] tel que l'angle $\widehat{CBG}$ mesure 30° ;
– on nomme E le point d'intersection des droites (AC) et (BD) ;
– on nomme H le point d'intersection des droites (FC) et (BD) ;
– on nomme I le point d'intersection des droites (AC) et (BG) ;
– trace le demi-cercle $\mathscr{C}$ de diamètre [BC], extérieur au rectangle ;
– place les points J sur [AE] et K sur [ED] tels que JEK soit un triangle isocèle en E et EJ = 2 cm.

2. Au feutre noir :
– repasse la ligne BAJKDC, le demi-cercle $\mathscr{C}$ et l'intérieur des triangles FEH et GEI ;
– laisse sécher et gomme les traits tracés au crayon.

Livret Parents – Corrigés p. 19

17 Symétrie axiale : construction de symétriques

OBJECTIF • Construire le symétrique d'une figure

COURS

• Figures symétriques

Deux figures F et F′ sont symétriques par rapport à une droite d si elles se superposent par pliage selon cette droite.

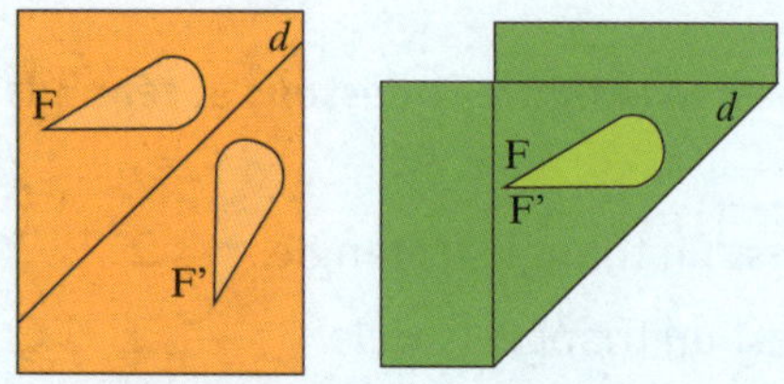

• Propriétés d'une symétrie axiale

Deux figures symétriques étant superposables, nous constatons que : **les distances, les angles, les aires sont identiques** pour ces deux figures.

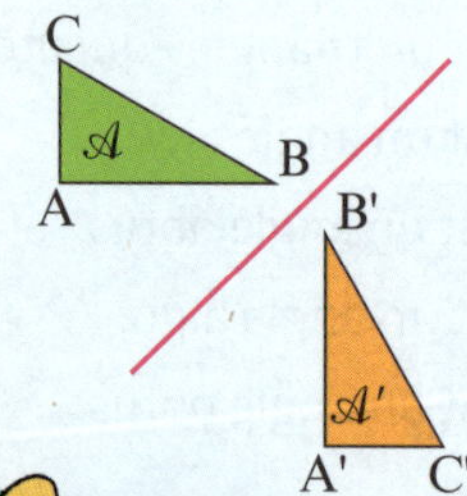

- Les distances : AB = A′ B′.
- Les angles : $\widehat{ABC} = \widehat{A'B'C'}$.
- Les aires : $\mathscr{A} = \mathscr{A}'$.

MÉTHODE

• Construire le symétrique d'un point

Il existe plusieurs méthodes. Les deux plus utilisées sont :

- **Au compas**

étape 1 :

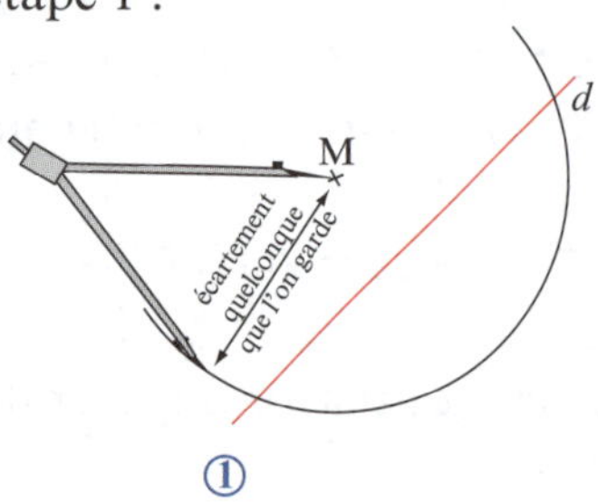

étape 2 :

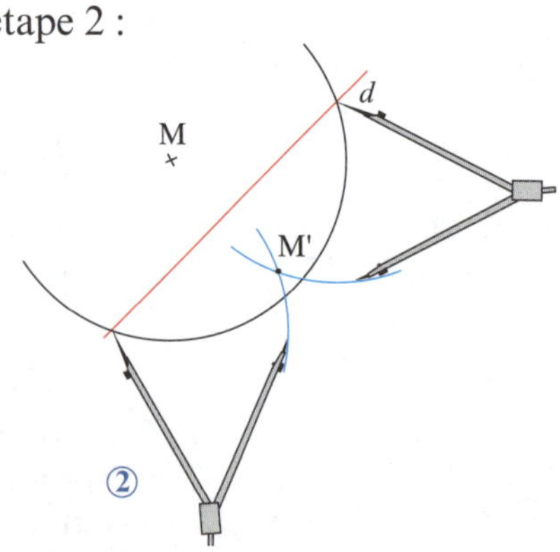

- **À l'équerre**

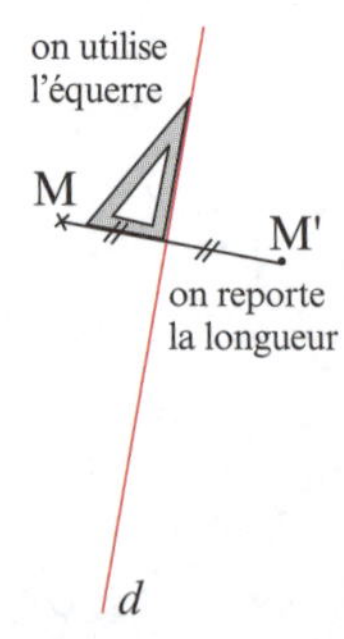

M′ n'est pas forcément sur l'arc de cercle tracé.

• Construire le symétrique d'une figure

- On symétrise chaque point à l'aide d'une des méthodes précédentes.

OU

- On symétrise deux points (A et B par exemple) ; puis on utilise les propriétés du Cours pour reconstituer la figure.

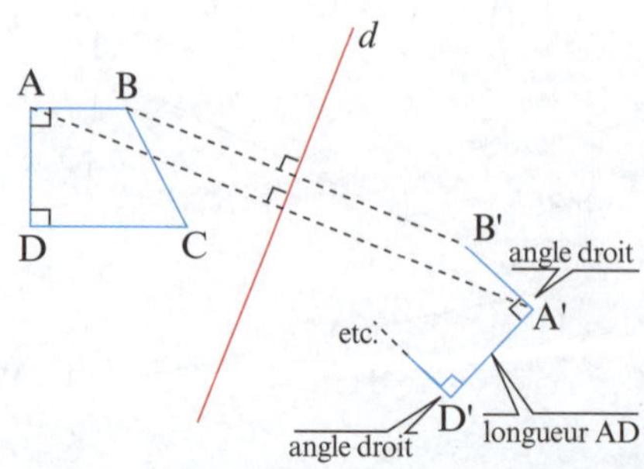

1 ★ **Dans chacun des cas suivants, trace le symétrique du triangle par rapport à la droite *d*.**

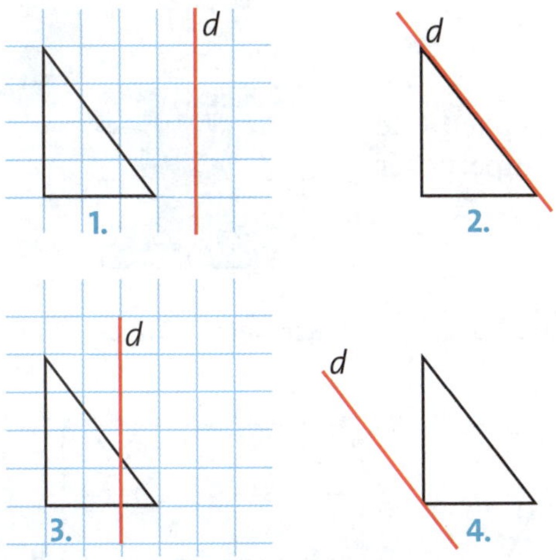

2 ★ **Dans chacun des cas suivants, trace le symétrique de la figure par rapport à la droite *d*.**

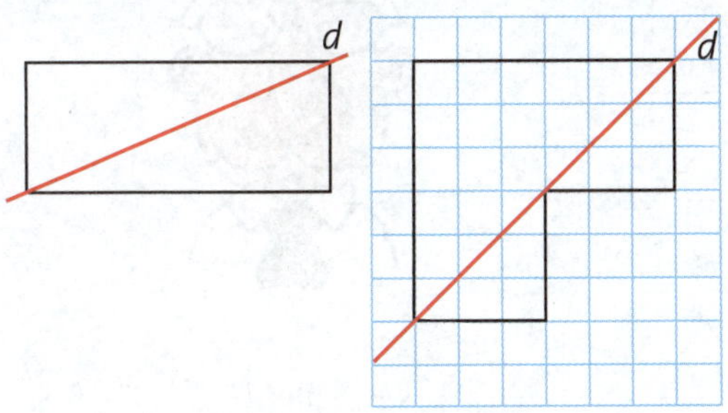

3 ★★ **Trace les symétriques de tous les segments, arcs de cercles, ... de ce dessin par rapport à la droite *d*.**

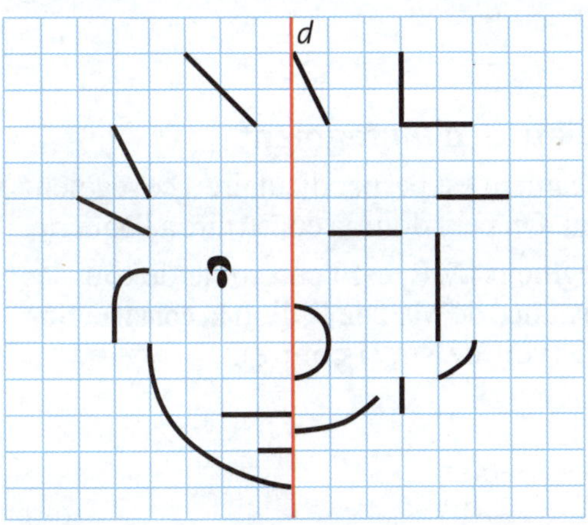

4 ★★ **Trace le symétrique de tous les segments et de tous les arcs de cercle par rapport à la droite (*d*).**

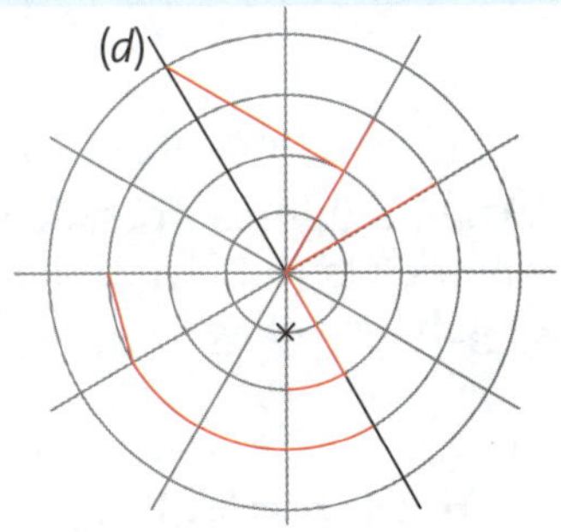

5 ★★ **Réponds par vrai ou faux.**

Le symétrique de (F) par rapport à *d* est (F').

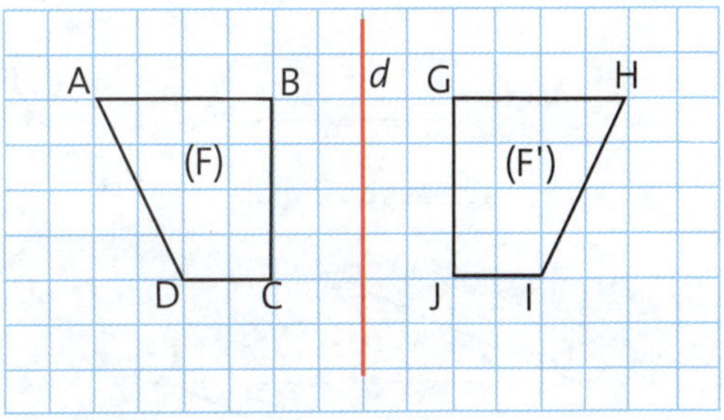

	V	F
1. Le symétrique de A est G ;	❑	❑
2. Le symétrique de D est I ;	❑	❑
3. $\widehat{ADC} = \widehat{JIH}$;	❑	❑
4. Le symétrique de $\widehat{BCD}$ est $\widehat{IGJ}$;	❑	❑
5. BC = GJ ;	❑	❑
6. BJ = CG ;	❑	❑
7. AC = JH ;	❑	❑
8. BD = HJ ;	❑	❑
9. DG = AJ.	❑	❑

6 ★★★ Jules a déchiré sa grande feuille de dessin. Sur sa figure, le point M se trouvait sur d_1 à 8 cm de O et il devait tracer le symétrique P de M par rapport à d_2. Il peut cependant terminer son dessin et trouver P malgré le bout manquant. Comment doit-il faire ?

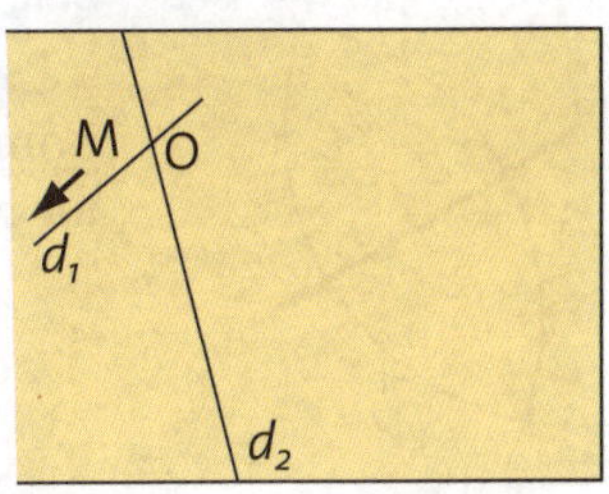

Livret Parents – Corrigés p. 20

18 Symétrie axiale : axes de symétrie

OBJECTIF • Reconnaître un axe de symétrie

COURS

• Figures ayant un axe de symétrie

Certaines figures possèdent un (ou plusieurs) axe(s) de symétrie : la (ou les) droite(s) qui fera(ont) se superposer la figure par pliage.

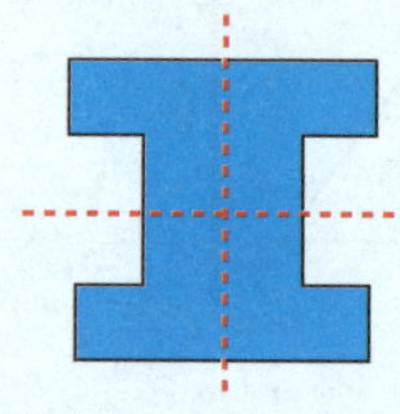

Triangle isocèle : 1 axe

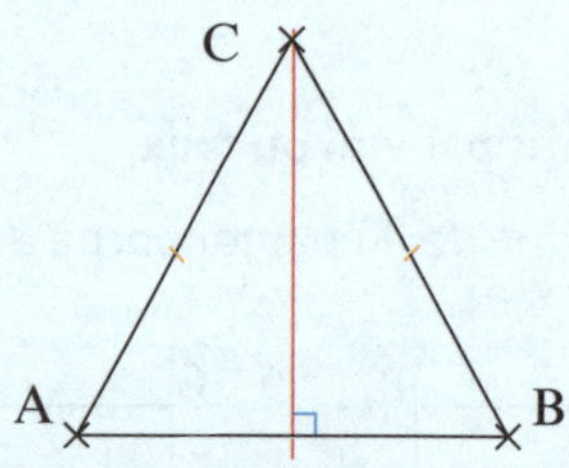

Triangle équilatéral : 3 axes

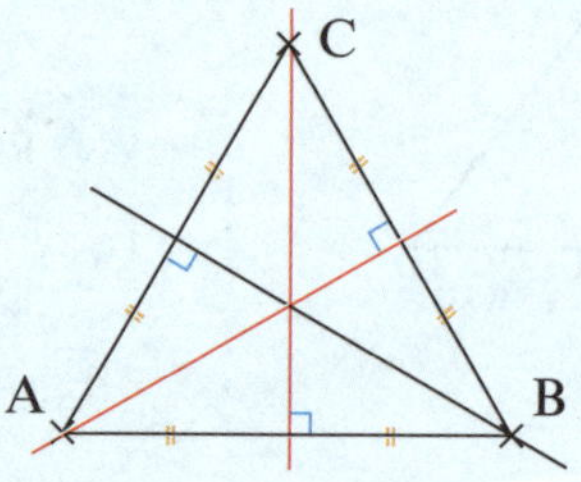

Rectangle : 2 axes

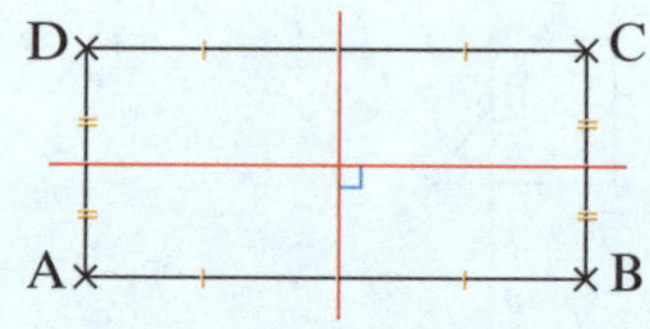

Losange : 2 axes

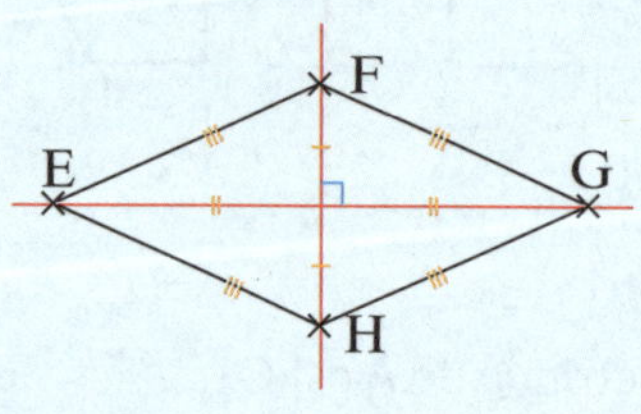

Carré : 4 axes

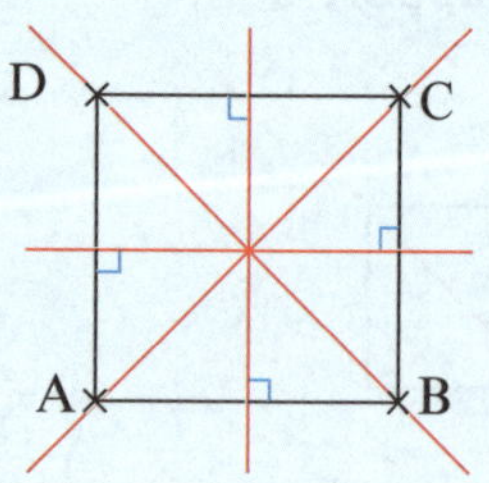

• Médiatrices

Le segment [AB] a deux axes de symétrie : sa médiatrice et la droite (AB).

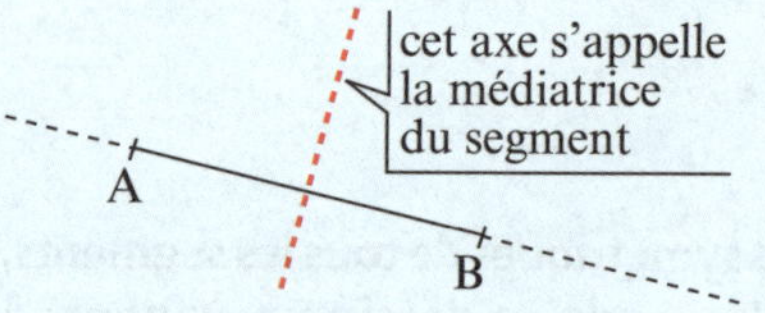

MÉTHODE

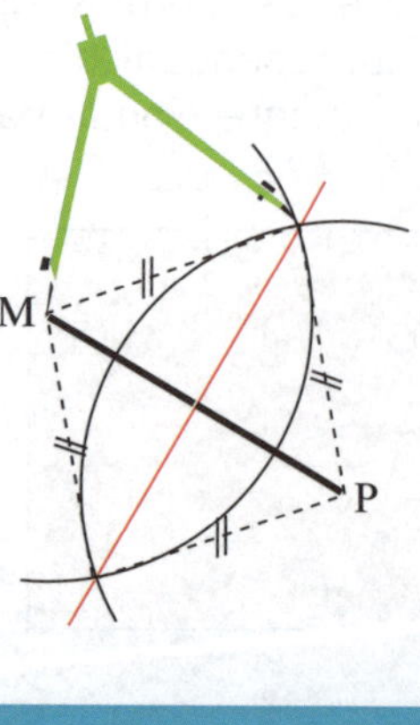

• Construire la médiatrice d'un segment

• La médiatrice d'un segment est perpendiculaire à ce segment et le coupe en son milieu. On peut donc la construire à l'équerre.

• La médiatrice du segment [MP] est l'ensemble de tous les points situés à égale distance de M et de P, d'où **la construction au compas et à la règle** (voir dessin ci-contre).

EXOS

1 ★ Pour chacun de ces dessins, complète la figure pour que d_1 et d_2 soient axes de symétrie de la figure obtenue.

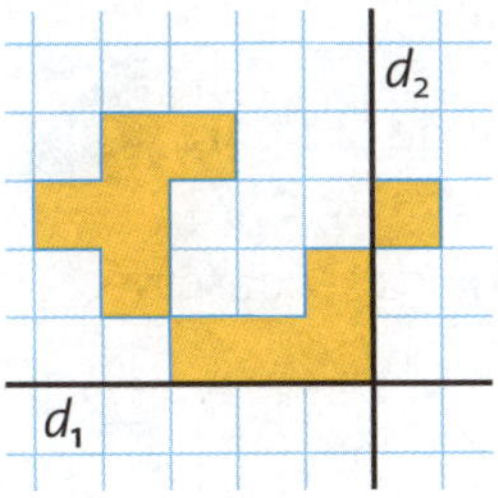

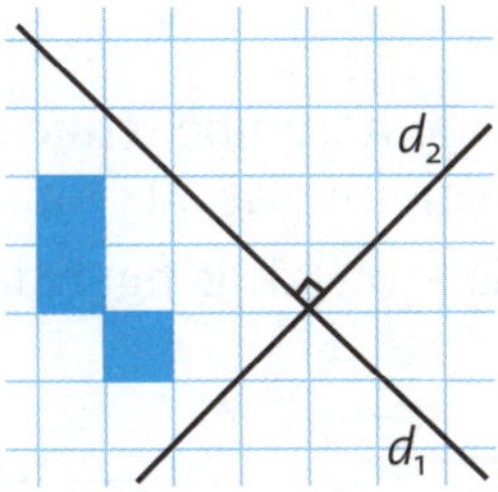

2 ★ Dessine les axes de symétrie de ces figures.

3 ★ Complète chaque figure afin que la droite *d* soit un axe de symétrie.

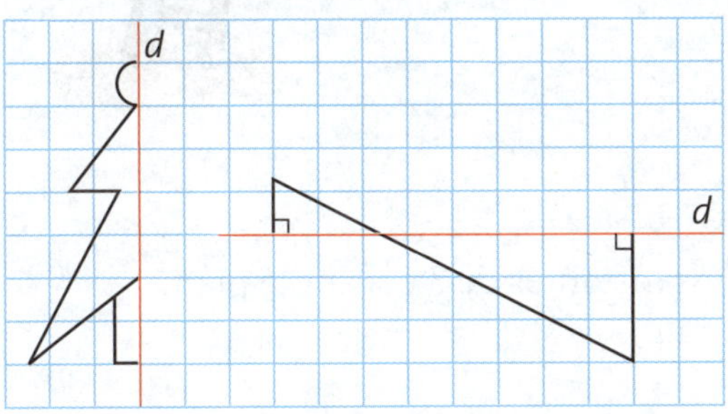

4 ★ Dans quels cas les drapeaux noirs et blancs sont-ils symétriques par rapport à la droite (*d*) ?

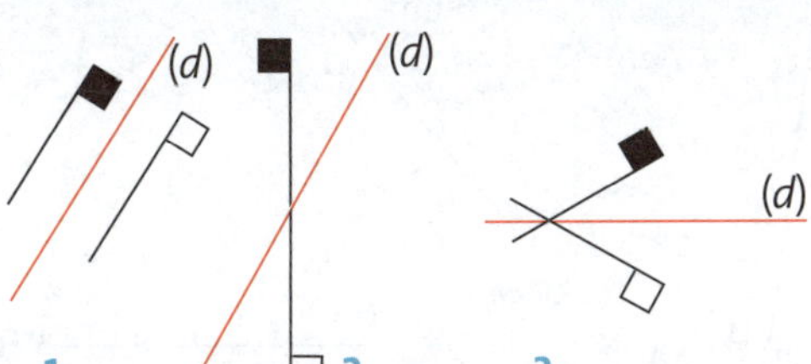

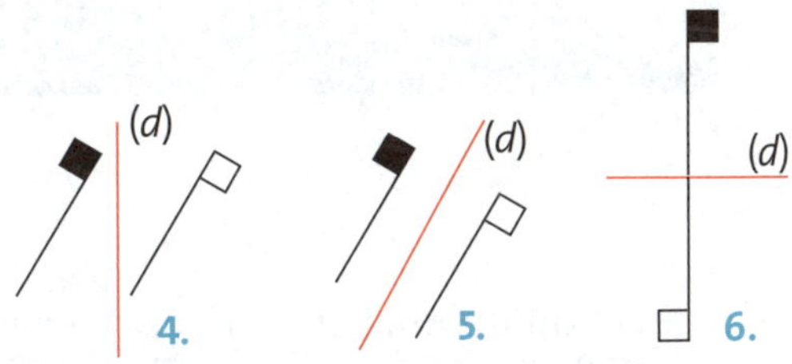

5 ★ Réponds par vrai ou faux.

Dans chaque cas, la droite *d* est axe de symétrie de la figure.

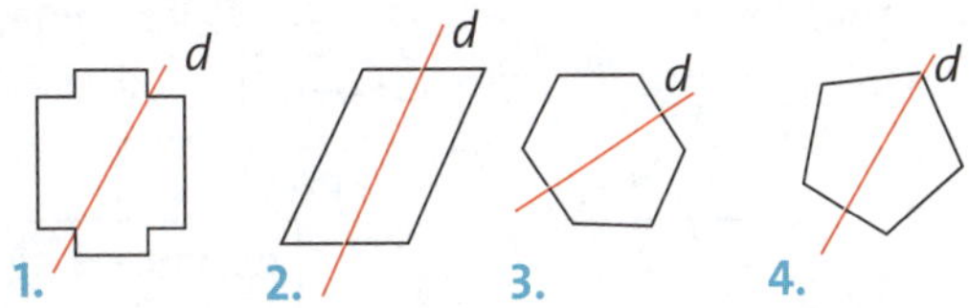

1. V ❑ F ❑ 2. V ❑ F ❑ 3. V ❑ F ❑ 4. V ❑ F ❑

6 ★★ Dis, dans chaque cas, si la droite *d* est médiatrice du segment [AB] et explique la réponse.

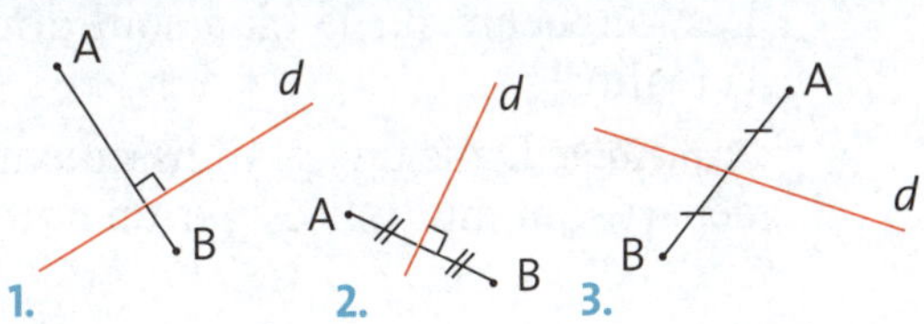

7 ★★ Calcule le périmètre de la figure suivante sachant que (*d*) est un axe de symétrie de la figure. Attention : la figure n'est pas aux bonnes dimensions.

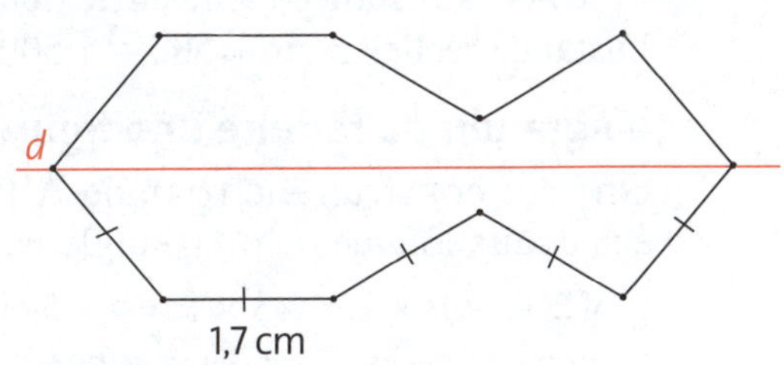

8 ★★★ Trace le triangle ZUT tel que :

– ZUT soit isocèle de base [UT],
– Z soit sur le cercle,
– ZUT ait tous ses angles aigus.

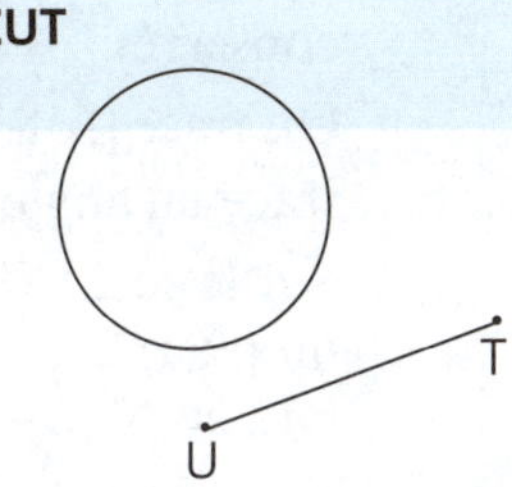

Livret Parents – Corrigés p. 20

19 Agrandissement / Réduction (proportionnalité géométrique)

OBJECTIF • Agrandir ou réduire une figure

- On dit qu'une figure F_2 est un agrandissement ou une réduction de la figure initiale F_1 si les longueurs de F_2 sont proportionnelles aux longueurs de F_1.

Dans un agrandissement ou une réduction, la forme de la figure initiale est conservée, donc en particulier ses angles.

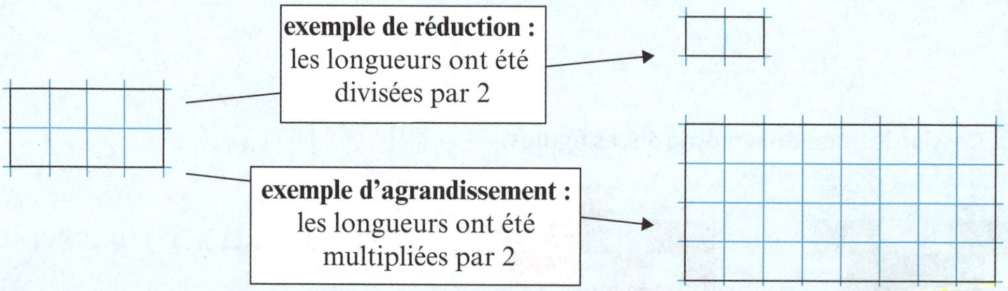

Exemple :

- Un plan à l'échelle $\frac{1}{500}$ (ou 1/500 ou 1÷500) est une réduction.

Cela signifie : 1 cm sur le plan représente 500 cm dans la réalité.
Les longueurs sur le plan sont donc 500 fois plus petites que dans la réalité.

Remarque Dans un agrandissement les longueurs de la figure de départ sont multipliées par un nombre plus grand que 1.

MÉTHODE

Échelles

Un plan est à l'échelle $\frac{1}{500}$.

Calculer la distance réelle entre deux maisons distantes de 3 cm sur le plan.
Distance réelle : 3 cm × 500 = 1 500 cm = 15 m.

Agrandir ou réduire une figure

On veut construire le triangle A′B′C′ dont les longueurs sont égales aux longueurs du triangle ABC multipliées par 1,5.

- A′B′ = AB × 1,5 = 3 × 1,5 = 4,5 cm.
- A′C′ = AC × 1,5 = 4 × 1,5 = 6 cm.

Les angles des 2 figures sont conservés.

On trace [A′B′], puis on trace un angle $\widehat{xA'B'}$ = 50°.
Sur le côté [A′x], on place C′ tel que A′C′ = 6 cm.

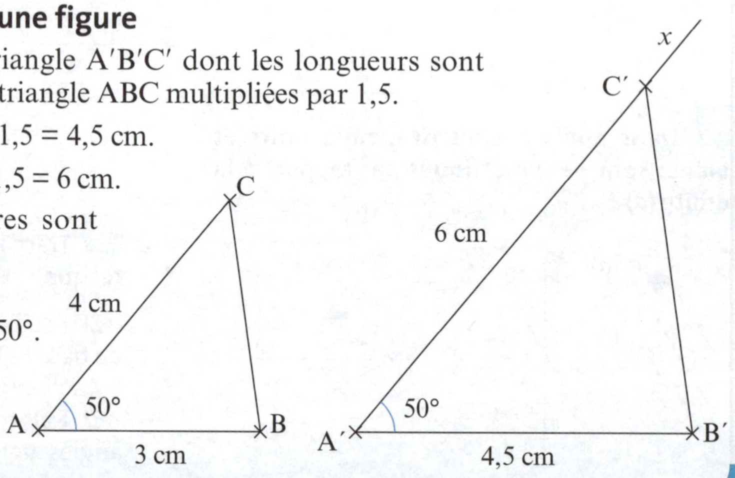

1 ★ **Complète le tableau ci-dessous en suivant l'exemple (tu auras besoin de mesurer).**

Dessin	Explication	Échelle
0 5 km 10 km	1 cm représente 5 km, 1 cm représente 500 000 cm	1/500 000
0 150 m 300 m		
0 50 m		

2 ★★ **Voici une liste de documents et une liste d'échelles. Rends à chaque document son échelle.**

1. Carte de France •
2. Plan d'un appartement •
3. Carte d'Europe •
4. Dessin d'une libellule •
5. Carte routière de Bretagne •
6. Plan de Paris •

• A. 1/100
• B. 1/200 000
• C. 1/3 000 000
• D. 1
• E. 1/15 000
• F. 1/1 000 000

3 ★★ **Voici un dessin d'une éolienne qui est la réduction à l'échelle 1/4000 d'une éolienne réelle (1 cm sur le plan représente 4 000 cm sur l'éolienne réelle). Estime la taille du mât de l'éolienne en cm, puis en m.**

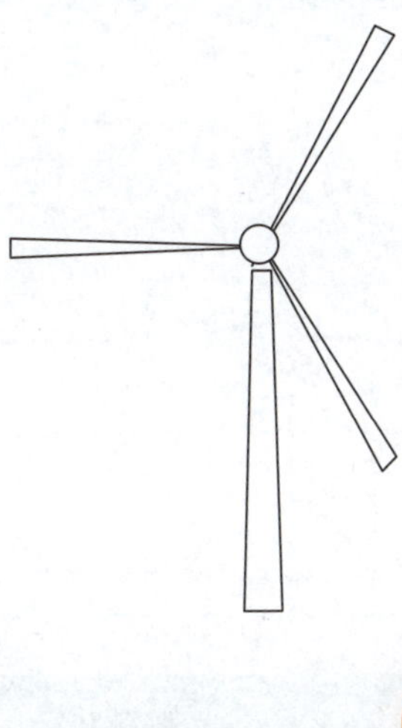

4 ★★★ Une carte est à l'échelle $\frac{1}{200\,000}$

1. 1 cm sur la carte représente .... cm dans la réalité.
Donc 1 cm sur la carte représente .... km dans la réalité.

2. 2 villes distantes sur la carte de 12,4 cm. Quelle est leur distance réelle en kilomètres ?

3. 2 villes sont distantes de 172 km. Quelle distance en cm les sépare sur la carte ?

5 ★★★ 1. Trace le triangle EFG tel que EF = 6,6 cm, EG = 8,8 cm et FG = 11 cm.

2. Trace le triangle MNP, réduction du triangle EFG à l'échelle 1/2 (les longueurs EFG sont divisées par 2).

3. Quelle semble être la nature de ces 2 triangles ? (isocèle, rectangle, quelconque, équilatéral.)

4. Calcule le périmètre des 2 triangles.

5. Complète la phrase suivante :
« Le périmètre du triangle EFG est .... du périmètre du triangle MNP. »

6 ★★★ **ABCD est un rectangle d'aire 36 cm² tel que AB = 4,5 cm. Construis un agrandissement de ce rectangle en multipliant les longueurs de ABCD par 1,2.**

7 ★★★ **À l'aide des points A' et B' déjà placés, construis une réduction du quadrilatère ABDC.**

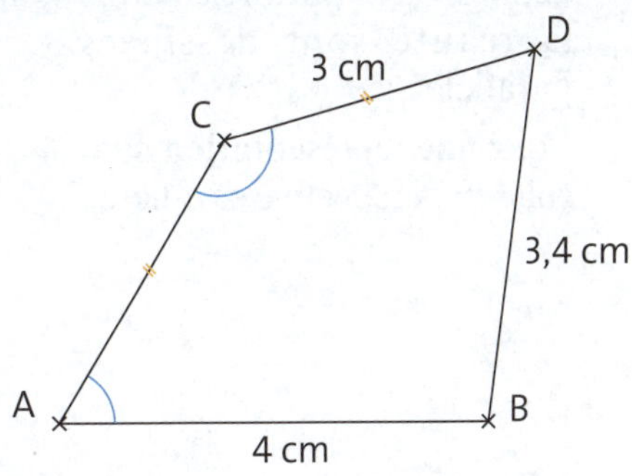

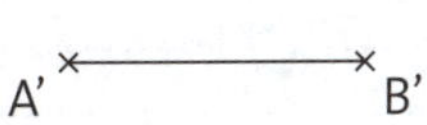

20 Solides

OBJECTIF • Connaître différents solides et comprendre la perspective cavalière

COURS

• Pavé droit

• Un parallélépipède rectangle ou pavé droit est un solide qui a 6 faces rectangulaires, 8 sommets, 12 arêtes et 3 dimensions.

• Un cube est un pavé droit dont toutes les faces sont des carrés.

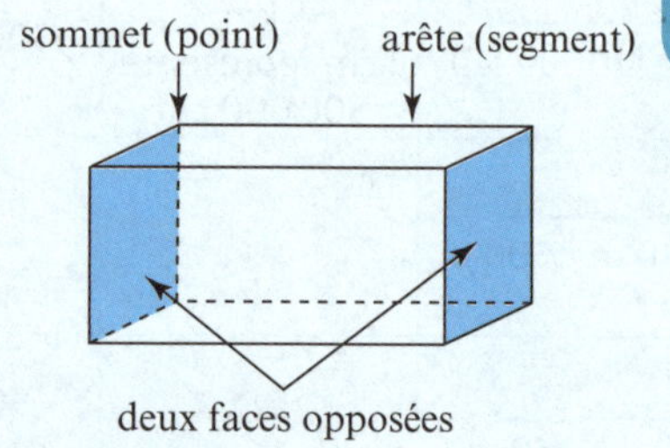

• D'autres solides

Prisme droit	Pyramide régulière à base carrée
2 bases polygonales superposables et parallèles. Les faces latérales sont des rectangles. **Exemple de la vie courante :** toit de maison 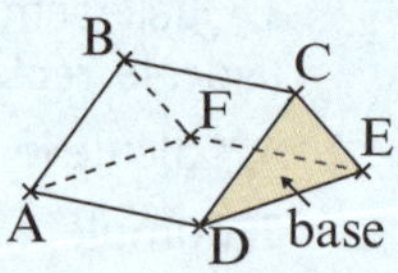	La base est un carré. [SH] est perpendiculaire à la base. Les faces latérales sont des triangles isocèles en S. **Exemple de la vie courante :** pyramides d'Égypte 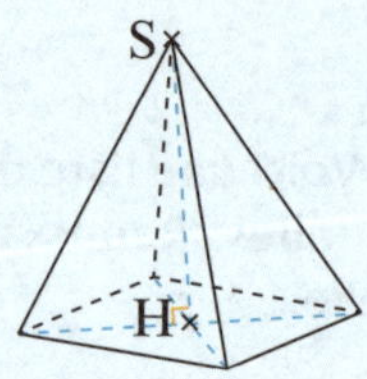

Cylindre	Cône	Boule
Exemple de la vie courante : canette 	**Exemple de la vie courante :** chapeau de clown 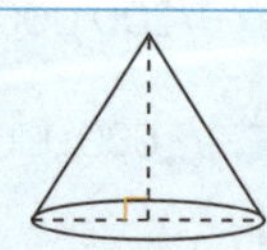	**Exemple de la vie courante :** ballon/planète Terre 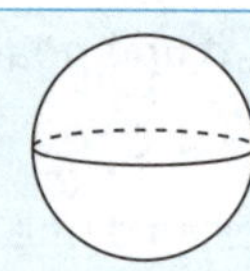

• Représentation en perspective cavalière

La perspective cavalière est une façon de représenter les solides dans laquelle deux droites parallèles dans la réalité sont dessinées parallèles.

Voici **une représentation d'un cube** en perspective cavalière :

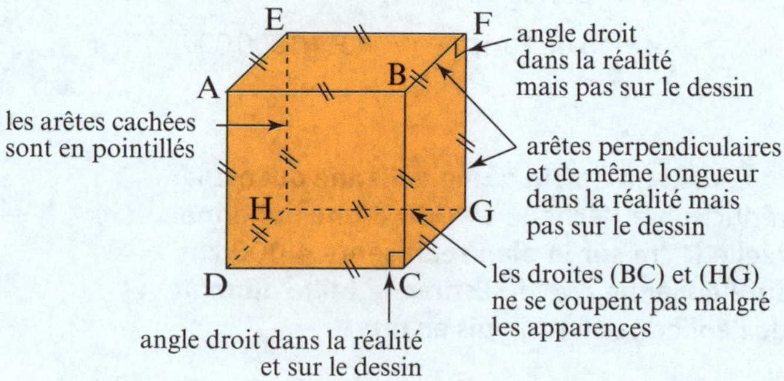

MÉTHODE

• Représenter un pavé droit sur un quadrillage

1 ★ Le dessin ci-dessous représente un pavé droit en perspective cavalière.

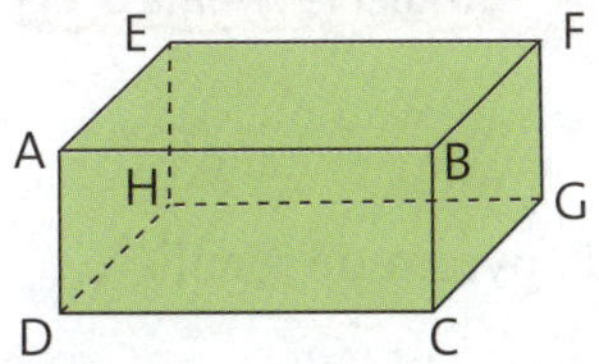

1. Complète le tableau suivant avec ⊥ pour perpendiculaires ; // pour parallèles ; × pour ni parallèles ni sécantes, O pour sécantes et non perpendiculaires.

Droite	(DC)	(AD)	(AE)	(EH)	(AC)
(AB)					
(EF)					

2. Cite les arêtes parallèles à [CG].

3. Cite les arêtes perpendiculaires à [CG].

4. Cite une droite parallèle à (EB).

5. Cite les arêtes perpendiculaires à (EB).

2 ★ Voici un solide qui a 2 bases hexagonales superposables et parallèles. Ses faces latérales sont des rectangles.

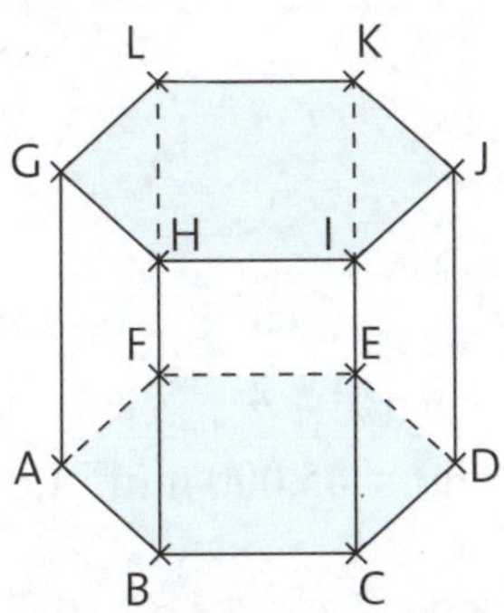

1. De quel type de solde s'agit-il ?

2. Cite 1 face parallèle à la face ABCDEF.

3. Cite 2 arêtes perpendiculaires à [AB].

4. Les segments [AH] et [BG] ont-ils la même longueur en réalité ? Pourquoi ?

3 ★★ **Complète les dessins en perspective des pavés droits suivants ; les faces de chaque représentation ayant les mêmes sommets que le pavé droit de l'exercice 1.**

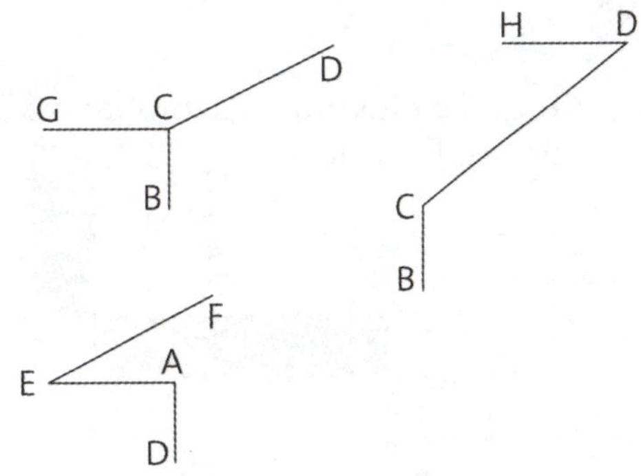

4 ★★ **1.** Combien de briques cubiques ont été utilisées pour ces assemblages (il n'y a pas de trous à l'arrière) ?

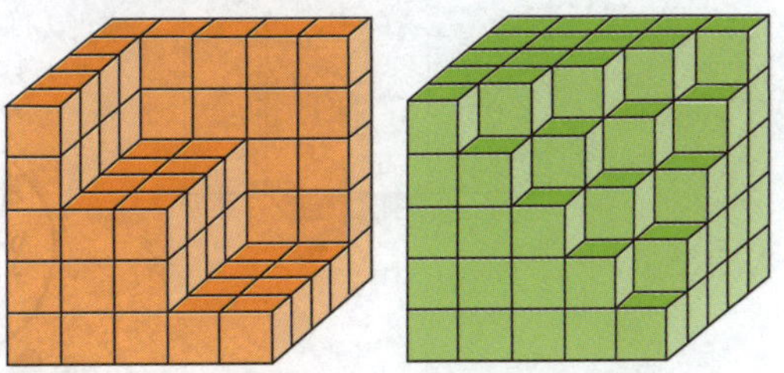

2. Combien manque-t-il de petits cubes pour que chacun des deux grands cubes soit plein ?

5 ★★★ Un cube de 12 cm d'arête est construit en empilant des petits cubes de 4 cm d'arête.

1. Combien faut-il de petits cubes pour fabriquer le grand ?

2. Si l'on peint le grand cube, combien aurait-on de petits cubes :
– dont aucune face n'est peinte ?
– dont 1 seule face est peinte ?
– dont 2 faces exactement sont peintes ?
– dont 3 faces exactement sont peintes ?
– dont 4 faces exactement sont peintes ?

3. Mêmes questions avec un grand cube de 20 cm d'arête composé de petits cubes de 5 cm d'arête.

Livret Parents – Corrigés p. 21

21 Patrons / Volumes

OBJECTIF • Reconnaître le patron et calculer le volume d'un pavé droit

COURS

• Patrons

Il existe plusieurs patrons de pavés droits. En voici un :

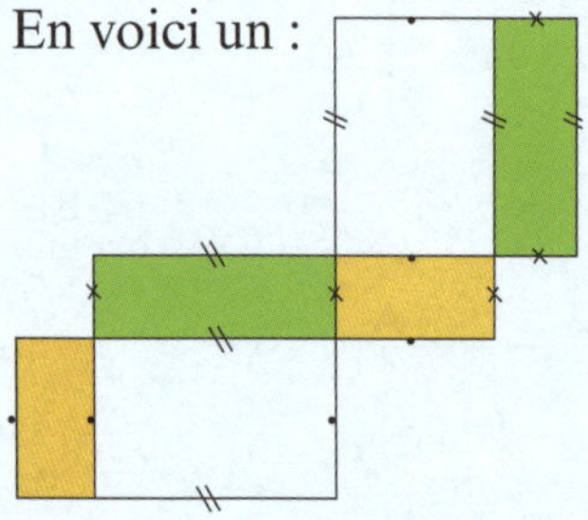

Patron de pyramide régulière :

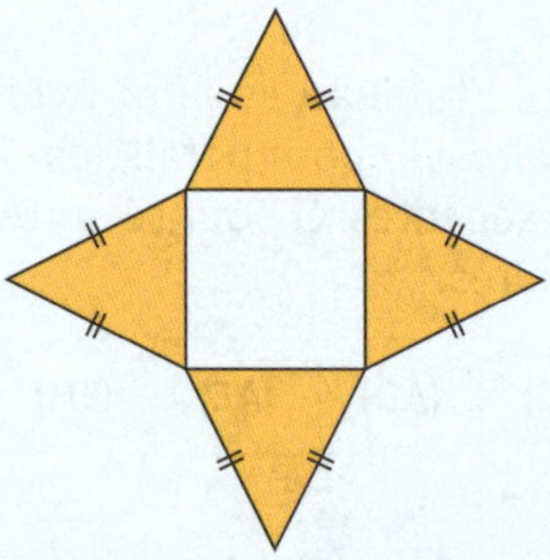

Patron de prisme droit à base triangulaire :

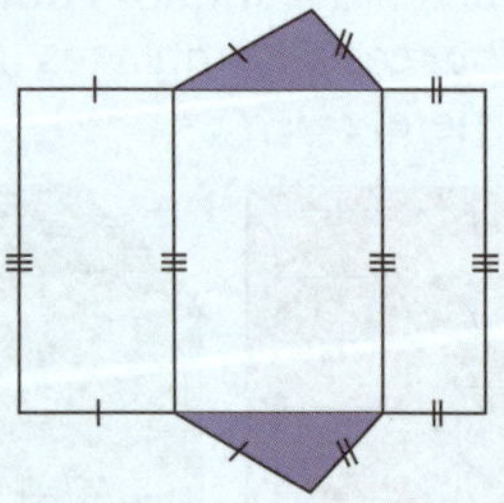

• Volumes

Le volume d'un pavé droit de dimensions a, b, c est $a \times b \times c$.

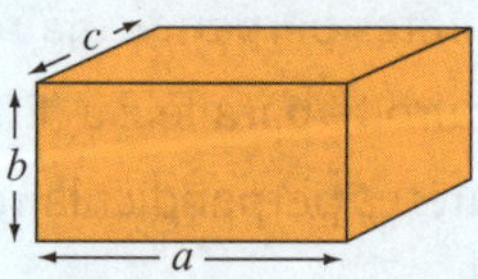

MÉTHODE

• Convertir des unités de volume

• Unités de volume habituelles

km³			hm³			dam³			m³			dm³			cm³			mm³		
											0,	0	0	0	0	4	5	0	0	0

Exemple : 45 cm³. On lit : 45 cm³ = 0,000 045 m³ ou 45 cm³ = 45 000 mm³. Le mètre cube est le volume d'un cube de 1 m d'arête.

• Unité de capacité habituelle : le litre. 1 L = 1 dm³.

• Utiliser la formule du volume

Exemple : Quel est le volume d'un pavé droit de dimensions 13 cm ; 0,4 m ; 800 mm ?
On choisit une unité commune, par exemple, le centimètre ; ce qui détermine l'unité de volume : le centimètre cube (cm³).
Les dimensions deviennent : 13 cm ; 40 cm ; 80 cm, d'où le volume :
$13 \times 40 \times 80 = 41\,600$. $\boldsymbol{V}$ **= 41 600 cm³.**

EXOS

1 ★ Entoure les patrons de cubes parmi les patrons suivants.

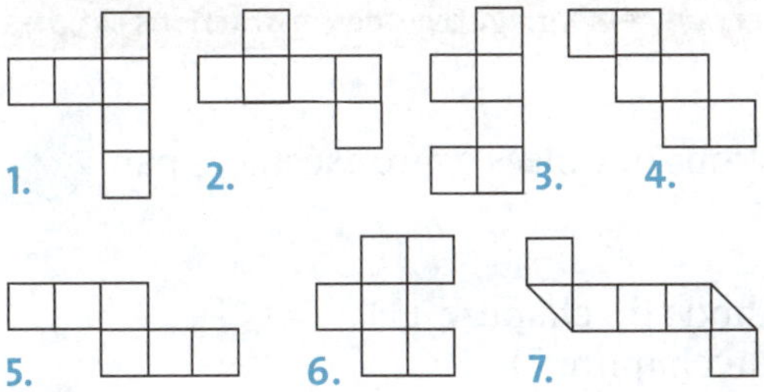

2 ★ Indique sur le patron du cube les trois traits pointillés tels qu'ils apparaissent sur le dessin (il y a plusieurs solutions).

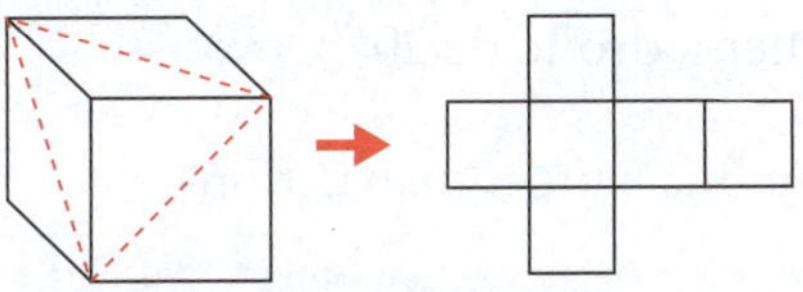

3 ★ Classe ces pavés droits dans l'ordre de leurs volumes (du plus petit au plus grand).

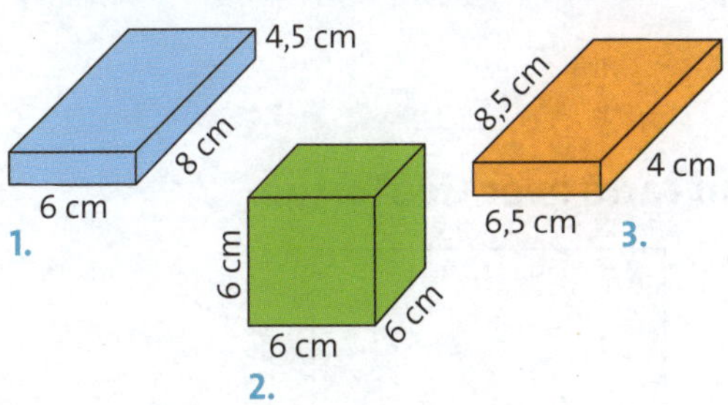

Réponse : ....

4 ★★ Classe par ordre décroissant les volumes d'eau contenus dans ces récipients gradués.

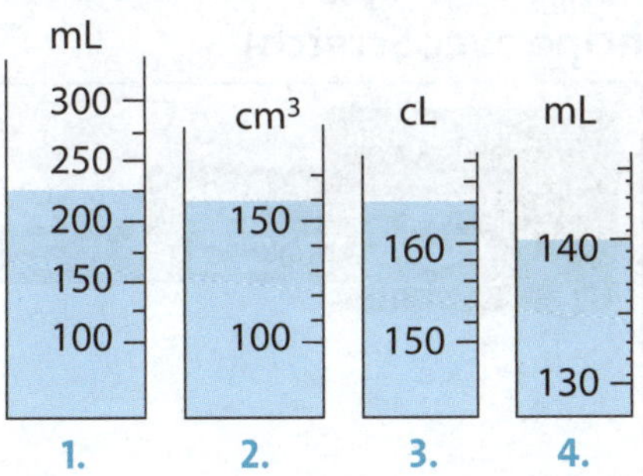

Réponse : ....

5 ★★ Trouve les dimensions de cinq pavés droits différents dont le volume est 180 cm³.

6 ★★

1. La figure **a)** correspond au patron de quel solide ?

2. Le patron **b)** est-il le patron d'un prisme droit ? Justifie ta réponse.

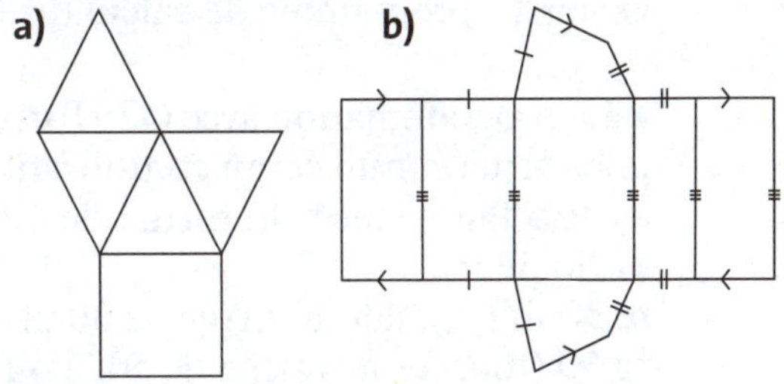

7 ★★ Réponds aux questions suivantes.

1. Dans une boîte cubique de 10 cm d'arête, combien peut-on ranger de cubes de 2 cm d'arête ?

2. Dans une boîte parallélépipédique de dimensions 24 cm, 18 cm, 6 cm, combien peut-on ranger de cubes :
– de 2 cm d'arête ?
– de 3 cm d'arête ?
– de 6 cm d'arête ?

8 ★★ Lequel de ces récipients a la plus grande contenance :

– un seau de 1 L ou un cube de 10 cm d'arête ?
Réponse : ....

– un seau de 10 L ou un cube de 100 cm d'arête ?
Réponse : ....

9 ★★★ On remplit un aquarium de forme parallélépipédique de 13,5 L d'eau.

À quelle hauteur l'eau s'élève-t-elle dans l'aquarium ?

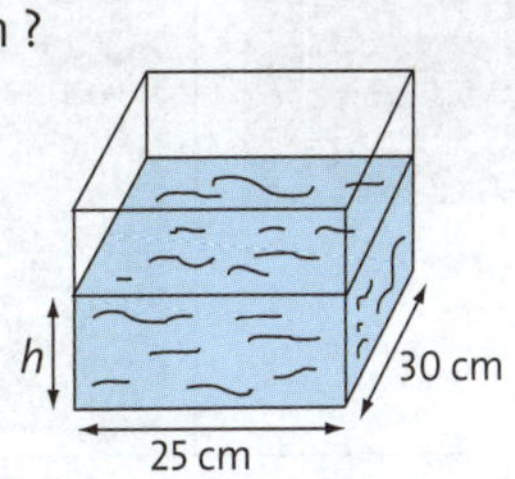

Livret Parents – Corrigés p. 21

22 Initiation à la programmation

OBJECTIF • Apprendre à déplacer un personnage avec des instructions simples

COURS

- Un programme est un ensemble d'instructions destinées à être exécutées par quelqu'un ou par un ordinateur.

Exemple : programme de construction (Méthode du chapitre 11).
Exemple : programme de calcul (exercice 6 du chapitre 7).

- La programmation avec GéoTortue (geotortue.free.fr) permet de faire se déplacer une tortue sur un écran en utilisant des instructions simples.

av 100 fait avancer la tortue de 100 pixels (les minuscules points de l'écran d'un ordinateur).
re 30 fait reculer la tortue de 30 pixels.
tg 50 (tourner à gauche de 50 °) ou **td 20** (tourner à droite de 20 °).
vg (vide graphique) permet d'effacer l'écran.
rep 2 permet de répéter 2 fois une instruction ou une suite d'instructions.

Remarque Il existe des versions plus graphiques (programmation par blocs) que l'on trouve par exemple aux adresses suivantes :
– https://blockly-games.appspot.com/turtle?lang=fr
– https://scratch.mit.edu

MÉTHODE

Programmer la tortue pour dessiner un carré avec GéoTortue

av 100
td 90
av 100
td 90
av 100
td 90
av 100
td 90

On peut simplifier ce programme en utilisant la commande rep.

rep 4 (av 100 ; td 90)

Dessine un carré avec Blockly (même principe avec Scratch)

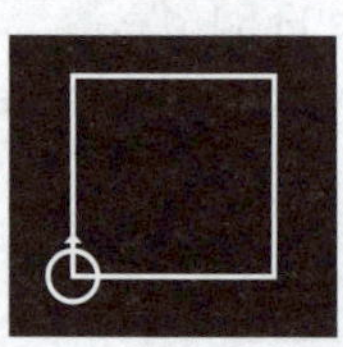

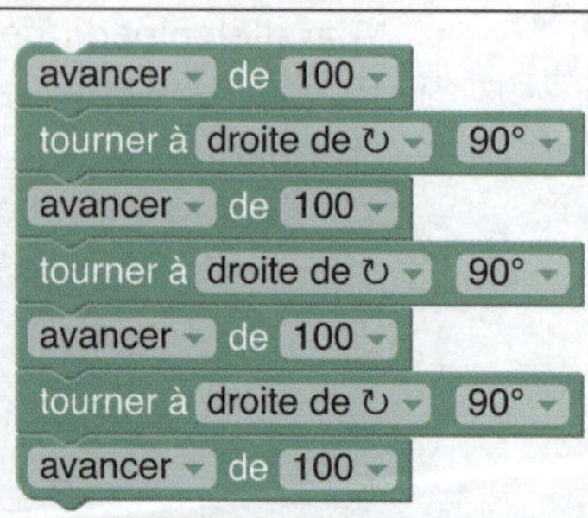

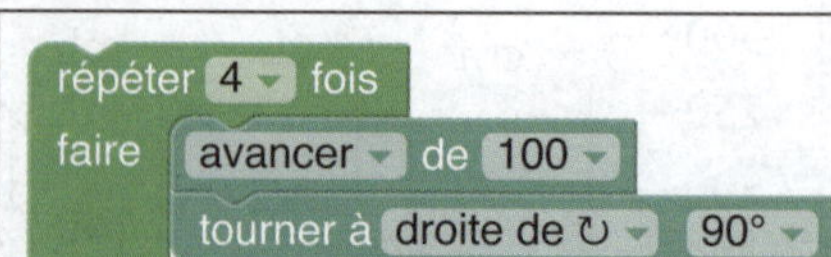

Les logiciels GéoTortue et Blocky sont nécessaires pour réaliser ces exercices.

1 ★ Voici un programme fait avec GéoTortue. Nous avons représenté la tortue après la première ligne du programme. Termine le dessin obtenu avec le programme (pour faciliter le tracé, la tortue est représentée par un point).

av 100
tg 120
av 100
tg 120
av 100

Quel est la nature de la figure obtenue ?

2 ★ Voici une figure construite avec GéoTortue.

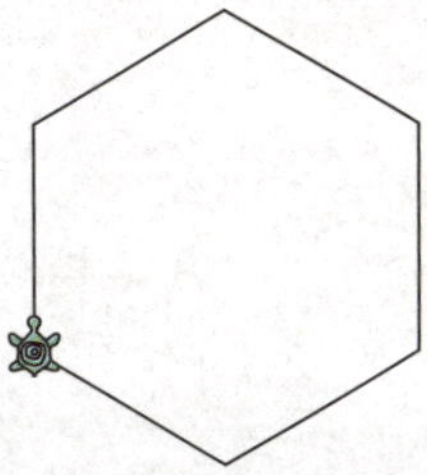

chaque côté mesure 50 pixels

1. Quel est le nom de cette figure ?

2. Écris un programme permettant d'obtenir cette figure sans utiliser l'instruction rep.

3. Écris le même programme en utilisant l'instruction rep.

3 ★★ **Voici un programme fait sur Blockly (level 10 pour avoir toutes les fonctionnalités ; on peut faire le même type de programme avec Scratch).**

La « tortue » au départ est dans cette position : 

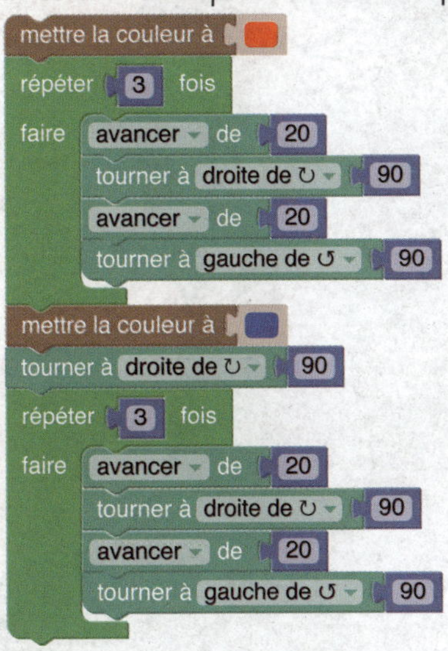

Quelle est la figure finale parmi ces 4 proposés ?

Dessin 1 :

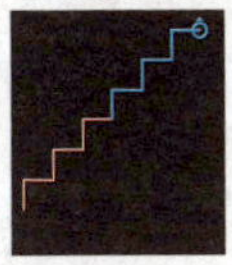

Dessin 2 :

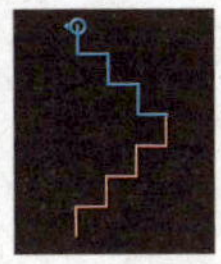

Dessin 3 :

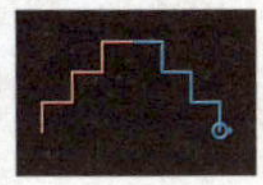

Dessin 4 :

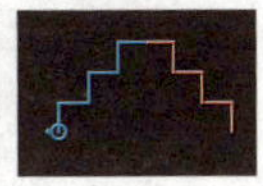

4 ★★ **1.** Fais un programme sur GéoTortue pour dessiner un pentagone avec 5 côtés égaux.

2. Même question avec un polygone à 9 côtés égaux.

3. Même question avec un polygone de 10 côtés égaux.

4. Peux-tu le faire pour un polygone avec 7 côtés égaux ? Pourquoi ?

5 ★★★ Voici une figure obtenue par programmation.

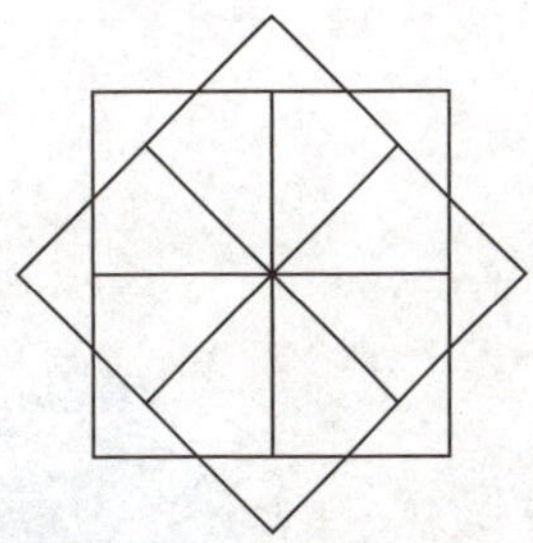

1. Combien vois-tu de petits carrés ?

2. Voici le programme sur GéoTortue permettant d'obtenir ce dessin :
rep 8 (rep 4 (av 100 ; td 90) ; td 45)

a) Que permet d'obtenir la partie rep 4 (av 100 ; td 90) ?

b) Explique à quoi sert l'instruction rep 8.

c) Que se passe-t-il si l'on ne met pas l'instruction td 45 ?

d) Modifie ce programme pour obtenir le dessin suivant :

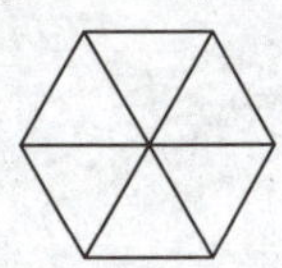

e) Modifie ce programme pour obtenir le dessin suivant :
Aide : le motif de base est un hexagone, mis en évidence en couleur.

Histoire
Géographie
EMC

Histoire

Géographie

Enseignement moral et civique

+

- un planisphère page 140
- une évaluation page 244
- une carte de l'Union européenne en fin d'ouvrage
- une frise historique en fin d'ouvrage

1 Les débuts de l'humanité : le paléolithique

OBJECTIF • Connaître les origines de l'humanité

COURS

L'apparition des premiers hominidés

• Le paléolithique (période de la pierre ancienne ou « pierre taillée ») est la période pendant laquelle apparaissent les premiers **hominidés**, c'est-à-dire les espèces animales proches de la nôtre qui ont précédé ou coexisté avec elle (australopithèques, homo erectus, Néandertal...).

• Pendant cette période, qui dure plusieurs millions d'années, les hominidés peuplent progressivement l'Afrique, puis l'Asie et l'Europe. Ils inventent les premiers outils (en silex, obsidienne, os ou bois), domestiquent le feu et commencent à orner les grottes de peintures rupestres.

Notre espèce : homo sapiens

À partir de – 200 000 ans, les **homo sapiens**, notre espèce, peuplent la planète entière et les dernières autres espèces d'hominidés disparaissent. Ils sont **nomades**, c'est-à-dire qu'ils n'ont pas d'habitat fixe et se déplacent au gré des saisons et de la nourriture disponible. Ils sont chasseurs, cueilleurs et pêcheurs, et maîtrisent de mieux en mieux les outils et les techniques.

MÉTHODE

Lire une frise chronologique

Sur une frise, des repères indiquent les divisions du temps (millénaires, siècles, années…) qui permettent de lire la date de l'événement choisi.

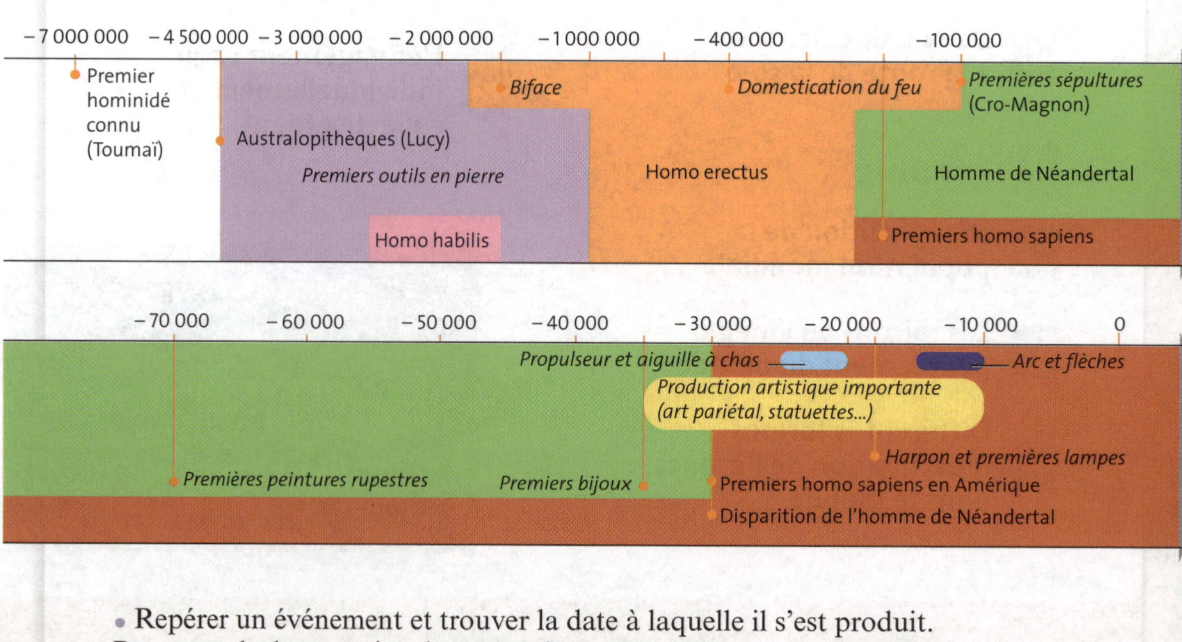

• Repérer un événement et trouver la date à laquelle il s'est produit.
Par exemple, les premiers homo sapiens apparaissent vers – 230 000.

Français
Maths
Histoire
Anglais
Sciences
Évaluations
Dossier orientation

1 ★ En t'aidant de la carte ci-dessous, réponds aux questions suivantes.

Les principales découvertes d'espèces d'hominidés sur la planète

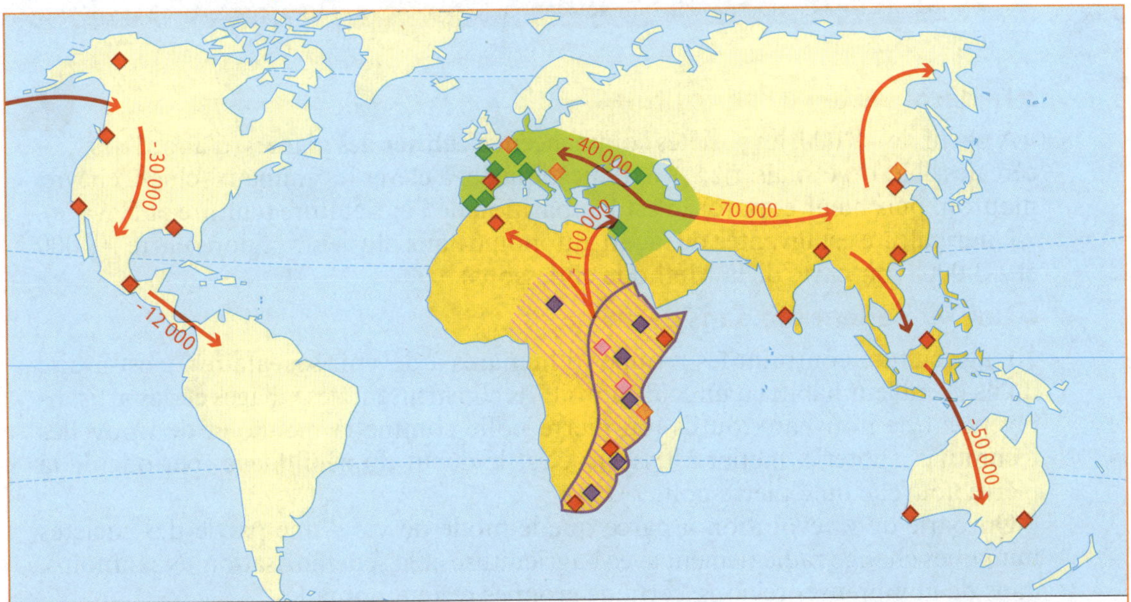

- 4,5 à - 1 million d'années
  - ◆ Australopithèque
  - ☐ Probable berceau de l'humanité
- 2,5 à - 1,6 million d'années
  - ◆ Homo habilis
  - ▨ Zone d'occupation connue
- 1,8 millions d'années à - 100 000 ans
  - ◆ Homo erectus
  - ■ Probable région maximum d'occupation
- 230 000 à aujourd'hui
  - ◆ Traces les plus anciennes d'homo sapiens
  - → Migrations de l'homo sapiens
- 230 000 à - 30 000 ans
  - ◆ Homme de Néandertal
  - ■ Région d'occupation connue de l'homme de Néandertal

1. Sur quel continent a-t-on fait les découvertes les plus anciennes d'hominidés ?

2. Sur quels continents l'homo sapiens a-t-il été identifié ?

3. Quelle espèce a uniquement été retrouvée sur les continents européen et asiatique ?

4. Aux alentours de quelle date les homo sapiens sont-ils identifiés en Asie ? et en Amérique ?

2 ★★ À quelle date et par quelle espèce ces découvertes ont-elles probablement été faites ? Complète le tableau en t'aidant de la frise chronologique de la Méthode p. 120.

 ① Domestication du feu	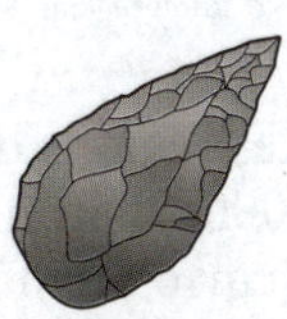 ② Biface	 ③ Peintures rupestres	 ④ Arc et flèches	 ⑤ Propulseur	 ⑥ Harpon
....	....	....	....	....	....

2 La « révolution » néolithique

OBJECTIF • Comprendre la transformation des sociétés avec la découverte de l'agriculture

COURS

La découverte de l'agriculture

• À partir de – 8 000, les sociétés commencent à **cultiver** des plantes (d'abord des céréales : blé, orge, maïs, riz…), à domestiquer et à **élever** les animaux (chien, chèvre, mouton, puis bœuf et porc) : c'est l'apparition de l'agriculture (culture et élevage).
• L'agriculture est inventée de façon autonome dans plusieurs régions entre – 8 000 et – 3 000 (voir carte de la Méthode ci-dessous).

Une vie sédentaire dans des villages

• L'agriculture contraint les groupes d'humains à devenir **sédentaires**, c'est-à-dire qu'ils fixent leur habitat à un seul endroit. Ils construisent des villages et des artisans inventent de nouveaux outils (en pierre polie comme la meule) et de nouvelles techniques (poterie, métier à tisser) : c'est le début du **néolithique** (période de la pierre nouvelle ou « pierre polie »).
• On parle de « révolution » parce que le mode de vie d'une partie des sociétés humaines change radicalement avec l'agriculture et la sédentarisation. Néanmoins, dans de nombreuses régions, certains groupes restent nomades.
Le néolithique se termine avec la découverte de l'écriture : c'est le début de l'Histoire.

MÉTHODE

Lire les informations sur un planisphère

Les foyers d'apparition de l'agriculture dans le monde

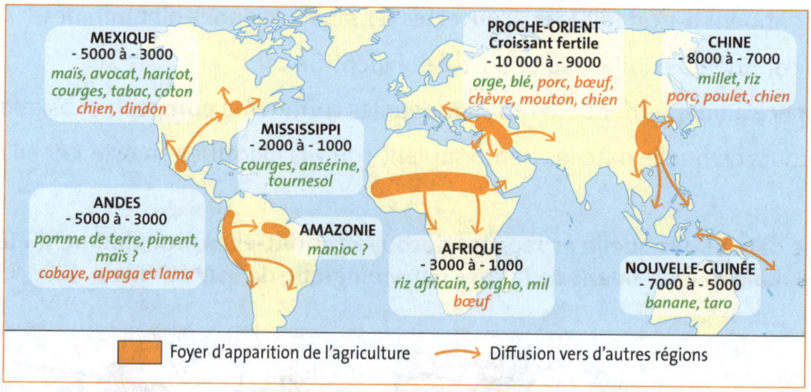

• **Comprendre le titre :** ce document localise les différentes régions du monde dans lesquelles l'agriculture est inventée entre – 10 000 et – 3 000 environ.
• **Identifier le territoire représenté :** c'est un planisphère (carte du monde).
• **Identifier la période concernée :** le néolithique, période d'apparition de l'agriculture et de la vie sédentaire.
• **Localiser les différents foyers dans lesquels l'agriculture apparaît :** ils sont indiqués avec la couleur orange. Un encadré précise le nom de la région, les dates, les plantes cultivées et les espèces animales domestiquées.
• **Comprendre la diffusion de ces découvertes :** les flèches indiquent les régions vers lesquelles l'agriculture se diffuse.

1 ★ Relie chaque invention à son illustration.

1. culture du blé •
2. élevage d'animaux •
3. objet en céramique •
4. outil en métal •
5. outil en pierre polie •

• 
A. meule

• 
B. faucille

• 
C. poterie

• 
D. hache

• 
E. enclos

2 ★★ À l'aide du planisphère de la Méthode p. 122, complète le texte suivant.

L'agriculture apparaît pour la première fois dans le .... puis la culture du blé et de l'orge se diffuse vers ....
Le maïs et le haricot sont cultivés pour la première fois en Amérique à partir de ....
En Asie, ce sont le .... et le .... qui sont cultivés à partir du 9e millénaire. Enfin, l'agriculture apparaît en .... vers – 3 000.

3 ★★★ Vrai ou faux ? Entoure les phrases qui sont vraies, et corrige celles qui sont fausses.

1. Au néolithique, les êtres humains commencent à utiliser les outils en pierre taillée.
2. L'écriture apparaît avec la découverte de l'agriculture.
3. L'agriculture, c'est la chasse et la pêche.
4. La vie sédentaire permet l'apparition de la poterie.
5. Une partie des groupes humains reste nomade au néolithique.
6. Le néolithique se caractérise par l'apparition de la culture de plantes et l'élevage de certaines espèces d'animaux.
7. Les artisans ont pour métier de cultiver les céréales.

Livret Parents – Corrigés p. 22

Français
Maths
Histoire
Anglais
Sciences
Évaluations
Dossier orientation

3 Premiers États, premières écritures

OBJECTIF • Observer le lien entre les premiers États et les premières écritures

COURS

• La mise en place des premiers États

• Au IIIe millénaire avant notre ère, dans le Croissant fertile, les populations développent l'agriculture puis construisent les premières villes le long des fleuves : le Tigre, l'Euphrate et le Nil. Leurs religions sont **polythéistes**, ils ont plusieurs dieux. Les villes deviennent des cités-États (petits États indépendants avec une ville et sa campagne autour).

• En Mésopotamie, elles s'organisent autour de ziggourats (temples) et de palais et sont ensuite unifiées par le roi Saragon. Dans la vallée du Nil, l'Égypte est dirigée par des Pharaons dont il reste les pyramides (tombeaux) et les temples.

• Un outil de pouvoir : l'écriture

L'administration des premiers États utilise un nouvel outil pour compter et communiquer : l'écriture. Ce sont les **scribes** qui avaient pour métier d'écrire. En Mésopotamie, l'**écriture cunéiforme** est gravée sur des tablettes d'argile, alors qu'en Égypte, les **hiéroglyphes** sont peints sur du papyrus ou sculptés.

MÉTHODE

• Repérer une information sur une carte

Les premiers États dans le Croissant fertile

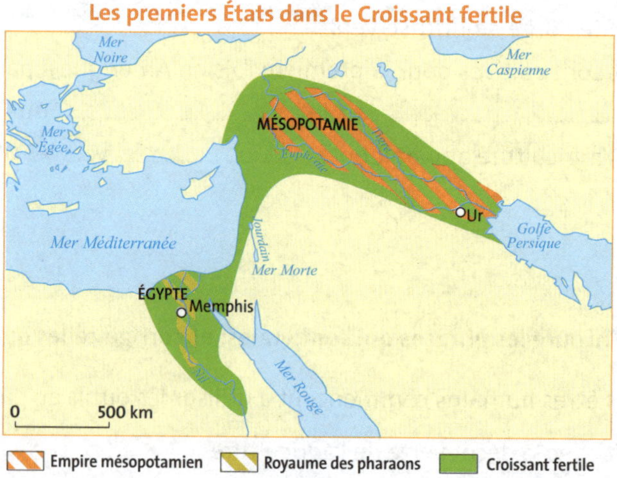

• **Observer**

– **Lire le titre** pour savoir ce que représente la carte : les premiers États dans le Croissant fertile.

– **Lire la légende** : elle indique la signification des couleurs et des signes utilisés.

• **Repérer les informations sur la carte**

La couleur verte permet de localiser le Croissant fertile et les hachures de situer les premiers États. La carte montre que les premiers États se sont installés le long des fleuves qui fournissent l'eau indispensable dans ces régions désertiques.

1 ★ Déchiffre le message secret.

NÉE | L'ÉCRI | CROIS | LE | EST

FER | SANT | DANS | TILE | TURE

Réponse : ....

....

....

2 ★★ En Mésopotamie, le mot *roi* se dit *Lugal* ce qui signifie « homme grand » . Écris-le en cunéiforme en t'aidant du tableau ci-dessous.

Homme	Grand	Lugal

3 ★★★ Sur la carte, relie par des flèches chaque État à son roi, à son écriture et à son monument.

1. sphinx qui représente le pharaon Khéops

2. décor du palais de Saragon

3. ziggourat d'Ur

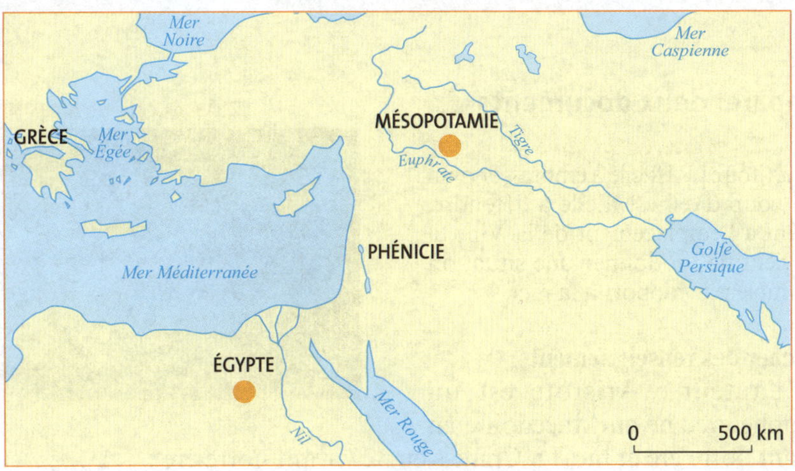

pyramides de Gizeh

4.

hiéroglyphes

5.

écriture cunéiforme

6.

4 Le monde des cités grecques

OBJECTIF • Découvrir la culture commune des cités grecques dans l'Antiquité

COURS

• Des cités tournées vers la mer Méditerranée

Les Grecs sont un mélange de peuples qui se sont installés par vagues successives sur les côtes méditerranéennes de Grèce et d'Asie mineure, au IIe millénaire avant notre ère. Ils vivent de la pêche, de l'agriculture, de l'artisanat et du commerce, et se regroupent dans des **cités-États**.

• Une culture commune

Les Grecs partagent la même langue et utilisent la même écriture.

• Ils sont **polythéistes** et pensent que leurs dieux vivent sur l'Olympe, la plus haute montagne de Grèce. Ils les honorent par des offrandes et des sacrifices dans des temples, mais aussi par de grandes fêtes dans des sanctuaires comme Olympie.

• Les Grecs connaissent tous la **mythologie** qui raconte les aventures des dieux, des déesses et des héros. Les poèmes d'Homère, l'*Iliade* et l'*Odyssée*, nous renseignent sur les débuts de l'histoire grecque. Les fouilles archéologiques précisent la part de vérité que contiennent ces poèmes.

• Des cités-États à la colonisation

Du VIIIe au VIe siècle avant notre ère, poussés par le besoin de **terres** ou chassés par des **luttes politiques**, des Grecs ont quitté leur cité et sont allés fonder des colonies autour de la mer Méditerranée et de la mer Noire. C'est la colonisation.

MÉTHODE

• Comparer deux documents

1. Aristote, *Le Politique*

Le territoire […] facile à embrasser d'un seul coup d'œil est facile à défendre. Quant à l'emplacement de la Ville, il convient de lui donner une situation favorable par rapport à la mer.

2. Maquette de Marseille

• **Chercher des renseignements**

– sur l'auteur : Aristote est un philosophe grec né en Macédoine en 384 avant notre ère et mort à Chalcis en 322 avant notre ère ;

– sur la maquette : la maquette a été réalisée à partir de fouilles.

• **Comparer**

Texte d'Aristote	Maquette
« territoire facile à embrasser »	B : situation de la ville
« facile à défendre »	C : les remparts
« situation favorable par rapport à la mer »	A : le port protégé

• **Conclure :** les principes de construction d'une cité grecque sont valables, quel que soit le lieu. Aristote décrit une cité de la mer Égée ; Marseille est une cité de la Grande Grèce.

EXOS

1 ★ En faisant des recherches, complète la grille à partir des définitions et trouve le mot caché.

Des jeux s'y déroulent : ....

1. _ _ _ _ _ _ _ _
2. _ _ _ _ _ _ _ _ _ _
3. _ _ _ _ _ _ _ _ _ _ _
4. _ _ _ _ _
5. _ _ _ _ _ _ _ _ _
6. _ _ _ _ _ _ _ _ _
7. _ _ _ _

1. Le sanctuaire de Zeus.
2. Le plus grand des stratèges athéniens.
3. Croyance en plusieurs dieux.
4. Autre nom des Perses.
5. Grand temple de l'Acropole.
6. Dieu de la mer.
7. Le maître des dieux.

2 ★★ Complète ce texte sur l'*Iliade* et l'*Odyssée* en faisant une recherche sur Internet.

Ces deux poèmes ont été écrit par ...., au .... siècle avant notre ère. L'*Iliade* raconte la guerre de .... À l'origine de cette guerre, ..., le fils du roi de Troie, enlève ...., la femme du roi de Sparte, Ménélas.
Les .... partent attaquer Troie pour laver l'honneur grec. Au cours de cette guerre, ..., le héros des Grecs, tuera ...., le héros des Troyens, à l'aide de la déesse.............................. Les Grecs réussissent finalement à prendre la ville de Troie grâce au cheval de Troie*.
L'*Odyssée* raconte les aventures d'.........................., le roi d'..........................., qui, après la guerre de ...., est poursuivi par la malédiction et doit errer sur les mers. Il doit surmonter de nombreuses épreuves, parmi lesquels le cyclope .... avant de revenir dans son royaume pour retrouver sa femme, ...

* cheval géant en bois dans lequel se cache des soldats grecs que les Troyens introduisent dans la ville, pensant avoir gagné la guerre.

3 ★★ D'après l'échelle, 1 cm = 50 m, et d'après l'itinéraire suivi, quelle distance le jeune Athénien a-t-il parcouru ?

Le jeune Athénien, après être allé contempler le trésor des Athéniens, alla prendre son repas au Prytanée, fit ses offrandes à Zeus avant de se rendre au stade en longeant l'Hippodrome.

Plan d'Olympie

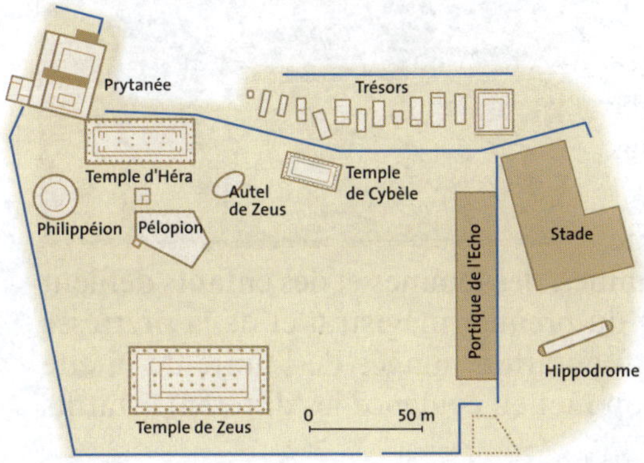

4 ★★★ Lis cet extrait et réponds aux questions.

« À l'école, les enfants grecs apprennent d'abord l'écriture, la lecture et la cithare (…). Lorsqu'ils sont sur le point de comprendre les mots écrits, avant même de savoir les lire, ils sont gavés d'œuvres de grands poètes comme Homère. Lorsqu'ils sont assis en classe, ils doivent les réciter par cœur. Dans ces œuvres, ils rencontrent des avertissements, des descriptions, des louanges aux héros des temps passés, que les garçons ambitieux se doivent d'imiter. »

D'après Platon, *Protagoras*,
Ve siècle avant notre ère.

1. Entoure en bleu les différentes matières enseignées aux enfants grecs.
2. Souligne en rouge le nom du poète dont ils connaissent les œuvres par cœur.
3. Pourquoi fait-on apprendre aux enfants les œuvres de ce grand poète grec ?

Livret Parents – Corrigés p. 22

5 La cité des Athéniens au ve siècle avant notre ère

OBJECTIF • Cerner l'originalité de la démocratie dans la cité des Athéniens

COURS

La cité des Athéniens, une cité prospère

- Au ve siècle avant notre ère, à l'issue des guerres médiques et après sa victoire contre l'Empire Perse à Salamine, Athènes impose aux autres cités grecques un tribut (impôt) en échange de sa protection (ligue de Délos).
- Tous les habitants d'Athènes appartiennent à la **cité**, dont Athéna est considérée comme la déesse protectrice.
- La cité prospère et les Grecs construisent sur l'Acropole, sur les hauteurs d'Athènes, des **temples** pour les dieux et des **théâtres** qui en augmentent le prestige. Au ve siècle avant notre ère, Athènes est un modèle pour toute la Grèce.

Athènes et la démocratie

- Athènes invente un système politique original : la démocratie, dans le cadre de laquelle les citoyens participent au gouvernement de la cité. Ils peuvent être riches ou pauvres et ont l'égalité de parole, de vote, de considération : ils ne représentent cependant que 10 % des Athéniens.
- Les 90 % restants, les femmes, les enfants, les étrangers (« métèques ») et les esclaves, ne sont pas autorisés à participer à la gestion des affaires publiques.
- Les citoyens se réunissent en assemblée : l'**Ecclésia**. Ils peuvent être tirés au sort pour siéger au conseil de la cité (la **Boulè**) ou être juges au tribunal populaire (l'**Héliée**). Certains d'entre eux sont élus magistrats (les **stratèges**) : pendant un an, ils président les fêtes religieuses, commandent l'armée et exécutent les lois. **Périclès** a été stratège d'Athènes pendant 30 ans, de – 461 à – 431.

MÉTHODE

Tirer des informations d'une œuvre artistique

- **Situer :** la frise se situait autour du Parthénon, le plus grand temple érigé sur l'Acropole.
- **Identifier les procédés techniques :** c'est un bas-relief de grandes dimensions (160 mètres de long et 1 mètre de large), sculpté par Phidias et ses élèves.

Fragments de la frise des Panathénées

- **Décrire :** la fête des Panathénées est une procession en l'honneur d'Athéna. Des hommes, des femmes et des enfants défilent en ordre. La tête du cortège est constituée du premier magistrat et de la prêtresse d'Athéna. Ce bas-relief propose une représentation imagée de l'unité de la cité autour de la déesse. L'ordre de la procession met en évidence les différents statuts des habitants.

EXOS

1 ★ Complète la grille à partir des définitions suivantes et retrouve le mot caché.

1. Organisation territoriale la plus répandue dans le monde grec.
2. Tribunal populaire.
3. Magistrat élu.
4. Conseil des citoyens.
5. Sanctuaire dédié à Zeus dans lequel se déroule les jeux.
6. Assemblée des citoyens.
7. Déesse protectrice de la ville.

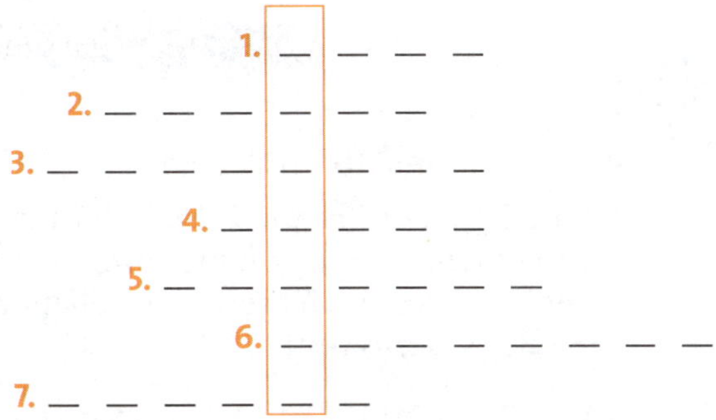

Mot caché : ....

2 ★★ Relie les vases décorés ci-dessous aux personnes qu'ils représentent.

1.

2.

3.

A. esclave B. femmes C. enfants à l'école

3 ★★★ Lis le texte puis réponds aux questions.

Après la défaite des Perses à Platées en 479 avant notre ère, les Athéniens fondent la ligue de Délos avec les cités grecques qui craignent le retour des Perses.

« À Marathon, nous les Athéniens, sommes allés seuls contre les Perses ; puis nous avons triomphé à Salamine en fournissant le nombre de vaisseaux le plus élevé. Ensuite nos alliés nous ont demandé de nous mettre à leur tête. À Délos, nous sommes devenus les chefs et les maîtres des Grecs. En échange de la protection de la flotte athénienne, les alliés devaient payer un tribut au trésor d'Athènes. »

D'après Thucydide, *Histoire de la guerre du Péloponnèse*, Vᵉ siècle avant notre ère.

1. Dans le texte, souligne la phrase qui montre qu'Athènes devient le chef de la ligue de Délos.
2. Sur le schéma ci-dessous, place les mots suivants : alliés – flotte – tribut.

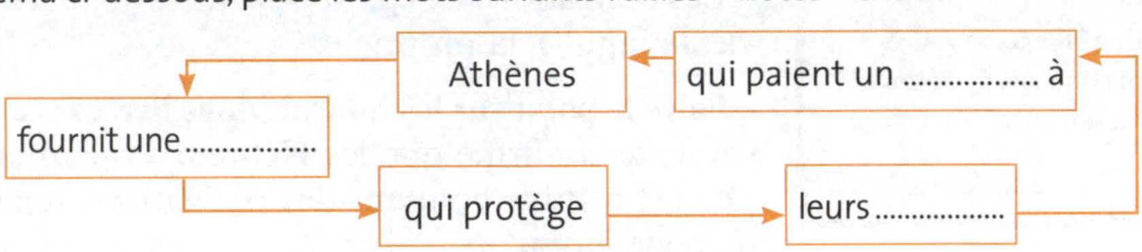

Livret Parents – Corrigés p. 23

6 La naissance du monothéisme juif

OBJECTIF • Découvrir la naissance d'une religion monothéiste : le judaïsme

COURS

Les origines du judaïsme

• La religion des Hébreux, le judaïsme, naît au IIe millénaire avant notre ère ; c'est la première religion monothéiste (un dieu unique : Yahvé).

• Vers – 1 000, les Hébreux s'installent en Palestine et fondent un royaume dont la capitale est Jérusalem.

L'écriture du texte sacré des Hébreux : la Torah

• Dispersés par les Empires assyriens et babyloniens aux VIIIe et VIe siècles avant notre ère, les Hébreux écrivent les premiers livres de la Bible : la Torah. Elle présente les fondements de leurs croyances : l'arrivée en Palestine avec Abraham, l'Alliance avec Yahvé, puis le don des Tables de la Loi à leur prophète, Moïse. On les appelle désormais les Juifs.

La destruction du temple et la diaspora

• Envahie, la Palestine devient une province romaine. En 70, face à une révolte, les Romains détruisent le temple de Jérusalem et dispersent les Juifs dans tout l'empire : c'est la diaspora.

• Le culte juif s'organise dans les synagogues sous la direction des rabbins.

• Cette religion sert de fondement aux autres religions du Livre : le christianisme et l'islam.

MÉTHODE

Les dix commandements

Alors Dieu prononça toutes ces paroles :
C'est moi Yahvé ton Dieu qui t'ai fait sortir d'Égypte, la maison de servitude.
Tu n'auras pas d'autre Dieu que moi.
Tu ne feras aucune image sculptée de moi…
Pendant six jours tu travailleras, mais le septième jour du sabbat pour Yahvé ton Dieu, tu n'y feras aucun ouvrage…
Tu ne prononceras pas le nom de ton Dieu à faux…
Honore ton père et ta mère.
Tu ne tueras pas.
Tu ne commettras pas d'adultère.
Tu ne voleras pas.
Tu ne porteras pas de faux témoignage.
Tu ne convoiteras pas la maison de ton prochain, sa femme, son bœuf, son âne.

Bible, Exode XX.

Exploiter un texte religieux

• **Travailler avec précaution**

– Lire le texte en entier, puis chercher le sens des mots difficiles (sabbat, convoiter…).

– Dire quel est le genre du texte (récit, texte religieux…) : un texte religieux, extrait d'un des premiers livres de la Bible, l'Exode.

– Identifier l'épisode de l'histoire légendaire des Hébreux auquel se réfère ce texte : Moïse reçoit de Dieu les Tables de la Loi après la sortie d'Égypte.

• **Comprendre l'essentiel**

– Les principales obligations envers Dieu sont : croire en un seul Dieu, respecter Dieu sans le représenter, l'honorer par le sabbat.

– Les obligations à l'égard des autres sont : respecter la vie, la famille, la propriété.

• **Faire le point sur les informations livrées**

Ce texte confirme que les Hébreux croient en un seul Dieu. La Bible contient des obligations religieuses et un code moral.

1 ★ Relie par des flèches les éléments des trois colonnes suivantes.

Questions	Ce que dit la Bible	Ce que disent les historiens
1. Qui a écrit la Torah ? •	• A. Les Hébreux ont conquis la Palestine. •	• I. Il existe des preuves de l'existence de David. L'existence de Salomon n'est pas confirmée.
2. Abraham et Moïse ont-ils existé ? •	• B. Ce sont les principaux guides pour les Hébreux. •	• II. Il n'y a pas de preuves archéologiques d'une conquête de la Palestine.
3. Comment les Hébreux sont-ils entrés en Palestine ? •	• C. Le prophète Moïse a écrit les paroles que Dieu lui a dictées. •	• III. La Torah regroupe des textes écrits par plusieurs auteurs entre le VIIIe et le IIe siècle avant notre ère.
4. Les rois David et Salomon ont-ils existé ? •	• D. Ils sont les deux rois du royaume d'Israël avant sa division. •	• IV. Il n'y a aucune évidence de leur existence mais il existe des traces de migrations entre l'Égypte et la Mésopotamie au IIe millénaire avant notre ère.

2 ★★ En faisant des recherches, relie par une flèche chaque personnage de la Bible à l'événement qui lui correspond.

1. Abraham •	• A. le don des Tables de la Loi
2. David •	• B. le sacrifice de son fils Isaac
3. Moïse •	• C. la construction du premier temple de Jérusalem
4. Noé •	• D. la victoire contre le Philistin Goliath
5. Salomon •	• E. le Déluge et la construction de l'Arche

3 ★★★ Relie chaque objet ou symbole religieux au dessin qui lui correspond.

A. •

B. •

C. •

D. •

• 1. la ménorah (chandelier à sept branches des Hébreux)

• 2. les rouleaux de la Torah (texte sacré des Hébreux)

• 3. l'étoile de David (symbole du judaïsme)

• 4. la kippa (calotte portée par les Juifs pratiquants)

Livret Parents – Corrigés p. 23

7 Rome, du mythe à l'Histoire

OBJECTIF • Comparer l'origine de Rome selon la mythologie et l'Histoire

COURS

De la légende...

• Deux auteurs latins du Ier siècle avant notre ère, l'écrivain Virgile, dans l'Énéide, et l'historien Tite-Live, lient les origines de Rome à la cité légendaire de Troie en Asie Mineure.

• Selon la légende, une descendante d'Énée aurait mis au monde, après son union avec le dieu Mars, des jumeaux : **Romulus** et **Remus**. Abandonnés, ceux-ci auraient été recueillis par une louve. Romulus aurait fondé la cité sur les bords du Tibre vers 753 avant notre ère puis aurait tué son frère.

... à l'Histoire

• Au VIIIe siècle avant notre ère, les Latins s'installent près du **Tibre** sur les collines du Latium. L'Italie est alors peuplée par les Grecs au sud et les Étrusques en Toscane.

• Les historiens discutent encore de la fondation de Rome, mais s'accordent sur le fait que les Étrusques font de Rome une véritable ville vers le VIIe siècle avant notre ère, en regroupant les villages latins des trois collines dans une muraille. Puis la ville s'agrandit et prend le nom de **Rumon** avec l'aménagement du Forum romain et du sanctuaire du Capitole.

• Rome se dote, vers 509 avant notre ère, d'une **République** (*res publica* : « affaire de tous »). Comme dans les cités grecques, la société est inégalitaire. Les citoyens votent les lois, les plus riches gouvernent et les femmes, les non-citoyens et les esclaves sont exclus des décisions. Les Romains honorent une multitude de dieux « empruntés » aux Grecs.

MÉTHODE

Étudier la représentation d'un événement

• **Présenter le document :** tableau de Lionel Roger de 1899 sur la défaite de Vercingétorix à Alésia en – 52 face à César.

• **Décrire le document :**
– personnages principaux : Vercingétorix sur son cheval dépose les armes aux pieds de César en toge rouge.
– personnages secondaires : devant et derrière le cheval, des prisonniers gaulois et derrière César, des légionnaires romains armés.

• **Décor :** des armes et des trompettes à terre au premier plan. Un ciel embrasé et un château qui brûle à l'arrière-plan.

Vercingétorix jette ses armes aux pieds de César

Lionel Roger, 1899, musée Crozatier, le Puy-en-Velay

• **Comprendre :** ce tableau imaginaire a été peint après la défaite de la France contre la Prusse en 1870 : il veut donner une image héroïque de Vercingétorix.

EXOS

1 ★ **Relève et inscris les lettres dans les cases ci-dessous en respectant l'ordre croissant des numéros qui se trouvent dans les pavés : tu découvriras le titre d'une œuvre et le nom de son auteur.**

2 ★ **Calcule le nombre de légionnaires à partir de l'information suivante.**

- une centurie = 80 légionnaires
- une manipule = deux centuries = ... légionnaires
- une cohorte = trois manipules = ... légionnaires
- une légion = dix cohortes = ... légionnaires

3 ★★ **Découvre qui se cache dans cette grille. Pour cela, relie les numéros du dessin à ceux de la grille.**

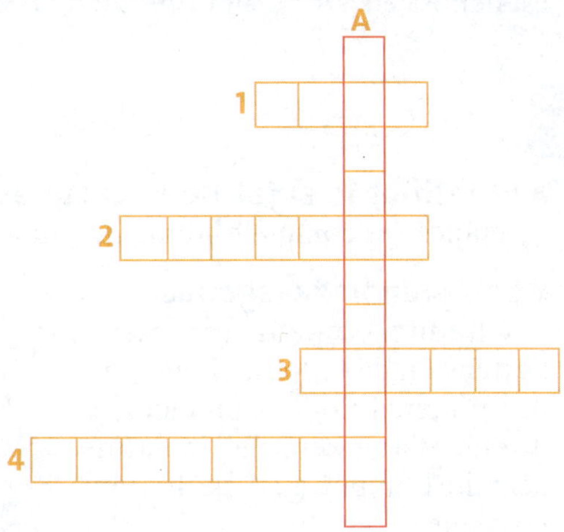

Réponse : ....

4 ★★★ **En faisant des recherches, complète le tableau ci-dessous.**

Symbole	Pays	Personnage	Bataille
Taureau	....	Hannibal	Zama
Sanglier	Gaule	Vercingétorix	....
Crocodile	Égypte	....	Actium

8 Conquêtes, paix romaine et romanisation

OBJECTIF • Comprendre comment l'Empire romain s'étend et influence le monde méditerranéen

COURS

Des conquêtes de la République à l'Empire

- À partir de – 343, la République romaine conquiert un vaste territoire tout autour de la mer Méditerranée.
- Jules César est le plus grand conquérant romain. Soupçonné de vouloir tous les pouvoirs, il est assassiné en – 44.
- En – 27, Octave Auguste, son fils adoptif, remplace la République par l'Empire. Il prend tous les pouvoirs et la société reste inégalitaire.

Paix, prospérité et romanisation

- Jusqu'au IIIe siècle, la paix romaine règne dans l'Empire, divisé en provinces. Rome, avec plus d'un million d'habitants, devient le modèle de nombreuses villes (forums, temples…).
- Les habitants des provinces rejoignent les villes et adoptent le mode de vie romain (religion, langue latine…) : c'est la romanisation.

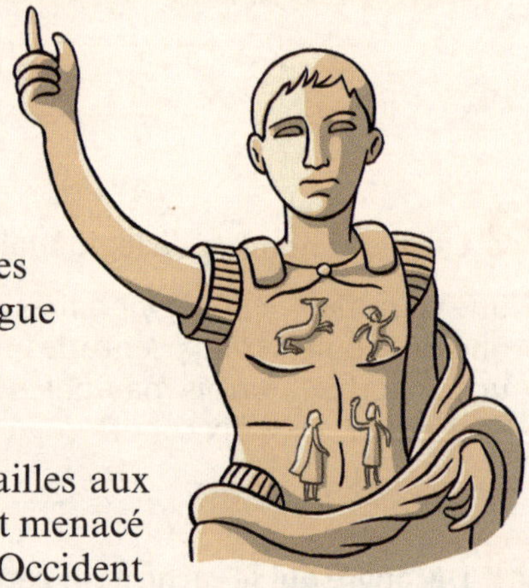

Fin de l'Empire

- Cette prospérité attire les convoitises et les murailles aux frontières ne suffisent plus : au IIIe siècle, l'Empire est menacé puis divisé en deux en 395. Le dernier empereur d'Occident est déposé en 476 : seul l'Empire d'Orient subsiste.

MÉTHODE

- **Identifier le sujet de la carte avec le titre et la région représentée :** les étapes des conquêtes romaines autour de la mer Méditerranée.

Comprendre la légende

- Chaque couleur représente l'extension de la République puis de l'Empire romain à un moment donné. Par exemple, le jaune délimite l'Empire au Ier siècle avant notre ère.
- La zone délimitée en violet correspond à l'extension maximum de l'Empire romain au IIe siècle.
- Les étoiles correspondent aux principales batailles gagnées par les Romains avec le nom du lieu et leur date. Par exemple, en – 272, la bataille de Tarente permet aux Romains de conquérir le sud de l'Italie.

Les conquêtes romaines

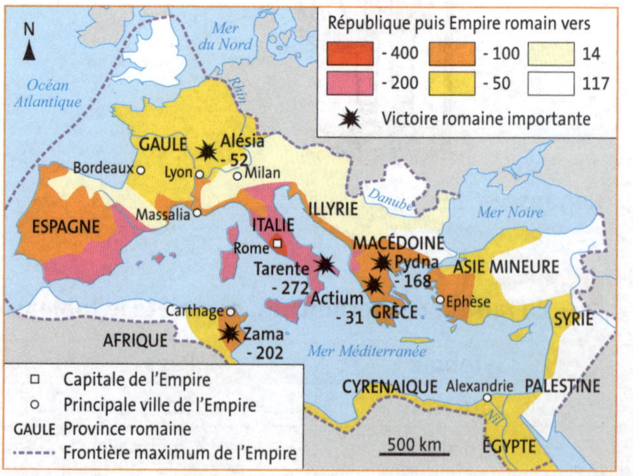

EXOS

1 ★ Déchiffre le message secret.

RO · MÉ · NENT · ME · LES · MINS · CHE · À · TOUS

Réponse : ....

2 ★★ En faisant des recherches, relie par des flèches l'édifice à son usage.

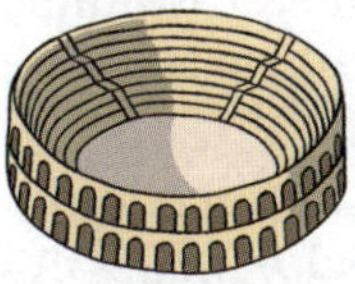
A. amphithéâtre •

B. forum •

C. cirque •

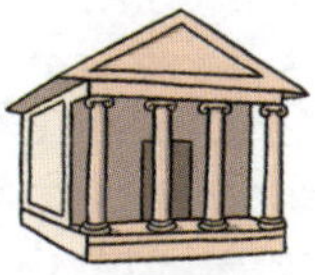
D. temple •

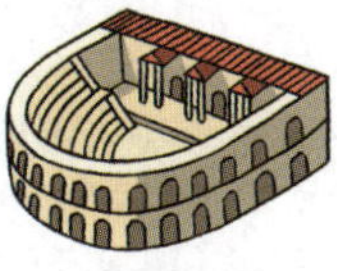
E. théâtre •

1.	2.	3	4.	5.
lieu où se déroulent les courses de chars	lieu où sont jouées les comédies et les tragédies	lieu où sont honorés les dieux	lieu où se déroule la vie politique	lieu où combattent les gladiateurs

3 ★★ D'après la carte des conquêtes de la Méthode p. 134, complète le texte suivant.

À partir de ...., les Romains commencent à conquérir de nouveaux territoires autour de la mer .... La bataille de .... en – 272 est leur première victoire importante. Au IIe siècle avant notre ère, les Romains colonisent l'..., la ....et la Macédoine. Au Ier siècle avant notre ère, après les victoires d'................................ (– 52) et d'.. (– 31), l'Empire romain contrôle un territoire immense en Europe, en Asie et en ....

4 ★★★ Retrouve l'ordre chronologique en inscrivant, dans les cases, les bons numéros. Attention, certains numéros peuvent servir plusieurs fois.

L'Empire s'est affaibli (1) – L'Empire d'Occident disparaît (2) – L'Empire romain s'effondre (3) – L'armée désigne les empereurs (4) – La partie orientale est menacée par les invasions (5) – Les Barbares poussent les Germains (6) – Constantinople prospère (7) – Des petits royaumes apparaissent (8).

☐ ⇨ 60 empereurs se sont succédé en un siècle. ⇨ ☐

☐ ⇨ En 330, Constantinople devient la nouvelle capitale de l'Empire romain. ⇨ ☐

☐ ⇨ Les Germains s'installent massivement dans l'Empire romain. ⇨ ☐

Livret Parents – Corrigés p. 23

9

Des Chrétiens dans l'Empire

OBJECTIF • Découvrir la naissance du christianisme dans l'Empire romain

COURS

• Une nouvelle religion monothéiste...

• Dans les années 30, **Jésus**, un Juif, parcourt la province romaine de Palestine en prêchant des idées religieuses nouvelles. De nombreux disciples l'accompagnent et le considèrent comme le **Messie**, qui, selon la Torah, doit rétablir le royaume d'Israël. Mais il est contesté par les autorités juives et romaines : il est arrêté, condamné et crucifié.

• Certains disciples, les apôtres, expliquent qu'il serait ressuscité et qu'il aurait rejoint Dieu, son père. À la fin du Iᵉʳ siècle, des écrivains chrétiens rédigent les Évangiles et d'autres textes qui forment le **Nouveau Testament**. Ces textes fondateurs racontent la vie et la mort de Jésus et développent ses idées.

• ... qui s'impose progressivement

• Cette religion, qui met l'accent sur l'égalité, la fraternité et la charité, attire surtout les pauvres et les esclaves dans tout l'Empire. Elle est alors combattue par les autorités romaines.

• Le nombre de Chrétiens ne cessant d'augmenter, l'empereur Constantin choisit de les tolérer en 313 (édit de Milan). Le **christianisme** s'impose comme la seule religion officielle à la fin du IVᵉ siècle.

MÉTHODE

• Commenter un texte d'historien romain

> On croyait encore que l'incendie avait été commandé. Pour couper court à ces rumeurs, Néron se trouva des coupables et il infligea des châtiments raffinés à ces gens que leurs scandales rendaient odieux et que la masse appelait Chrétiens. [...] Contenue pour un temps, cette détestable superstition perçait à nouveau, non seulement en Judée, où ce mal avait pris naissance, mais à Rome même où tout ce qu'il y a d'affreux et de honteux afflue. Donc on commença par poursuivre ceux qui avouaient ; ensuite sur leurs indications, une foule immense fut déclarée coupable moins du crime d'incendie que de haine contre le genre humain.

Tacite, 115.

• **Présenter l'auteur, la date et le sujet du document :**
Tacite est un historien romain. Il écrit ce texte au IIᵉ siècle (en 115). Il présente les persécutions des Chrétiens par Néron en 64 à la suite de l'incendie de Rome.

• **Relever les expressions qui décrivent les Chrétiens :**
« Ces gens que leurs scandales rendaient odieux », « cette détestable superstition », « ce mal » « affreux et honteux », « haine contre le genre humain ».

• **Montrer l'opinion de Tacite sur la culpabilité des Chrétiens :**
« Néron se trouva des coupables », « moins du crime d'incendie que de haine contre le genre humain » : selon Tacite, les Chrétiens ne sont pas coupables mais condamnés parce qu'ils sont détestés des Romains.

EXOS

1 ★ Place, sur l'axe chronologique, les grandes dates du christianisme.

1. vers 30 : crucifixion de Jésus
2. 64 : persécutions de Néron
3. 177 : persécutions à Lyon
4. 303 : persécutions de Dioclétien
5. 313 : l'édit de Milan autorise le christianisme
6. 392 : le christianisme devient religion officielle

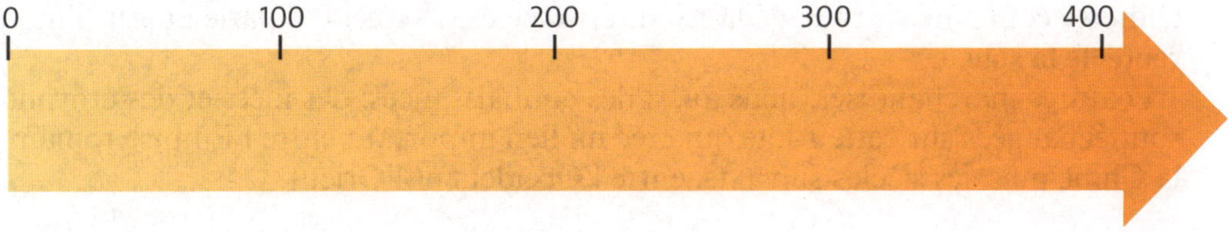

2 ★★ En faisant des recherches, retrouve les pratiques des premiers chrétiens et complète le texte avec les mots de la liste.

eucharistie – prières – baptême – culte – cantiques – chrétiens – catacombes

On devient chrétien par le .... Le .... est simple. Les .... se réunissent dans des maisons privées, ils récitent des ...., ils chantent des ...., ils partagent un repas : l'..................................... . À leur mort, ils sont enterrés dans des ....

3 ★★★ Remets les lettres en ordre pour retrouver les noms des symboles chrétiens, puis identifie leurs représentations. Aide-toi en faisant des recherches.

A.

B.

D.

C.

E.

1. SIPONOS : .... Lettre : ....
2. RANCE : .... Lettre : ....
3. MIRCHES : .... Lettre : ....
4. MOBLOCE : .... Lettre : ....
5. REGREB : .... Lettre : ....

Livret Parents – Corrigés p. 23

10 De la Chine des Han à la route de la soie

OBJECTIF • Comprendre la relation entre l'Empire des Han et l'Empire romain

COURS

La route de la soie

• Au IIe siècle avant notre ère, une route de commerce de dix-mille kilomètres de long qui relie la Chine à l'Empire romain se met en place. La principale marchandise chinoise convoitée autour de la Méditerranée est la soie. On parle aujourd'hui de **route de la soie**.

• D'autres marchandises, mais aussi des connaissances, des idées et des croyances sont échangées sur cette route qui crée un lien important entre l'Empire romain et la Chine puis, les siècles suivants, entre l'Occident et l'Orient.

La Chine des Han : un empire conquérant et centralisateur

• Depuis –3500, les différents gouvernements chinois ont favorisé l'activité le long des fleuves et des côtes.

• Au IIe siècle avant notre ère, plusieurs royaumes de Chine sont unifiés dans un grand empire. Pendant la dynastie des Han (–200 à 220), l'empire s'agrandit. L'empereur Wu Di (–140 à –87) s'entoure de **mandarins** (aristocrates). Ce sont des lettrés influencés par Confucius qui préconisent un gouvernement juste assuré par un prince bon. C'est ce prince qui met en place la route de la soie vers la Perse.

• Les commerçants et les propriétaires fonciers, enrichis par les échanges, favorisent le développement des inventions comme la brouette ou le papier. Les arts sont florissants.

• Les Han sont restés au pouvoir jusqu'au IIe siècle, à la tête d'un immense empire de près de 100 millions d'habitants.

MÉTHODE

Reconstituer l'histoire d'une invention

L'exemple de l'invention du papier en Chine

• **Préparer** une série de questions pour sélectionner plus facilement les informations : Où ? Quand ? Quels procédés ? Quels avantages ? Quels inconvénients ? Comment cela s'est-il diffusé dans le monde ?

• **Prendre connaissance de plusieurs documents** traitant le sujet au CDI, dans les bibliothèques, sur Internet.

• **Comparer les informations fournies** par les différentes sources (manuels, livres spécialisés, articles), afin de les confronter et de trouver des compléments utiles.

• **Rédiger** une histoire brève, mais organisée, qui réponde aux questions préalables en quatre parties :

I. Une invention chinoise ;

II. Du tissu au papier ;

III. Un support très pratique ;

IV. De l'Orient à l'Occident.

1 ★ **Dans la liste d'inventions suivante, entoure les inventions chinoises, en faisant des recherches.**

brouette

éventail

parchemin

objets en verres

papier

acupuncture

portulan

catapulte

2 ★★ **En faisant des recherches, classe les produits suivants dans le tableau.**

soie – rubis – cannelle – poivre – fer – papier – chanvre – lin – corail

Venu d'Orient	Venu d'Occident
....	....
....	....
....	....
....	....
....	....
....	....

3 ★★★ **Complète le texte avec les mots de la liste suivante.**

marchands – Méditerranée – soie – épices – orientale – Han – déserts – route – caravanes – montagnes – pillards

À l'époque des Empires romain et han, la plus longue route commerciale terrestre partait de Changan, capitale des empereurs ...., pour arriver à Antioche ou à Tyr par le Turkestan chinois et le nord de la Perse. Du Moyen-Orient à l'Europe, la route prenait la mer, à travers la .... Elle était parcourue par des .... qui transportaient, non seulement de la soie, mais également des ...., du thé, du papier, de la porcelaine. À chaque oasis ou place forte, les cargaisons s'échangeaient entre .... Les voyageurs ne s'y hasardaient qu'avec crainte du fait des .... et des nombreux périls qui les attendaient. Il fallait traverser des ...., emprunter des cols dans les .... Rares étaient ceux qui effectuaient le voyage en entier qui durait de 6 à 7 ans. C'est pourquoi aucune des deux civilisations, l'occidentale comme l'.............................., ne savait exactement ce qu'il y avait à l'autre bout de la .... C'est seulement au XIXe siècle qu'un géographe allemand la baptisa route de la ....

4 ★★★ À partir du texte de l'exercice 3, localise l'Empire romain et l'Empire des Han sur la carte ci-contre, et coche les bonnes réponses.

La route de la soie :

1. ❑ était longue
   ❑ était courte

2. ❑ était sûre
   ❑ n'était pas sûre

3. ❑ était connue
   ❑ n'était pas connue

4. ❑ était facile d'accès
   ❑ n'était pas facile d'accès

Carte de la route de la soie

GROENLAND
(DANEMARK)
ISLANDE
ALASKA
(ÉTATS-UNIS)
CANADA
QUÉBEC
ROYAUME-UNI
IRLANDE
AMÉRIQUE
DU NORD
EUROP
SAINT-PIERRE-ET-MIQUELON
PORTUGAL
ES
ÉTATS-UNIS
Océan
Atlantique
MARO
MEXIQUE
BAHAMAS
Tropique du Cancer
CUBA
RÉP. DOMINICAINE
MAURITANIE
BELIZE
PORTO RICO
HONDURAS
39
SÉNÉGAL
GUADELOUPE
HAÏTI
GAMBIE
GUATEMALA
JAMAÏQUE
MARTINIQUE
SALVADOR
GUINÉE-BISSAU
GUINÉE
Océan
GUYANA
NICARAGUA
VENEZUELA
SURINAME
COSTA RICA
GUYANE FRANÇAISE
SIERRA LÉONE
COLOMBIE
LIBERIA
PANAMÁ
Équateur
GUINÉE
Pacifique
ÉQUATEUR
WALLIS ET FUTUNA
AMÉRIQUE
DU SUD
POLYNÉSIE FRANÇAISE
PÉROU
BRÉSIL
SAMOA
SAINTE-H
(R.U
BOLIVIE
TONGA
PARAGUAY
Tropique du Capricorne
CHILI
URUGUAY
ARGENTINE
1 BELGIQUE
2 PAYS-BAS
3 LUXEMBOURG
4 ANDORRE
5 MONACO
6 SUISSE
7 LIECHTENSTEIN
8 RÉP. TCHÈQUE
9 SLOVAQUIE
10 AUTRICHE
11 HONGRIE
12 SAINT-MARIN
13 VATICAN
14 SLOVÉNIE
15 CROATIE
16 BOSNIE-HERZÉGOVINE
17 SERBIE
18 KOSOVO
19 MONTÉNÉGRO
20 ALBANIE
21 MACÉDOINE
22 MOLDAVIE
23 ARMÉNIE
24 AZERBAÏDJAN
25 LIBAN
26 ISRAËL
27 JORDANIE
28 KOWEÏT
29 BAHREÏN
30 QATAR
31 ÉMIRATS ARABES UNIS
32 DJIBOUTI
33 RWANDA
34 BURUNDI
35 MALAWI
36 SÃO TOMÉ-ET-PRÍNCIPE
37 BÉNIN
38 TOGO
39 CAP-VERT
40 CAMBODGE
41 SINGAPOUR
42 BRUNEI
43 TIMOR ORIENTAL
du Nord au Sud :
ANTIGUA-ET-BARBUDA
SAINT-KITTS-ET-NEVIS
DOMINIQUE
SAINTE-LUCIE
ST-VINCENT-ET-LES-GRENADINES
BARBADE
GRENADE
TRINITÉ-ET-TOBAGO
FRANCE
et départements, régions
ou collectivités d'outre-mer
ÎLES FALKLAND
(R.U.)
Océan Ar

Océan Arctique
Cercle polaire arctique
SUÈDE
FINLANDE
ESTONIE
LETTONIE
LITUANIE
BIÉLORUSSIE
POLOGNE
UKRAINE
ROUMANIE
BULGARIE
GRÈCE
MALTE
CHYPRE
TURQUIE
GÉORGIE
SYRIE
IRAK
IRAN
RUSSIE
KAZAKHSTAN
OUZBÉKISTAN
TURKMÉNISTAN
KIRGHIZISTAN
TADJIKISTAN
AFGHANISTAN
PAKISTAN
MONGOLIE
ASIE
CHINE
CORÉE DU NORD
CORÉE DU SUD
JAPON
NÉPAL
BHOUTAN
INDE
BANGLADESH
BIRMANIE
LAOS
THAÏLANDE
VIETNAM
TAÏWAN
PHILIPPINES
SRI LANKA
MALDIVES
MALAISIE
INDONÉSIE
PALAOS (RÉP. DES)
MICRONÉSIE (ÉTATS FÉDÉRÉS DE)
ÎLES MARSHALL
KIRIBATI
NAURU
PAPOUASIE NOUVELLE-GUINÉE
ÎLES SALOMON
TUVALU
VANUATU
FIDJI
NOUVELLE-CALÉDONIE
Océan Pacifique
LYBIE
ÉGYPTE
ARABIE SAOUDITE
OMAN
YÉMEN
ÉRYTHRÉE
TCHAD
SOUDAN DU NORD
SOUDAN DU SUD
RÉP. CENTRAFRICAINE
ÉTHIOPIE
SOMALIE
KENYA
OUGANDA
CAMEROUN
GABON
CONGO
RÉP. DÉM. DU CONGO
TANZANIE
SEYCHELLES
COMORES
MAYOTTE
ANGOLA
ZAMBIE
ZIMBABWE
MOZAMBIQUE
MADAGASCAR
NAMIBIE
BOTSWANA
SWAZILAND
LESOTHO
AFRIQUE DU SUD
ÎLE MAURICE
LA RÉUNION
Océan Indien
AUSTRALIE
OCÉANIE
TASMANIE
NOUVELLE-ZÉLANDE
NOUVELLE-AMSTERDAM
SAINT-PAUL
ÎLES CROZET
KERGUELEN
TARCTIQUE
Cartographie : Didier Marandin

11 La répartition de la population mondiale

OBJECTIF • Observer et étudier la répartition de la population sur la planète

COURS

• Les densités de population

Il y a plus de 7,3 milliards d'habitants sur la Terre. Pour étudier la répartition de la population, on calcule la densité, c'est-à-dire le nombre d'habitants au km². Sur ces dessins, les points représentent les habitants. Chaque carré représente 1 km².

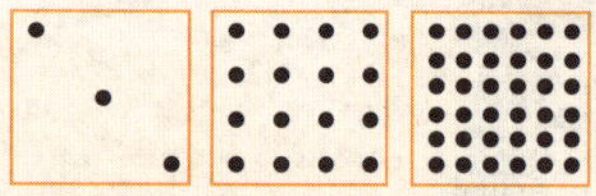

Densité faible — Densité moyenne — Densité forte

• Des foyers de peuplement et des vastes espaces peu peuplés

- Sur de très vastes étendues de la planète, la population est très rare ou absente, et elle est souvent nomade. La densité y est faible. Le froid, l'altitude, l'aridité, les forêts denses y limitent l'installation : il s'agit de contraintes.
- Certaines régions sont au contraire très peuplées, avec de très fortes densités de population. On les appelle les foyers de peuplement, et ils sont principalement situés dans l'hémisphère Nord.

MÉTHODE

• Extraire des informations d'une carte

La répartition de la population de la planète

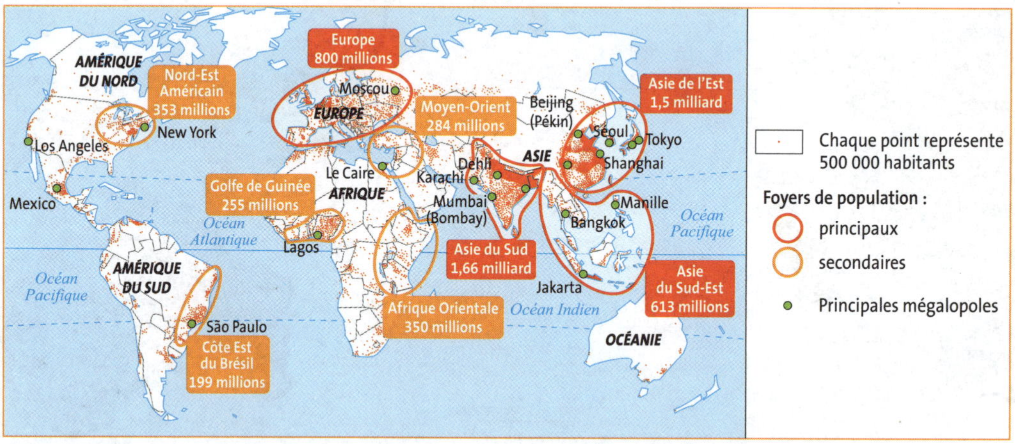

- **Identifier le sujet** grâce au titre : la répartition de la population de la planète.
- **Comprendre les figurés utilisés** dans la légende :
  – Chaque point rouge représente 500 000 habitants vivant dans la même région ;
  – les tracés rouges et orange délimitent les grandes concentrations de population : les foyers de peuplement ;
  – les points verts indiquent les plus grandes mégapoles (villes) du monde.
- **Extraire les données principales :**
  La population est inégalement répartie sur la Terre : les foyers de peuplement concentrent la grande majorité de la population. Ils se trouvent principalement en Asie et en Europe. De grandes régions sont elles très peu peuplées.

EXOS

1 ★ **Observe la carte de la Méthode p. 142 et classe par ordre décroissant de population les neuf grands foyers de peuplement dans le monde.**

1. ....
2. ....
3. ....
4. ....
5. ....
6. ....
7. ....
8. ....
9. ....

2 ★★ **Observe chacune des images suivantes et retrouve la contrainte naturelle qu'elle représente pour l'être humain.**

1.

2.

3.

1. ....
2. ....
3. ....

3 ★★★ **Identifie les régions suivantes sur la carte de la Méthode p. 142, et classe-les dans le tableau en fonction de la contrainte qu'elles représentent.**

Grœnland – Sahara – Arabie – Himalaya – Sibérie

Altitude	Aridité	Froid
....	....	....
....	....	....
....	....	....

4 ★★★ **Sous chaque schéma, indique le nombre d'habitants au km². Entoure en rouge celui qui a la plus forte densité.**

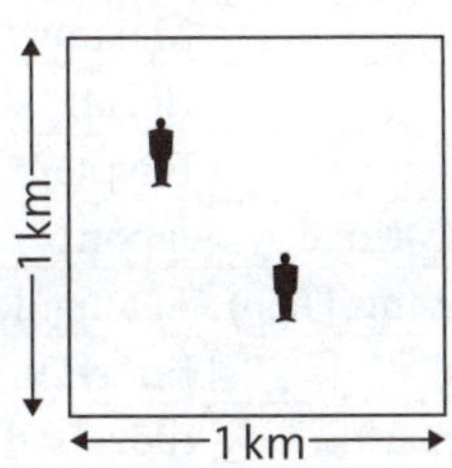

1. .... habitants/km²

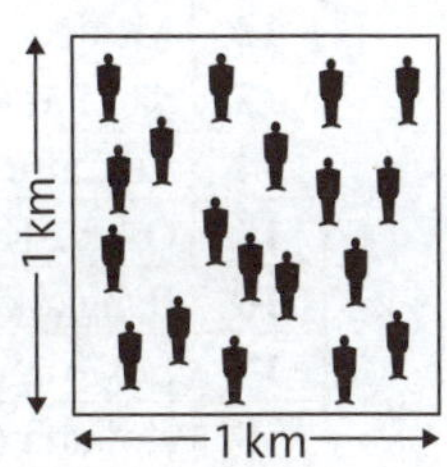

2. .... habitants/km²

Livret Parents – Corrigés p. 23

12 Les raisons de l'inégal peuplement du monde

OBJECTIF • Comprendre les raisons de la répartition inégale de la population

COURS

• Des foyers de peuplement liés à l'histoire de l'humanité

Les foyers de peuplement actuels sont souvent l'héritage de fortes densités anciennes sur les littoraux et le long des fleuves, liées aux migrations et aux activités humaines (agriculture, commerce).

• L'urbanisation du monde

La croissance des villes a progressé avec l'industrie qui a attiré les paysans en ville. Avec la révolution des transports et l'essor des échanges mondiaux, les villes côtières concentrent souvent les activités économiques.

• Le poids des contraintes naturelles

Les faibles densités de population s'expliquent surtout par les contraintes naturelles dans les régions froides ou désertiques. L'agriculture y est souvent impossible et la circulation difficile.
Cependant, certaines forêts et de hautes montagnes sont densément peuplées, car les habitants ont réussi à surmonter les contraintes.

MÉTHODE

• Lire un tableau à double entrée

Les plus grandes mégapoles du monde en 2015

Rang	Ville	Pays	Population
1	Tokyo	Japon	42 796 000
2	Jakarta	Indonésie	30 326 000
3	Séoul	Corée du Sud	25 620 000
4	Karachi	Pakistan	24 475 000
5	Shanghai	Chine	24 256 000
6	Manille	Philippines	24 197 000
7	New York	États-Unis	23 632 000
8	Lagos	Nigéria	22 829 000
9	Mumbai (Bombay)	Inde	21 900 000
10	Delhi	Inde	21 753 000
11	Beijing (Pékin)	Chine	21 516 000
12	Mexico	Mexique	20 879 000
13	São Paulo	Brésil	20 853 000
14	Le Caire	Égypte	20 439 000
15	Osaka-Kyoto-Kobé	Japon	19 777 000
16	Bangkok (Krung Thep)	Thaïlande	18 927 000
17	Los Angeles	États-Unis	18 550 000
18	Kolkata (Calcutta)	Inde	15 644 000
19	Chongqing	Chine	15 294 000
20	Moscou	Russie	14 837 000

- **Identifier les colonnes :** le rang, le nom, le nombre d'habitants et le pays des principales mégapoles.
- **Lire le tableau :** les 20 plus grandes mégapoles sont classées par ordre décroissant de leur population.
- **Comprendre :** ces mégapoles se trouvent sur tous les continents mais en majorité en Asie (13/20).

(d'après www.populationdata.net, 2015)

EXOS

1 ★ Retrouve le nom des mégapoles suivantes en remettant les lettres dans le bon ordre ainsi que le continent sur lequel elles se trouvent (en t'aidant du planisphère de la p. 142).

1.	YOTOK	42,8 millions	*Tokyo*	*Asie*
2.	XOCIME	20,88 millions	....	....
3.	NERKYOW	23,63 millions	....	....
4.	LUSAOPAO	20,85 millions	....	....
5.	RAKATJA	30,33 millions	....	....
6.	GOSLA	22,83 millions	....	....
7.	CERELAI	– 20,44 millions	....	....
8.	GAHHAINS	– 24,26 millions	....	....

2 ★★ Situe les villes que tu as identifiées dans l'exercice 1 sur la carte ci-dessous.

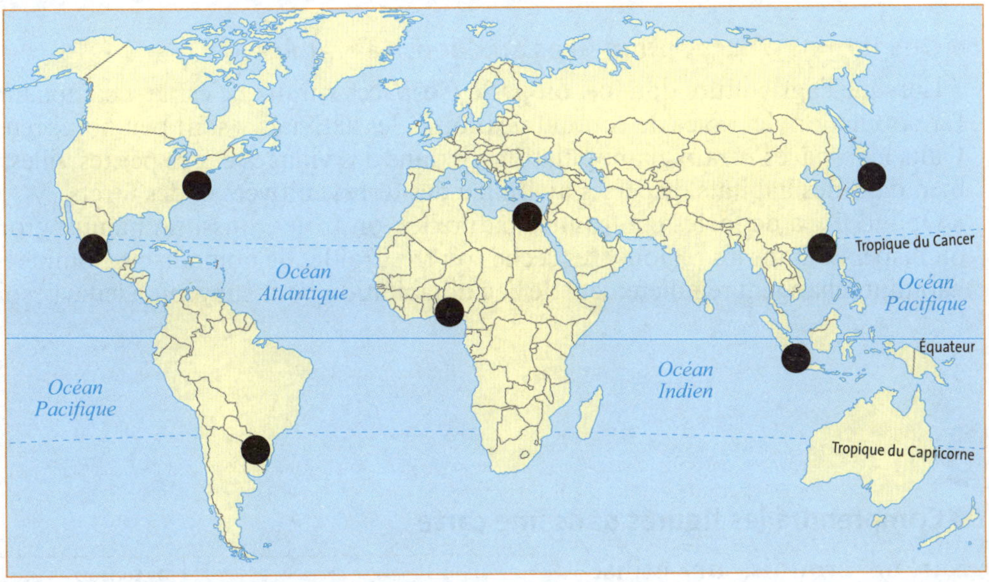

3 ★★★ Relie les photos à l'affirmation correspondante.

1. vallée fluviale

2. haute montagne

3. désert

4. oasis

• A. favorise l'installation humaine

• B. limite l'installation humaine

5. forêt dense

6. routes

7. ville

8. régions en guerre

Livret Parents – Corrigés p. 24

13 Différentes formes d'occupation de l'espace dans le monde

OBJECTIF • Identifier les façons d'occuper les espaces urbains et ruraux

COURS

Différentes formes d'occupation urbaine

• Une **ville** se caractérise par un habitat dense et continu, et réunit au moins 2 000 habitants. Elle concentre aussi de nombreuses activités humaines.

• Une **aire urbaine** est une ville qui s'est agrandie : sa périphérie est appelée la banlieue. Au-delà, on trouve des espaces périurbains.

• Une **métropole** est une aire urbaine importante qui a une forte influence sur sa région, son pays, ou même dans le monde.

• Une **mégapole** est une aire urbaine gigantesque qui dépasse les 10 millions d'habitants. En 2016, il y en a 40 dans le monde.

Des formes d'occupation liées aux densités faibles

• Lorsque l'agriculture domine, on parle d'espaces ruraux : c'est la « campagne ». La population, les voies de communication et les activités y sont peu nombreuses. Dans les espaces ruraux, la population vit dans des villages et des petites villes, ou bien dans des habitats dispersés au milieu des terres cultivées et des forêts.

• Quand il y a de fortes contraintes naturelles, on trouve aussi un habitat groupé ou dispersé. Dans les régions très sèches ou très froides, le nomadisme domine : les habitants changent régulièrement de lieu d'habitation pour subvenir à leurs besoins.

MÉTHODE

Comprendre les figurés dans une carte

Sur un croquis, on utilise différents figurés.

• Les **surfaces colorées** pour les espaces étendus :
on repère les 3 zones de l'aire urbaine : la ville-centre, la banlieue et les espaces périurbains. Au-delà, c'est l'espace rural.

• Les **points** pour localiser des lieux précis :
on localise les principales villes dans et autour de l'aire urbaine.

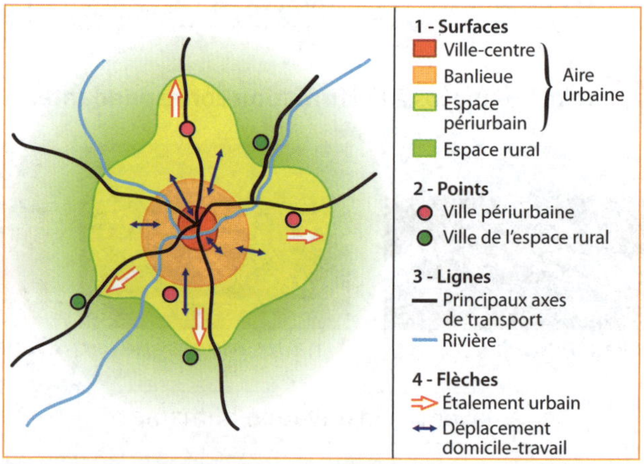

• Les **lignes** pour les réseaux de transports, les rivières, les frontières… :
– bleues pour les rivières, les fleuves et les littoraux ;
– noires pour les principaux axes de transport (routes, rails…).

• Les **flèches** pour les dynamiques, les flux (mouvements) :
– rouges pour le sens de l'étalement urbain ;
– à double sens pour les déplacements quotidiens (du logement au lieu de travail).

1 ★ Relie les photos avec les formes d'occupation correspondantes.

1.

2.

3.

4.

A. espace urbain

B. espace rural

C. espace contraignant

2 ★★ Observe les schémas ci-dessous et réponds aux questions.

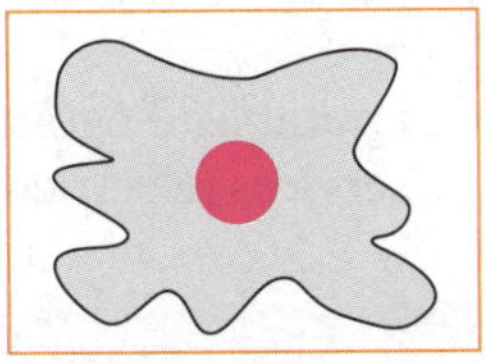

A : .... Déf. ......

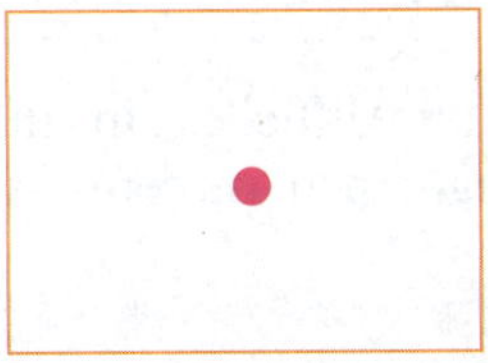

B : .... Déf. ......

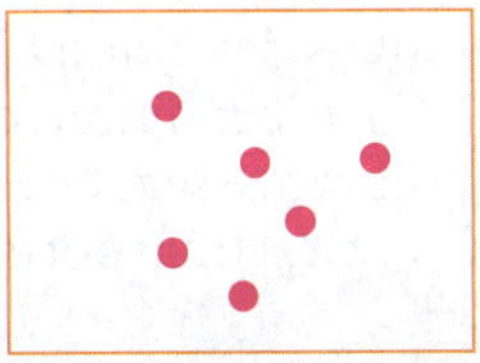

C : .... Déf. ......

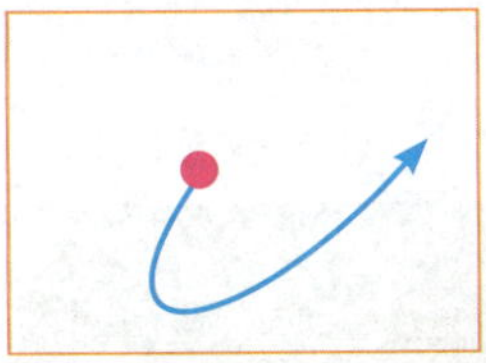

D : .... Déf. ......

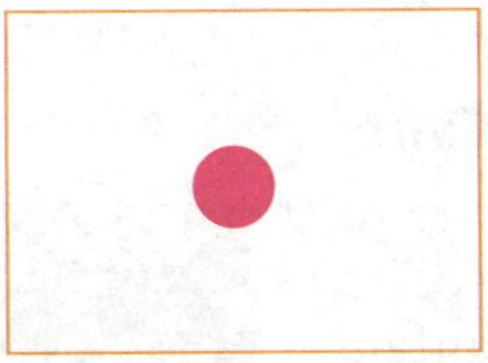

E : .... Déf. ......

F : .... Déf. ......

1. Identifie chaque schéma selon les formes de peuplement suivantes : habitat dispersé / habitat groupé / mégapole / aire urbaine / ville / peuplement nomade.
2. Redonne à chacun la bonne définition :

a. Espace rural dans lequel les habitants vivent regroupés dans des villages
b. Espace urbain qui regroupe au moins 2 000 habitants
c. Ensemble urbain composé d'une ville, de sa banlieue et d'un espace périurbain
d. Aire urbaine de plus de 10 millions d'habitants
e. Peuplement temporaire lié à l'accès aux ressources
f. Espace rural dans lequel les habitants vivent éloignés les uns des autres

3 ★★★ Réponds aux affirmations suivantes par vrai ou faux.

1. Une aire urbaine est une ville entourée de sa banlieue et d'un espace périurbain.
2. Une ville est un habitat dispersé.
3. Les nomades sont les habitants des mégapoles.
4. Dans les espaces ruraux, les paysages sont surtout composés de champs et des prés.
5. Une métropole est une grande aire urbaine.

Livret Parents – Corrigés p. 24

14 Habiter une métropole : Le Caire

OBJECTIF • Cerner les difficultés des métropoles des pays pauvres

COURS

Une métropole de pays pauvre

• Situé au nord de l'Égypte, sur les **rives du Nil**, Le Caire est une métropole ancienne, active et très peuplée. Son **centre traditionnel** est un enchevêtrement d'immeubles d'habitation, de **ruelles** tortueuses, de **marchés** appelés souks et de mosquées.

• Près des quartiers anciens traditionnels se dressent les immeubles modernes du **quartier des affaires** et les riches villas des **quartiers résidentiels**. Plus loin, à la périphérie, s'étendent les zones industrielles et les immenses bidonvilles qui ne cessent de croître.

Une explosion urbaine qui favorise les problèmes

• Le Caire, comme toutes les métropoles des « pays du Sud » (les plus pauvres), grandit très rapidement. Elle attire des populations rurales pauvres qui s'entassent dans des bidonvilles.

• Les conditions de vie y sont très difficiles : insalubrité (pas d'eau potable, d'égouts, de ramassage des déchets), éloignement du centre-ville, manque de services (électricité, écoles, transports…).

MÉTHODE

Lire un plan de ville : Le Caire

• **Situer :** Le Caire est en Égypte, au nord de la vallée du Nil, à l'entrée du delta (embouchure du Nil avant de se jeter dans la mer méditerranée).

• **Utiliser l'échelle :** elle permet de calculer la taille de la ville : 13 km de long et 5 km de large.

• **Observer la légende :** les couleurs déterminent les différents quartiers de la ville selon leurs activités, leur densité, leur richesse.

• **Repérer les quartiers sur le plan :** le quartier historique et le quartier des affaires sont au centre, entourés des quartiers d'habitat dense. Les bidonvilles et les quartiers industriels sont à la périphérie.

• **Conclure :** les quartiers sont imbriqués les uns dans les autres, et la croissance de la ville est désordonnée.

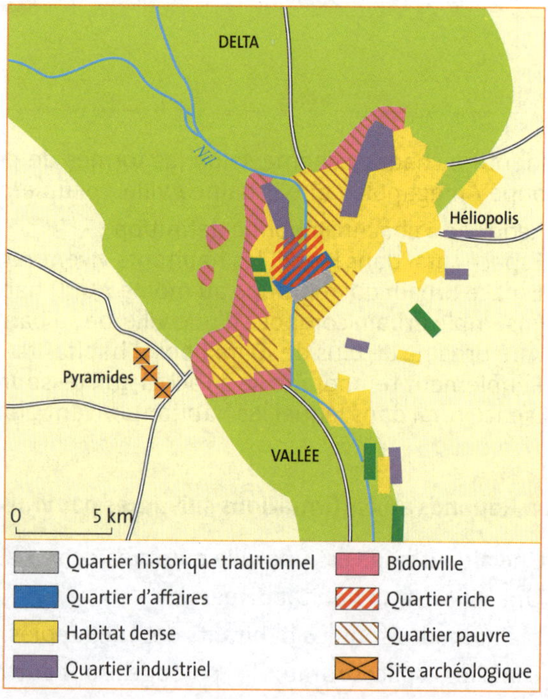

EXOS

1 ★ Observe la photographie du Caire ci-dessous et coche les phrases qui y correspondent.

- ❑ 1. C'est une photo prise au sol.
- ❑ 2. C'est une photo aérienne.
- ❑ 3. C'est une photo prise par un satellite.
- ❑ 4. C'est un paysage rural.
- ❑ 5. C'est un paysage urbain.

2 ★★ Inscris sous chaque photographie dans quel type de quartier elle a été prise.

A. ....

B. ....

C. ....

3 ★★★ Sachant que les pays du Sud se caractérisent par une forte croissance urbaine et une augmentation du nombre de mégapoles, colorie la carte selon les couleurs de la légende en t'aidant des informations du tableau. Puis place Le Caire et Los Angeles.

Nombre de villes de plus de huit millions d'habitants

	1975	1995	2015	Croissance urbaine entre 1975 et 2015
Afrique	0	1	5	+ 5 %
Asie	4	13	29	+ 5 %
Europe	2	2	4	– 1 %
Amérique latine	3	4	5	+ 3 %
Amérique du Nord	2	2	6	– 1 %

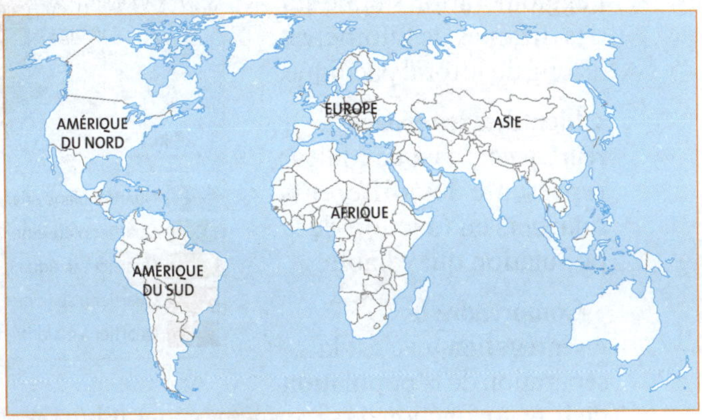

Pays du Sud
Pays du Nord

Livret Parents – Corrigés p. 24

15 Habiter une ville américaine : Los Angeles

OBJECTIF • Caractériser une « ville américaine »

COURS

Une « ville américaine »

- Los Angeles (L.A.), en Californie, est une des principales métropoles des États-Unis avec 18 millions d'habitants.
- Los Angeles n'a pas vraiment de centre-ville. Comme souvent dans les villes étasuniennes, les populations aisées sont parties s'installer dans les banlieues.
- Les différentes populations vivent dans des quartiers séparés. On parle de ségrégation sociale (niveau de vie) et raciale (origines).

Une métropole mondiale

- L.A. est connue dans le monde entier pour le cinéma (quartier d'Hollywood), le tourisme (parcs d'attractions, plages…) et le commerce (principal port du pays).
- Son centre d'affaires est, avec ses nombreux gratte-ciel, le symbole d'une métropole mondiale.

De nombreux risques

- Comme dans la plupart des villes américaines, L.A. est menacée par :
– la pollution causée par les usines et les embouteillages importants ;
– les très fortes inégalités qui provoquent des crises dans les populations les plus pauvres, souvent noires et/ou latino-américaines.
- D'autres risques sont liés à sa localisation :
– le risque de séisme est très important.
– la région est régulièrement touchée par des incendies gigantesques.

MÉTHODE

Localiser les principales informations sur un schéma :

- **Lire l'échelle :** l'agglomération s'étale sur des dizaines de kilomètres le long du littoral pacifique.
- **Identifier les espaces représentés :** chaque couleur représente les différents quartiers en fonction de la population qui y habite.
- **Comprendre la « ségrégation » :** c'est la séparation de la population de L.A. en fonction de ses origines géographiques et de sa situation économique (souvent liées). Les habitants se mélangent peu et vivent dans une métropole fragmentée.

Los Angeles et la ségrégation spatiale

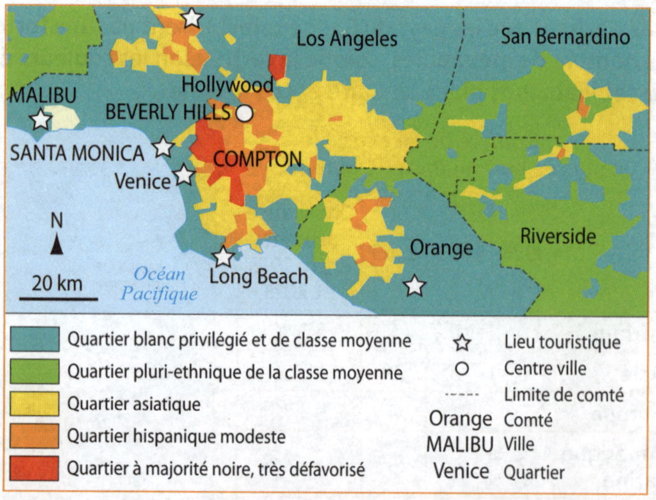

1 ★ **Souligne dans le texte ci-dessous les différents types de quartiers des villes américaines.**

« Les gratte-ciel des quartiers d'affaires symbolisent la puissance des États-Unis. Toutefois, les villes américaines sont en crise. Depuis 1950, la population des centres-villes a stagné (31 % de population totale), mais celle des banlieues est passée de 24 % à 45 % de la population totale du fait du départ vers les périphéries des couches moyennes et supérieures blanches. Les exclus et les minorités peuplent les ghettos des centres-villes, où le taux de mortalité infantile atteint le double de la moyenne nationale et où l'on compte 43 % de pauvres. La violence y est très répandue. Depuis 1970, les villes américaines ont connu plus de 250 émeutes et révoltes urbaines, comme celle qui a causé 59 morts à Watts (Los Angeles), en mai 1992. »

Yves Lacoste, *Géographie, éductaion civique*, Éditions de la Cité, 2004.

2 ★★ **Complète la légende du schéma du modèle de la ville américaine en t'aidant du texte ci-dessus et en utilisant les termes suivants.**

ghettos (quartiers pauvres et dégradés) – banlieues résidentielles – quartier des affaires – nouveaux centres économiques.

- (rouge) ....
- (orange) ....
- (vert) ....
- (violet) ....

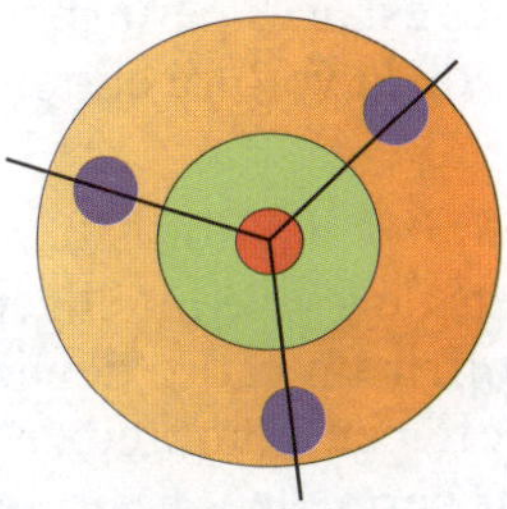

3 ★★★ **Identifie les différents quartiers représentés sur les photographies suivantes.**

1. Quartier des affaires : ....
2. Nouveau centre économique : ....
3. Banlieue résidentielle : ....
4. Quartier pauvre : ....

A.

B.

C.

D.

Livret Parents – Corrigés p. 24

16 La ville de demain

OBJECTIF • Imaginer ce que pourraient être les villes dans le futur

COURS

Des villes de plus en plus grandes et étendues ?

- La tendance actuelle de croissance rapide des métropoles laisse imaginer qu'elle va se poursuivre, surtout dans les pays du Sud dans lesquels l'arrivée de populations rurales se poursuit.
- Les difficultés liées à cette croissance rapide pourraient s'aggraver : bidonvilles, manque de services, disparition des surfaces agricoles…

Des villes qui se transforment

- Dans les villes des pays du Nord, de nombreux projets tentent d'améliorer les conditions de vie et de déplacements des habitants : transports en commun, rénovation des bâtiments anciens, recyclage des déchets…
- Mais la tendance à l'étalement urbain s'accentue : de nombreux habitants vont vivre dans les espaces périurbains, à la périphérie des aires urbaines. Cela intensifie l'utilisation de la voiture et donc la pollution de l'air.

Vers une ville intelligente

- Des projets de « ville intelligente » pour réduire la pollution, limiter l'usage de la voiture et offrir un cadre de vie agréable et pratique apparaissent. Cependant, ils restent encore peu nombreux et sont réservés à des populations aisées.
- Ces projets permettent pourtant d'imaginer la façon dont pourraient se transformer les villes dans une perspective de protection de l'environnement, d'économie d'énergie et d'amélioration de l'habitat.

MÉTHODE

Lire un graphique en bâtons (histogramme)

Pourcentage de la population en zones urbaines, 1970-2025

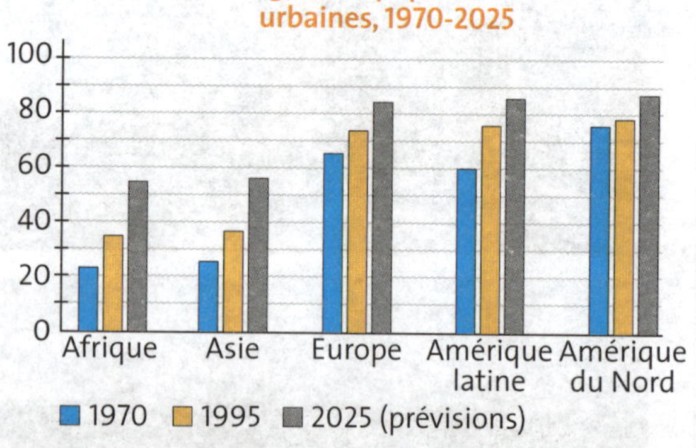

- **Lire les informations en vertical (ordonnée)** : la hauteur des bâtons indique le pourcentage de population urbaine.
- **Lire les informations en horizontal (abscisse) :** les bâtons indiquent, par continent, l'évolution entre 1970 (bleu), 1995 (orange) et 2025 (gris).
- **Déduire :** en Afrique, la population urbaine représentait 22 % en 1970, puis elle est passée à 34 % en 1995 et enfin pourrait être de 55 % en 2025. La part de la population urbaine devrait donc continuer à augmenter rapidement.

En Amérique du Nord, la population urbaine représentait déjà 75 % de la population en 1970. Ce taux a légèrement augmenté en 1995 pour atteindre 78 % et devrait être de 88 % en 2025. La population urbaine en Amérique du Nord devrait donc peu augmenter les années à venir.

1 ★ À l'aide de la carte, complète les tableaux suivants.

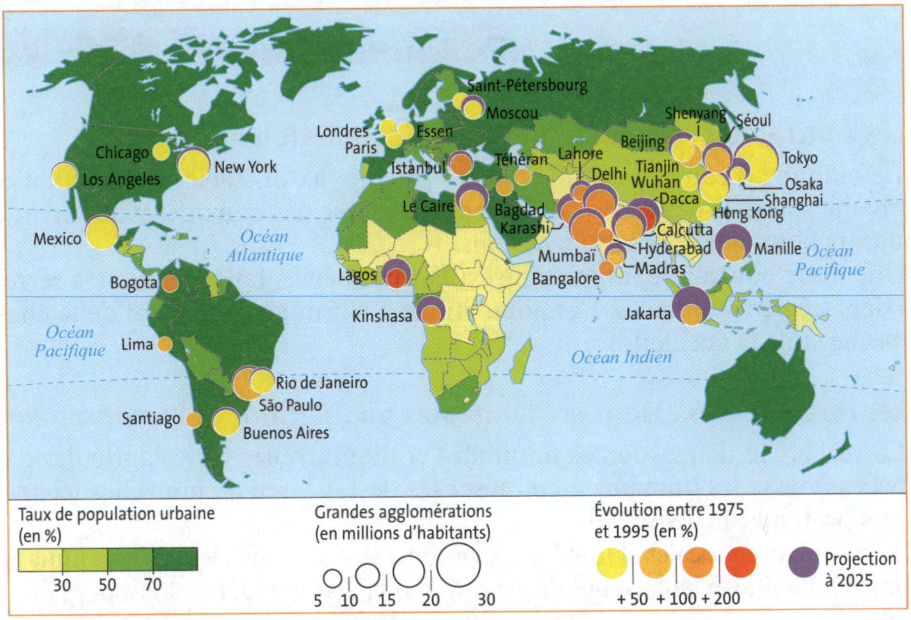

La croissance urbaine dans le monde

Pays	Taux de population urbaine
France	....
....	Moins de 30 %
Chine	....

Ville	Population (en millions d'habitants)	Évolution entre 1975 et 1995
Lagos	....	....
....	27	....
....	....	Entre + 100 % et 200 %

2 ★★ Le projet de l'éco-quartier de la Guignardière de Chambray-lès-Tours :

« Pour construire un futur quartier durable, innovant, qui réponde aux besoins des populations et préserve leur environnement et leur cadre de vie, la ville de Chambray-lès-Tours a organisé une réunion publique de présentation et de concertation le mardi 1er décembre. À terme, ce sont 600 logements qui verront le jour, proches des emplois, des services et équipements publics et desservis par les transports en commun. »

D'après le site : www.ville-chambray-les-tours.fr, 2015.

1. Dans le texte, souligne ce qu'organise la mairie pour imaginer l'éco-quartier de la Guignardière.

2. Vrai ou faux ? Coche les affirmations qui correspondent au projet.

	Vrai	Faux
A. L'éco-quartier de la Guignardière favorisera les transports en commun.		
B. L'éco-quartier de la Guignardière ne comportera que des logements.		
C. Seules les familles ayant une voiture pourront avoir un logement.		
D. Des espaces verts sont envisagés.		
E. La mairie tiendra compte des propositions des futurs habitants.		

3 ★★★ Réalise un croquis présentant la ville du futur telle que tu l'imagines, et sans oublier les éléments suivants : logements / transports / commerces / bureaux / espaces verts / espaces de loisirs (sport, piscine, bibliothèque, cinéma, théâtre...).

Livret Parents – Corrigés p. 24

17 Habiter un espace à fortes contraintes naturelles

OBJECTIF • Comprendre ce qui limite l'installation humaine

COURS

Les contraintes naturelles limitent l'installation humaine

• Le manque d'eau et le froid sont les principaux obstacles à l'installation humaine : il existe des déserts chauds et froids que des nomades parcourent depuis toujours pour subvenir à leurs besoins.
• Une autre contrainte importante est la forêt dense. La végétation si serrée rend les déplacements difficiles. Les populations y vivent généralement de la chasse, de la pêche et de la cueillette.

Les ressources mettent en danger les populations et l'environnement

• La recherche de ressources naturelles et de nouvelles terres agricoles dans ces espaces pousse les humains à coloniser les déserts avec de nouvelles technologies (puits profonds, hélicoptères…).
• Les populations locales et tout leur environnement sont menacés par ces initiatives : en effet, leur habitat et leur espace de vie sont mis en danger (déforestation, pollution…).

MÉTHODE

Mettre en évidence des liens entre un texte et un schéma

• Partir du texte du Cours ci-dessus et de sa **problématique** : les humains ont occupé tous les espaces favorables, et s'intéressent de plus en plus à des milieux à fortes contraintes pour s'y installer.
• Avancer **certaines hypothèses** sur les étapes de l'installation des humains (adaptation ou conquête) et les raisons de cette conquête de territoire (par nécessité ou par goût).
• Reproduire cette démarche **sous forme de schéma** : les rectangles posent les faits, les flèches indiquent des relations entre ces faits.

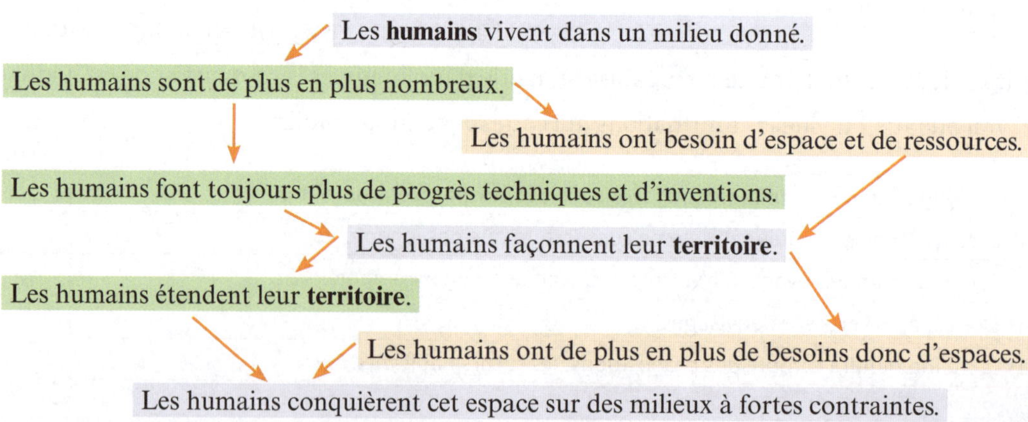

• **Conclure** : les humains sont en capacité de conquérir tous les territoires à fortes contraintes naturelles, mais ils ne tiennent pas toujours compte des conséquences sur les populations locales et sur l'environnement.

1 ★ Retrouve le mot qui se cache derrière cette charade.

Mon 1er est la première lettre de l'alphabet.
Mon 2e est l'animal réputé pour être le plus intelligent.
Mon 3e est le préfixe qui signifie « deux fois ».
Mon tout est une zone à 80 % désertique et qui est pourtant l'une des plus riches du monde.

Réponse : ....

2 ★★ Remplis la grille de mots croisés à partir des définitions suivantes.

1. Brûle la peau.
2. Or noir.
3. Région où l'eau manque.

A. Activité de nomades.
B. Endroit cultivé.
C. Dans le sous-sol mauritanien.

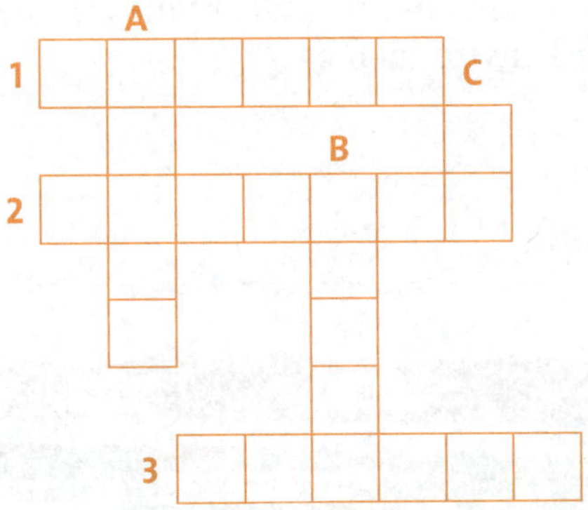

3 ★★ Cette photo illustre la déforestation en Malaisie pour la culture de la palme (pour produire de l'huile de palme alimentaire). Classe dans le tableau les affirmations suivantes.

– recherche de nouvelles terres agricoles
– mise en danger de la biodiversité (espèces animales et végétales)
– déforestation (disparition de la forêt)
– peupler de nouveaux espaces
– exploiter des ressources (bois, terres)
– expulsion des populations locales

Besoins	Conséquences
....	....
....	....
....	....
....	....
....	....
....	....

4 ★★★ Observe les deux cartes ci-dessous. Quelles ressources les hommes peuvent-ils tirer de ces deux milieux à très fortes contraintes ? Rédige ta réponse en une dizaine de lignes.

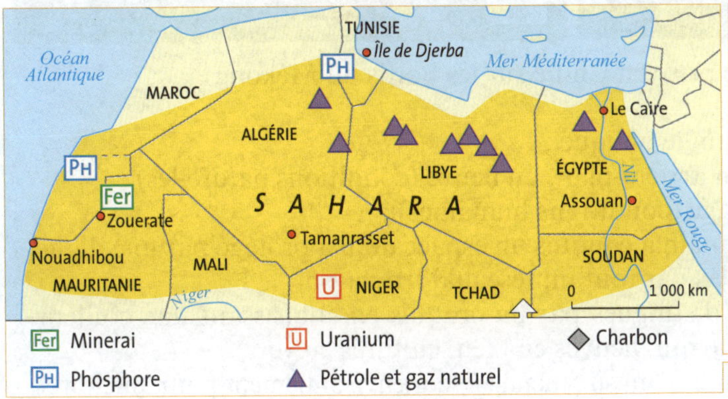

Carte du Sahara (Afrique)

Carte de l'Arctique (pôle Nord)

Français
Maths
Géographie
Anglais
Sciences
Évaluations
Dossier orientation

18 Habiter un espace rural

COURS

OBJECTIF • Comprendre l'organisation des espaces agricoles

L'agriculture nécessite de l'espace...

• Pour cultiver des plantes et élever des animaux, de vastes espaces sont nécessaires.
• Dans les régions agricoles, les densités de population restent assez faibles même si certaines cultures nécessitent une main-d'œuvre importante.

... et façonne les territoires

• L'agriculture est une activité ancienne qui transforme les territoires avec les défrichements, l'irrigation…
• Les paysages ruraux sont donc le reflet des conditions naturelles, mais aussi des types de cultures et des techniques utilisées par les paysans.

Des espaces agricoles en danger

• L'étalement urbain menace les espaces agricoles proches des villes.
• Certaines activités touristiques mettent aussi en danger des espaces agricoles (montagnes, littoraux…).
• Cela pose un réel problème : comment satisfaire les besoins alimentaires d'une population qui augmente, sans mettre en danger l'environnement ?

MÉTHODE

Faire un croquis à partir d'une photographie

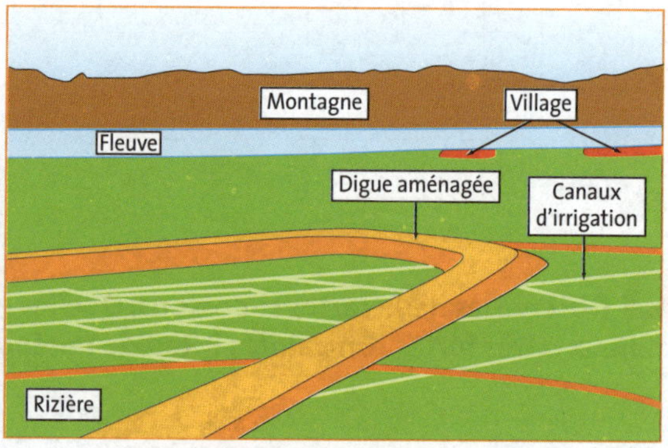

• **Situer :** une photographie prise en Chine sur les bords du Mékong.
• **Décrire :**
– une prise de vue sous un angle oblique ;
– au pied de la montagne en arrière-plan, un fleuve (conditions naturelles) ;
– au bord du fleuve, un village (conditions humaines) ;
– au premier plan, l'être humain a conquis un espace qu'il a protégé par une digue et qu'il a délimité en parcelles par tout un réseau d'irrigation.
• **Représenter** les éléments distingués par un croquis en choisissant une couleur spécifique : montagne en marron, fleuves en bleu, cultures en vert.
• **Conclure :** les sociétés humaines ont su aménager leur environnement pour améliorer leurs activités agricoles.

1 ★ **En faisant des recherches, coche la bonne réponse.**

1. Lorsqu'il y a plusieurs cultures sur un même territoire, on parle de :
   - ❑ a. polyculture
   - ❑ b. monoculture
   - ❑ c. pisciculture
   - ❑ d. ostréiculture

2. Le secteur primaire est le secteur qui :
   - ❑ a. extrait les ressources du sol ou du sous-sol
   - ❑ b. transforme les ressources du sol ou du sous-sol
   - ❑ c. commercialise les ressources du sol ou du sous-sol

2 ★★ **Relie chacune des céréales suivantes à son lieu d'origine.**

1. blé •	• A. Amérique du Nord
2. maïs •	• B. Croissant fertile
3. quinoa •	• C. Éthiopie
4. riz •	• D. Amérique centrale
5. sorgho •	• E. Inde du Nord

3 ★★ Cette photo représente l'étalement urbain et l'agriculture à Dalat, au Vietnam.

1. Sur la photo :
Entoure en vert les zones de cultures/champs et serres (champs couverts) et en rouge les habitations.

2. Sur le croquis :
– Complète la légende avec les expressions suivantes : cultures et habitat rural / espace urbain / bois / montagnes.
– Puis complète le commentaire ci-dessous :
À Dalat, au Vietnam, la ville s'étale de plus en plus. Les espaces .... sont de plus en plus nombreux et les espaces .... sont menacés de disparaître.

■ .... ■ ....
■ .... ■ ....

Livret Parents – Corrigés p. 25

19 Habiter un littoral

OBJECTIF • Connaître les spécificités d'un espace littoral

COURS

• Des espaces attractifs

C'est dans les régions littorales (bords de mer ou côtes) que les densités de population atteignent des records : 1 000 hab./km² au Bangladesh, 398 hab./km² aux Pays-Bas. La moitié des mégapoles du monde se trouvent au bord de la mer.

• Des littoraux spécialisés

• Les littoraux servent à la fois de lieu d'échanges commerciaux, de lieu de pêche ou de tourisme, et de place forte. De nos jours, les façades maritimes assurent la liaison entre les grandes régions économiques de l'intérieur et les ports, portes vers l'océan depuis que les trois quarts des échanges mondiaux passent par les mers et les océans. Des industries s'installent à proximité des ports : on parle de ZIP (zone industrialo-portuaire).

• Les littoraux, en bordure de mers chaudes notamment, sont également devenus des destinations touristiques très fréquentées (plages, stations balnéaires).

• Des paysages naturels complètement bouleversés

Qu'il s'agisse d'accueillir le plus de touristes possible dans les stations balnéaires, le plus de marchandises dans les ports, ou d'installer des usines le plus près des lieux d'importation ou d'exportation, des transformations du milieu naturel sont nécessaires. Certains aménagements, comme les terre-pleins, gagnent sur la mer. Il en résulte souvent une pollution des sols, de l'air et des eaux, ainsi que la destruction de la biodiversité.

MÉTHODE

• Reconnaître les éléments d'un paysage

• **Localiser la Grande-Motte :**
Station balnéaire du sud de la France.

La Grande Motte

• **Repérer les différents éléments :**
– 1er plan : port de plaisance ;
– 2e plan : immeubles récents ou en construction ;
– 3e plan : espaces verts et plaine.

• **Classer :**
– les éléments naturels : la mer, la plaine littorale ;
– les aménagements : digue, bassins, quais, bâtiments, routes, arbres plantés.

• **Conclure :** les nombreux aménagements ont transformé complètement le littoral méditerranéen.

EXOS

1 ★ Replace correctement dans le texte les mots de la liste ci-dessous.

empoisonner – eaux usées – baignade – polluée – pollution – égouts – hydrocarbures – industrialisées

La Méditerranée est devenue, à la fin du XXe siècle, la première des zones de vacances du monde et aussi la plus .... 24 % des plages méditerranéennes sont aujourd'hui impropres à la .... et le phénomène ne cesse de s'amplifier, y compris sur les côtes de la rive sud (Tunisie, Algérie), moins .... mais aussi moins armées pour faire face aux dépenses qu'entraîne la lutte contre la .... Actuellement, 30 % du transport des .... passe par le détroit de Gibraltar, et 85 % des .... des plus importantes villes du pourtour méditerranéen ne sont pas traitées. Elles sont directement rejetées à la mer. Des centaines de cours d'eau, devenus de véritables .... à ciel ouvert, s'y jettent également, contribuant à .... davantage le milieu marin.

2 ★★ Observe cette photographie de la zone industrialo-portuaire de Kobé au Japon et identifie chaque zone.

immeuble : n°......... – quai : n°......... – entrepôt : n°......... – bassin aménagé : n°......... – voie ferrée : n°.........

3 ★★★ Complète la légende du croquis de synthèse à l'aide des mots suivants.

quartiers d'habitation et bureaux – quartiers industriels – quartiers portuaires – montagnes vides d'habitants – voies de communication – océan Pacifique

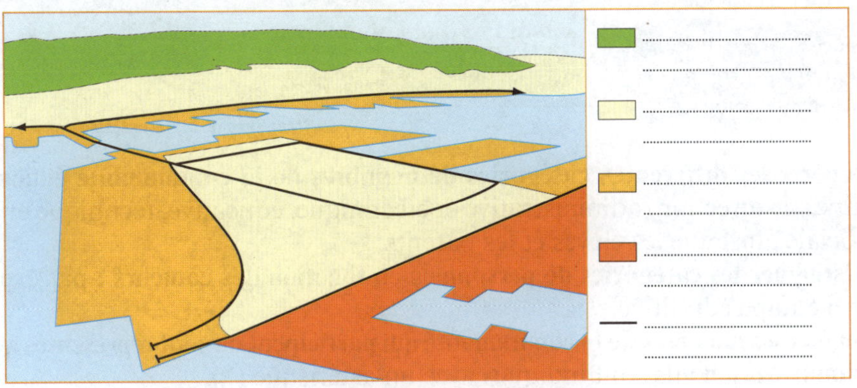

20

La sensibilité : l'élève et les autres

OBJECTIF • Être capable de communiquer pour vivre en collectivité

COURS

S'exprimer

- Au **collège**, l'élève a la possibilité de s'exprimer, tout en respectant les règles et les personnes.
- En **classe**, il peut participer en suivant les règles de la prise de parole.
- Il existe des espaces d'expression individuelle et collective (vie de classe, conseils…).
- Le **délégué** représente tous les élèves de sa classe.

Écouter et aider les autres

- Il est important d'être à l'écoute des autres élèves, quelles que soient leurs **différences**.
- Les moqueries, les insultes, les coups… sont des formes de violences qui font souffrir. Lorsque ces pratiques se répètent, c'est du **harcèlement**. Les élèves qui en sont victimes ne sont pas seuls : ils peuvent en parler à un adulte (l'infirmier ou le CPE du collège, par exemple).

Faire partie d'une collectivité

- Être élève au collège signifie faire partie d'une communauté : vivre **ensemble**, c'est s'entraider et être solidaires.
- Il est indispensable de lutter contre le racisme, le sexisme et tout ce qui peut établir des différences entre les élèves.
- Le **respect** est essentiel à la vie en collectivité.

MÉTHODE

Lire un organigramme

Les membres de la communauté éducative d'un collège

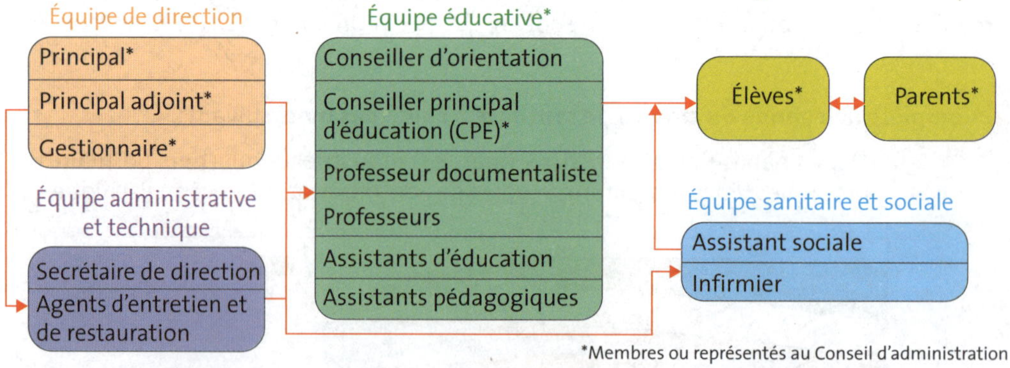

*Membres ou représentés au Conseil d'administration

- **Repérer les différentes catégories de membres de la communauté éducative :** les équipes de direction, administrative et etechnique, éducative, technique et sanitaire et sociale ainsi que les élèves et les parents.
- **Distinguer les catégories de personnels en fonction des couleurs :** par exemple, en vert, l'équipe éducative.
- **Repérer les membres de la communauté qui participent ou sont représentés au Conseil d'administration :** ils sont indiqués avec un astérisque (*).

1 ★ En t'aidant de la Méthode p. 160, réponds aux questions suivantes.

1. Qui dirige le collège ?

....

....

2. Quelle équipe se charge de soigner les élèves et d'accompagner les familles en cas de difficultés ?

....

....

3. Qui s'occupe des tâches administratives ?

....

....

4. Qui assure les enseignements aux élèves ?

....

....

2 ★★ Quels sont les rôles d'un délégué de classe ? Coche les bonnes réponses.

❑ **1.** Celui qui se prend pour le chef.

❑ **2.** Celui qui porte le cahier de texte.

❑ **3.** Celui qui siège au conseil de classe.

❑ **4.** Celui qui s'adresse au prof au nom de toute la classe.

❑ **5.** Celui qui se fait gronder pour les autres.

3 ★★★ Vrai ou faux ? Réponds aux questions suivantes.

	V	F
1. Je dois lever la main pour prendre la parole en classe.	❑	❑
2. Si un élève est timide, je l'encourage à prendre la parole.	❑	❑
3. En cas de problème, je peux aller voir l'assistante sociale ou l'infirmière.	❑	❑
4. J'impose mes idées car elles sont les meilleures.	❑	❑
5. J'écoute les autres élèves : ils peuvent m'aider à comprendre.	❑	❑
6. Quand j'ai une question à poser en classe, je peux intervenir immédiatement.	❑	❑
7 Dans une discussion, j'essaie de convaincre mes camarades par des arguments.	❑	❑
8. J'encourage un élève victime de violence à se confier à un adulte du collège.	❑	❑

Livret Parents – Corrigés p. 25

21 Le droit et les règles pour vivre avec les autres

OBJECTIF • Comprendre l'acquisition progressive des droits pour l'égalité

COURS

Des droits et des devoirs

- Toutes les personnes résidant en France ont des **droits** et des **devoirs** inscrits dans la loi. Ils peuvent varier selon l'âge et la nationalité. Par exemple, seules les personnes majeures de nationalité française ont le droit de voter.
- Certaines collectivités ont leurs propres règles pour **s'organiser** en interne. Ainsi, le collège a un règlement intérieur qui précise les droits et les devoirs des membres de la communauté éducative. Tous ces règlements doivent respecter la loi.

La liberté et l'égalité

- En France, depuis **1789**, la Déclaration des droits de l'homme et du citoyen établit que nous sommes toutes et tous libres et égaux en droits.
- Nous pouvons nous organiser et exprimer **collectivement** des revendications pour faire avancer les libertés et les droits de tous : associations, syndicats, grèves, manifestations…
- Cependant, certaines inégalités, **discriminations** et exclusions sont encore importantes comme le racisme, le sexisme ou la pauvreté.

Des droits acquis et à défendre

- Tous les droits ont été progressivement acquis par les **luttes** collectives : droit à l'éducation, à la santé, au logement, à un revenu minimum, etc.
- Les droits doivent être défendus et modifiés pour lutter contre les différences et pour **améliorer** les conditions de vie de chacun. De plus, la société connaît des **changements** qui obligent à faire évoluer les lois. Mais il faut être vigilant : les lois peuvent changer et faire parfois régresser les droits.

MÉTHODE

Connaître l'évolution des droits

La conquête des droits sociaux et du travail

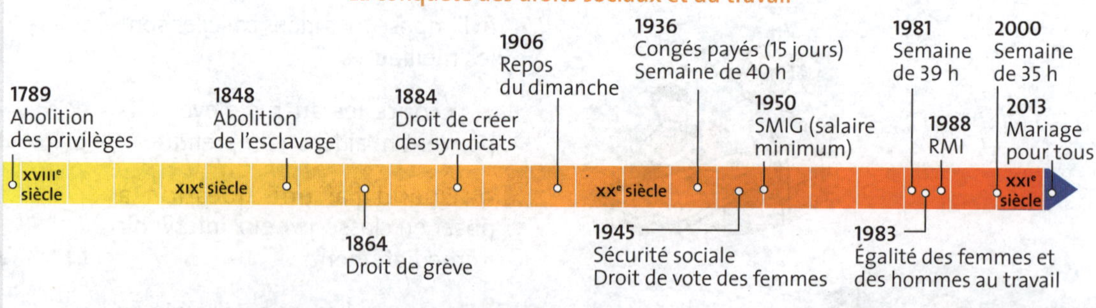

- **Présenter le document :** frise chronologique qui présente la progression de différents droits depuis le XVIIIe siècle jusqu'à nos jours.
- **Constater :** au fil du temps, de nouveaux droits ont été acquis. L'égalité des droits pour toutes et tous progresse, année après année.
- **Conclure :** l'obtention des droits est progressive. Depuis plus de 200 ans, souvent grâce à des luttes, les citoyens ont obtenu de nouveaux droits.

1 ★ **Sur cette affiche de l'Unicef, entoure en rouge les droits de tout le monde et en vert les droits spécifiques aux enfants.**

2 ★★ **Les affirmations suivantes concernent le droit en France. En t'aidant de la frise de la Méthode p. 162 et en faisant des recherches, souligne celles qui sont vraies, et corrige celles qui sont fausses.**

1. L'école devient gratuite, obligatoire, publique et laïque pour toutes et tous en 1975.
2. La première semaine de vacances (congés payés) est votée en 1936.
3. L'égalité des femmes et des hommes au travail date de 1914.
4. L'école est obligatoire pour les filles depuis 1833.
5. Le droit de grève existe depuis 1864.
6. La semaine de travail est réduite à 35 h en 1960.
7. Les femmes peuvent voter depuis 1945.
8. La sécurité sociale (santé) est mise en place en 1990.

3 ★★★ **Indique quels droits des enfants, présentés dans l'affiche de l'exercice 1, ne sont pas respectés sur cette photographie.**

Réponse : ....
....
....
....
....
....

22 Le jugement : penser par soi-même et avec les autres

OBJECTIF • Faire la différence entre l'intérêt personnel et l'intérêt collectif

COURS

Avoir une opinion et pouvoir la défendre

- Au collège, l'élève apprend à donner son avis et des **arguments** pour le défendre.
- Il accepte que les autres aient un avis **différent** et d'en débattre sans **préjugés** ni **discriminations**.
- Il veille à ne pas tenir de propos irrespectueux ou à ne pas diffuser des données sans autorisation, en particulier sur les réseaux sociaux ; cela pourrait porter atteinte aux personnes concernées.

Distinguer l'intérêt personnel et l'intérêt collectif

- Dans les discussions, chacun doit distinguer ce qui est important pour lui et ce qui est important pour le groupe.
- Lorsque des décisions collectives sont prises, l'élève participe en **respectant** toutes les opinions.
- Au collège, comme dans toute collectivité, l'intérêt collectif passe avant l'intérêt personnel : les règles sont établies pour le **bien commun**.

La laïcité

- En France, depuis 1905, la **laïcité** établit la séparation entre les autorités religieuses et l'État.
- Chacun a la **liberté** de penser et de croire ou de ne pas croire : cela relève de la vie privée.
- L'École publique doit être neutre en matière de **religion** afin de respecter le principe de laïcité.
- Le fait religieux est enseigné dans le respect des opinions et des croyances.

MÉTHODE

Comprendre un texte officiel

Le « conseil d'élèves » en groupe classe au collège

> Le « conseil d'élèves » constitué de tous les élèves d'une même classe est un outil qui permet d'installer entre les élèves un espace de débat, d'expression libre, de suggestion, de décision sur des projets et événements en relation avec la vie de leur classe ou avec l'actualité. Espace de dialogue sur les problèmes rencontrés en classe, d'élaboration de règles de vie scolaire et de rappel à la loi par les élèves eux-mêmes, le conseil d'élèves constitue un outil de régulation de la vie de la classe et permet de faire vivre une expérience démocratique, tout en contribuant à l'amélioration du climat scolaire.
>
> D'après le site Internet www.eduscol.education.fr du ministère de l'Éducation nationale, 2016.

- **Identifier de quoi traite ce texte** : il explique qu'un conseil d'élèves est un outil qui permet aux élèves d'avoir un espace de dialogue, de débat, d'expression et de prises de décisions en relation avec la classe ou l'actualité.
- **Savoir à qui est destiné ce texte** : il s'adresse aux professeurs et aux élèves qui souhaiteraient mettre en place un espace collectif de parole et de débat.

1 ★ **Dans cette liste de mots, entoure ceux qui permettent de donner une opinion et défendre un argument.**

exiger penser être d'accord

proposer interdire refuser

vouloir exprimer un avis reformuler

2 ★★ **Sais-tu utiliser Internet correctement ? Coche la bonne réponse à ces questions.**

1. À qui faut-il demander l'autorisation avant de publier la photo d'un enfant sur Internet ?
❑ **A.** À personne
❑ **B.** Aux parents de l'enfant
❑ **C.** À l'enfant

2. Qui peut lire ce que tu écris sur un réseau social comme Facebook si tu n'as pas paramétré correctement ton profil ?
❑ **A.** Uniquement tes amis
❑ **B.** Tes amis et leurs amis
❑ **C.** Tout le monde

3. Je peux être poursuivi pour discrimination si je tiens des propos racistes ou sexistes sur un réseau social.
❑ **A.** Vrai
❑ **B.** Faux

4. Il existe une loi qui permet de s'opposer à ce que des informations qui te concernent soient enregistrées sans ton accord.
❑ **A.** Vrai
❑ **B.** Faux

5. Comment s'appelle le document qui précise les obligations à connaître pour utiliser Internet dans ton collège ?
❑ **A.** Le projet d'établissement
❑ **B.** La charte informatique
❑ **C.** La déclaration des droits du collégien

3 ★★★ **Voici un extrait de la charte de la laïcité qui est affichée dans toutes les écoles. Que peux-tu faire pour que cet article soit respecté dans ton collège ? et dans ta famille ?**

9 | La laïcité implique **le rejet de toutes les violences et de toutes les discriminations**, garantit **l'égalité entre les filles et les garçons** et repose sur une culture du **respect** et de la compréhension de l'autre.

Réponse : ....
....
....
....
....
....
....
....

Livret Parents – Corrigés p. 25

23 L'engagement : agir individuellement et collectivement

OBJECTIF • Découvrir des formes d'engagement et de solidarité

COURS

La fraternité et la solidarité

• La **solidarité** est le sentiment d'être lié aux autres et d'avoir un devoir moral de **se soutenir**.
• La **fraternité** est le lien de solidarité qui unit les **membres** d'un groupe, voire de toute l'humanité.
• Lorsqu'on rencontre une personne ou un groupe en **difficulté**, au collège, dans sa ville ou n'importe où dans le monde, on peut se sentir solidaire et avoir envie d'aider.
• **S'engager** par solidarité, c'est avoir envie de lutter comme si on était soi-même touché.

Tous solidaires : agir ensemble

• Se regrouper pour mettre en place une action de solidarité permet d'être plus efficace et plus fort.
• Chacun peut aussi **rejoindre** une association qui existe déjà pour participer à des actions.
• À travers ces projets **collectifs**, les sentiments de fraternité et de solidarité qu'on ressent deviennent plus concrets.

S'engager pour l'humanité et la planète

• Il existe de nombreuses associations et organisations non gouvernementales (**ONG**) qui œuvrent pour la solidarité locale, nationale ou internationale contre la pauvreté ou les discriminations, pour l'égalité des droits…
• **Défendre** l'environnement, c'est aussi être solidaire : préserver la biodiversité et lutter contre la pollution, c'est aussi défendre les espaces de vie de toute l'humanité.

MÉTHODE

Étudier l'extrait d'un journal municipal

Extrait du journal municipal de la ville de Montpellier

> **Téléthon 2008 : Tous acteurs !**
> Comme chaque année, la Comédie accueille le Téléthon. La ville prête la place de la Comédie le samedi 6 décembre pour les animations. Le Téléthon représente 80 % des ressources de l'association française contre les myopathies (AFM). Rien ne serait possible sans les bénévoles qui organisent plus de 22 000 animations. Un guide des 10 clés pour réussir une animation au profit du Téléthon est disponible sur le site www.telethon.fr

• **Repérer les acteurs impliqués dans cette manifestation :**
– la ville et son conseil municipal autorisent la manifestation du Téléthon, confient aux agents municipaux la charge des installations, la sécurité et le nettoyage ;
– les bénévoles donnent de leur temps pour organiser des animations ;
– l'association fournit des conseils, collecte les fonds ;
– le public lui apporte des dons financiers.

• **Déduire le rôle de chaque acteur :** chaque acteur local apporte une contribution à la défense d'une cause humanitaire selon sa compétence et sa place dans la démocratie locale.

1 ★ Observe l'affiche des « Premières journées parisiennes de l'énergie et du climat » et réponds aux questions.

1. Quels sont les différents acteurs de ces journées ?

....

....

....

....

2. Quelle est la contribution de chacun d'entre eux ?

....

....

....

....

....

3. Quel lien fais-tu entre les dessins de l'affiche et le titre ?

....

....

....

....

2 ★★ Classe ces différentes phrases dans le tableau : lesquelles décrivent un geste de solidarité ? et lesquelles un engagement ?

A. Je recycle mes déchets.

B. Pour soutenir une association qui aide des populations indigènes menacées par la déforestation, j'organise une tombola dans mon collège.

C. J'aide mon grand-père à faire son jardin.

D. Quand je vois un élève tout seul dans la cour, je vais lui parler.

E. J'aide une personne en situation de handicap à traverser la rue.

F. Je trie les livres que je n'utilise plus pour les donner à des personnes en difficulté.

G. Je vais au collège à vélo : ça pollue moins que la voiture et ça fait les muscles !

H. Après avoir vu un documentaire sur des espèces animales en voie de disparition, je me renseigne pour les aider.

Solidarité	Engagement
....	....
....	....

3 ★★★ À toi de créer une association ! Trouve-lui un nom, donne-lui un objectif, décris les membres qui pourraient en faire partie, et explique quelles actions seraient développées.

Livret Parents – Corrigés p. 25

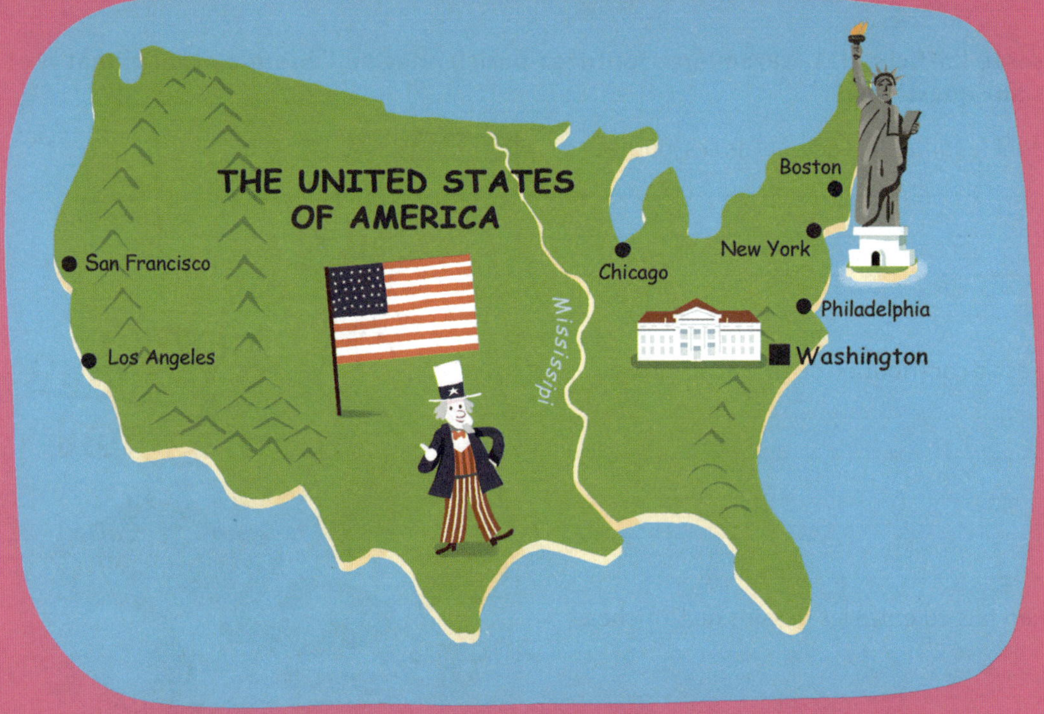
THE UNITED STATES OF AMERICA
San Francisco
Los Angeles
Mississipi
Chicago
Boston
New York
Philadelphia
Washington

SCOTLAND
NORTHERN IRELAND
Edinburgh
Belfast
Dublin
Nottingham
Cardiff
London
Thames
IRELAND
WALES
ENGLAND
GREAT BRITAIN

Anglais

+ une évaluation page 246

1 Je sais me présenter et parler de ce qui m'entoure

OBJECTIF • Utiliser le verbe *be*, *this-that* / Poser des questions

COURS

• Conjugaison du verbe *be*

Forme affirmative		Forme interrogative		Forme négative	
I	**AM**	**AM**	I?	I	**AM NOT**
He/She/It	**IS**	**IS**	He/She/It?	He/She/It	**IS NOT**
We/You/They	**ARE**	**ARE**	We/You/They?	We/You/They	**ARE NOT**

En anglais, on utilise ***you*** pour dire « tu » ou « vous ».

• *This* et *that*

• Ce sont des **démonstratifs**. On les emploie pour montrer quelque chose ou présenter quelqu'un.
This is Michael.
This boy is Michael.

• Le pluriel de ***this*** est ***these***. *These are boys.*

• Le pluriel de ***that*** est ***those***. *Those are trees.*

• *Who / what / how*

Les mots interrogatifs ***who***, ***what***, ***how*** se placent en début de phrase interrogative. ***Who*** interroge sur une personne, ***what*** sur une chose et ***how*** sur l'état de santé.

MÉTHODE

• Bien utiliser *this* et *that*

• ***This*** s'emploie pour désigner une personne ou une chose proche. *This is a book.*

• ***That*** s'emploie pour parler de quelqu'un ou quelque chose de plus éloigné dans l'espace ou le temps. *Who's that girl?*

• Utiliser le verbe *be* pour...

1. Se présenter : *I'm Alison.*
2. Demander l'identité de quelqu'un : *What's your name?* *Who's this?*
Donner l'identité de quelqu'un : *My name's Alison.* *It's Rebecca. This is Rebecca.*
3. Demander la nature d'un objet ou d'un animal : *What's this ?*
Donner la nature d'un objet ou d'un animal : *It's a pen.*
4. Demander à quelqu'un comment il va : *How are you today?*
Dire comment on va : *I'm fine, thank you.*

WORD BANK

boy	tree
girl	cat
man	pen
woman	big
dog	small
car	good
book	bad
ball	nice
house	bag
phone	

1 ★ Relie les cannes à pêche à leur prise.

I .... She ....
You .... We ....
He .... They ....

2 ★★ Des mots se sont cachés dans cette grille horizontalement ou verticalement. Retrouve-les et complète la liste qui l'accompagne.

R	E	B	O	Y	M	I	S
O	S	R	T	A	V	E	H
A	W	O	M	A	N	S	E
W	I	T	G	R	A	N	T
O	M	H	U	O	M	U	M
Y	W	E	Z	I	E	A	C
G	I	R	L	B	O	L	T
V	O	I	Z	N	D	A	D

1. W —
2. G — — —
3. — — O — — — —
4. — O — — —
5. N — — —
6. D — —
7. — — M
8. — — E
9. H —
10. B — —

3 ★★ Remets les mots retenus dans le sac à leur place.

.... Mike. .... my friends.
.... a house. .... a school.
.... my dog. .... my balls.

4 ★★★ C'est la rentrée. Que disent les personnages ci-dessous ? Remplis les bulles.

Livret Parents – Corrigés p. 26

2 Je sais poser des questions et répondre

OBJECTIF • Construire des *Yes / No questions* avec *be*

COURS

• *Yes / No questions*

• Pour construire une forme interrogative avec le verbe ***be***, on emploie le verbe être (***be***) [V], suivi du sujet [S].

Are you a girl? — [V] [S]

Is that a book? — [V] [S]

• Quand on doit répondre par ***yes*** ou par ***no***, on reprend toujours le pronom personnel qui correspond au sujet et l'auxiliaire qui l'accompagne. À la forme négative, on ajoute la négation ***not***. Cela s'appelle des réponses courtes.

Is Jennifer English? — [V] [S]

– Jennifer : sujet, 3e pers. sing., féminin ;
– on emploie alors ***she*** ;
– **réponse** : *Yes, she is.*

À l'écrit, dans la réponse, ***Yes*** ou ***No*** doivent être suivis d'une virgule.

• Les formes contractées

• Dans la langue parlée, on emploie la forme contractée. On ne peut pas contracter un verbe quand il est en tête ou en fin de phrase.

Are you French? Yes, I am.
Are you English? No, I'm not.

• À la 2e et la 3e personne, on peut contracter de deux façons :
Is he English? No, he isn't. **ou** *No, he's not.*

MÉTHODE

• Bien utiliser *yes* et *no*

• On emploie ***yes*** et ***no*** avec la reprise de l'auxiliaire pour vérifier qu'une information est :

– **vraie** : *Is Brian American? Yes, he is.*

– ou **fausse** : *Is Brian French? No, he isn't.*

• Dans la langue parlée, on utilise la **forme contractée** pour la conversation courante :

She's a nice girl.
Her name's Ann.

WORD BANK

mother	father	child
sister	brother	friend
plane	boat	box
toy	teacher	baby
new	young	old
French	English	Italian
American	German	Spanish
nationality		

1 ★ Observe les dessins et décris ce que Tom a eu pour Noël.

1. a ....

2. a ....

3. a ....

4. a ....

5. a ....

2 ★★ Voici des réponses. Retrouve les questions.

1. .... ?

Yes, I am.

2. .... ?

No, he isn't.

3. .... ?

Yes, she is.

4. .... ?

Yes, they are.

5. .... ?

No, it isn't.

3 ★★ Tom doit répéter ce que dit son professeur. Mais Tom parle très vite et contracte les verbes. Complète ce qu'il dit.

– I am a boy.
– She is not English.
– Are you Italian?
– No, I am not – I am French.
– Is Jim German?
– No, he is not – He is English.
– Andy and Teddy are not girls.
– They are boys.

– I .... a boy.
– She .... English.
– .... you Italian?
– No, I .... I .... French.
– .... Jim German?
– No, he .... He .... English.
– Andy and Teddy .... girls.
– They .... boys.

4 ★★★ Certains de ces passagers se sont placés sous un drapeau qui n'est pas celui de leur pays. Aide-les à se retrouver.

1. Is Peggy English? No, ... She is ....

2. .... ?

....

3. .... ?

....

4. .... ?

....

5. .... ?

....

Livret Parents – Corrigés p. 26

3 Je sais utiliser le singulier et le pluriel des noms

OBJECTIF • Distinguer les articles *a*, *an* et *the* et former le pluriel

COURS

• *A/an*: articles indéfinis

On emploie ***a*** ou ***an*** devant un nom singulier.

• ***A*** se place devant un nom commençant par une consonne et le son /j/ :
a book; a table; a year; a uniform.

• ***An*** s'emploie devant un nom commençant par une voyelle :
an apple; **an** elephant.

• *The*: article défini

The = le, la, les.
the *book* (le livre) ; **the** *car* (la voiture) ; **the** *bags* (les sacs).

• Le pluriel des noms

• On ajoute un ***-s*** au nom. L'article indéfini (*a*, *an*) disparaît mais l'article défini (*the*) ne change pas.
This is a book. The boy is nice.
*These are book**s**. The boy**s** are nice.*

• Certains noms ont un pluriel irrégulier :
*a child, two child**ren**; a man, two m**en**; a woman, two wom**en**.*

• Les mots se terminant par ***-s***, ***-x***, ***-sh***, ***-ch*** font leur pluriel en ***-es*** :
*a box, two box**es**; a brush, two brush**es**.*

• Les mots se terminant par une **consonne** et ***-y***, font leur pluriel en ***-ies*** :
*a baby, bab**ies**; a party, part**ies**.*

• Les nombres de 1 à 10

1 ***one***	6 ***six***
2 ***two***	7 ***seven***
3 ***three***	8 ***eight***
4 ***four***	9 ***nine***
5 ***five***	10 ***ten***

MÉTHODE

• Employer l'article indéfini

• On emploie toujours l'article indéfini lorsque l'on parle du métier, de la fonction de quelqu'un :
*My father is **a** doctor.*

• On n'emploie pas d'articles pour parler de choses en général :
I like cats.

WORD BANK

morning	afternoon
lovely	apple
happy	egg
ask (V)	write (V)
glasses	read (V)
bed	speak (V)
large	listen (V)

1 ★ **Relie chaque ballon au personnage qui doit le tenir. Regarde bien le personnage !**

2 ★★ **Suis les fils et trouve la pièce de puzzle qui complète celle d'où tu es parti(e). Remplis-la avec le mot illustré par le dessin qui se trouve à côté. (Attention aux articles !)**

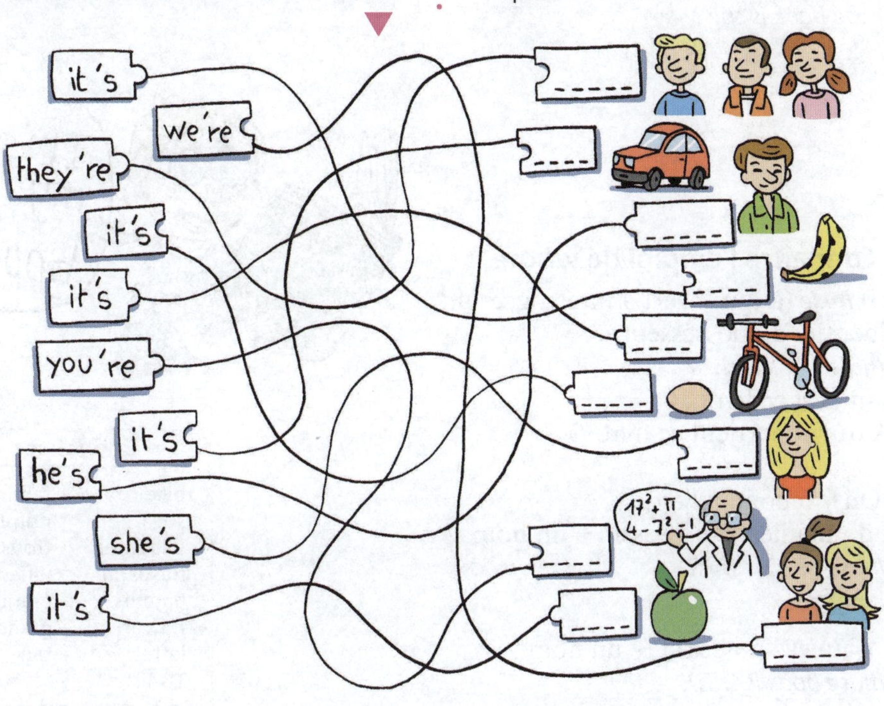

3 ★★★ **Mr Happybirthday connaît la date de naissance de chacun de ces enfants. Demande-lui quel âge ils ont et trouve la réponse.**

Question : How old is Mary?

Réponse : She's one.

Question : .... Peter?

Réponse : ....

Question : .... Pat and Phil?

Réponse : ....

Livret Parents – Corrigés p. 26

Français
Maths
Histoire-Géo. et EMC
Anglais
Sciences
Évaluations
Dossier orientation

4 Je sais exprimer la possession

OBJECTIF • Employer les adjectifs possessifs, le cas possessif

COURS

• Les adjectifs possessifs

Un seul possesseur	Plusieurs possesseurs
1re personne : My	Our
2e personne : Your	Your
3e personne : His (possesseur masculin) Her (possesseur féminin) Its (possesseur neutre)	Their

• Le génitif ou cas possessif

• **Au singulier**

possesseur **'s** + objet(s) possédé(s)

Michael ***'s*** *book(s).* Le(s) livre(s) de Michael.

• **Au pluriel**

possesseurs **'** + objet(s) possédé(s)

The boys ***'*** *teacher(s).* Le(s) professeur(s) des garçons.

• *Whose* (à qui) ?

La question introduite par ***whose*** se construit de la façon suivante :

whose + nom (jamais précédé de l'article) + auxiliaire + sujet

Whose *book is this?*

MÉTHODE

• Connaître l'emploi de *whose*

• ***Whose*** (à qui) ? sert à interroger sur l'identité du possesseur.

Whose *book is this?*
À qui est ce livre ?
(À qui appartient ce livre ?)

• On y répond à l'aide :

1. d'un adjectif possessif + un nom :
Whose *book is this?*
It's ***my*** *book.*

2. d'un cas possessif + un nom :
Whose *book is this?*
*It's Michael****'s*** *(book).*

WORD BANK

bike	family
son	number
daughter	trousers
husband	wife
parents	grandmother
flower	grandfather
letter	tall
T-shirt	

1 ★ **Mr Mixedup a l'étrange particularité de placer les mots n'importe comment. Peux-tu l'aider à donner un sens à ce qu'il dit ?**

1. ....
....
2. ....
....
3. ....
4. ....
5. ....

2 ★★ **Regarde les renseignements que l'on te donne sur la famille Smith et complète leur arbre généalogique.**

- Dave is Mr Smith's son.
- Ann is Mary's daughter.
- Charles is Ann's brother.
- Fiona and Mary are Dave's sisters.
- Charles and Edward are Mary and Bob's sons.
- Mary is Bob's wife.

3 ★★★ **Regarde les dessins, puis pose la question et réponds-y sur l'exemple du modèle proposé.**

– ***Whose** bag is that? **Penny's**?*
– *Yes, it's **her** bag.*

1.

– ....? ....?
– ....

2.

– **Whose** ....? ....?
– **Yes,** ....

3.

– ....? ....?
– ....

Français
Maths
Histoire-Géo. et EMC
Anglais
Sciences
Évaluations
Dossier orientation

5 Je sais localiser

OBJECTIF • Utiliser les prépositions de lieu

COURS

• *Where* (où) ?

La question introduite par ***where*** se construit sur le même modèle que celles introduites par ***what*** ou ***who***.

Where + [A] + [S] ?

Where's [A] *the cat?* [S] (singulier) *Where* *are* [A] *the cats?* [S] (pluriel)

• Les prépositions de lieu

Elles sont toujours suivies d'un nom. Les principales sont :

• Les adverbes de lieu

Ils suivent le verbe et ne sont pas accompagnés d'un nom. Les principaux adverbes de lieu sont :

MÉTHODE

• Connaître l'utilisation de *where*

• La question introduite par ***where*** permet de demander où se trouve une personne, une chose ou un animal. *Where are you? Where's the cat?*

On peut y répondre :

1. par un complément de lieu introduit par une préposition :
I'm in my bedroom. Je suis dans ma chambre.

2. par un adverbe de lieu :
She's upstairs. Elle est en haut.

• **Expressions à retenir**

– *be* ***at*** *home;* ***at*** *school;* ***at*** *the cinema* (le lieu où l'on est).
– *go* ***to*** *school;* ***to*** *bed* (le lieu où l'on va).

WORD BANK

beautiful	hat
clock	plate
sky	picture
sun	tent
garden	door
shoes	bird

1 ★ Regarde le dessin et lis attentivement les explications ci-dessous. Tu pourras alors trouver ce qu'est XYZMLLBY.

The XYZMLLBY isn't under the chair. It's near the door, but not in front of it. It isn't on the TV set. It's under a picture, but it isn't between books. What is it?

Réponse : ....

2 ★ Complète le dessin en suivant les instructions données.

In this garden, a bird is in the small tree. Red flowers are under the big tree. A dog is near the flowers and a boy is in front of the dog. The sun in the blue sky is beautiful. A cat is between the two trees.

3 ★★ Observe les dessins suivants. Pose la question introduite par where et réponds-y.

Ex.: *Where's the plate?*
It's on the table.

1. ....
....
....
....
....
....

2. ....
....
....
....

3. ....

4 ★★★ Trouve la question posée par John et/ou la réponse de Pattie.

6 Je sais donner des ordres et indiquer une présence

OBJECTIF • Construire des phrases à l'impératif et employer *there is/are*

COURS

• L'impératif

• Forme affirmative : on emploie la base verbale BV seule.
Look!

• Forme négative : ***Don't*** + BV.
Don't look!

• Les pronoms personnels compléments

	1re pers.	2e pers.		3e pers.		1re pers.	2e pers.	3e pers.
Pronoms sujets	I	YOU	HE	SHE	IT	WE	YOU	THEY
Pronoms compléments	ME	YOU	HIM	HER	IT	US	YOU	THEM
	singulier					pluriel		

• *There is / There are* (il y a)

• Le verbe ***be*** s'accorde avec le nom qui le suit.
There is a book. *There is* + nom singulier
There are books. *There are* + nom pluriel

• Les ***« Yes / No » questions*** suivent le schéma habituel.
Is there a book on the table? Yes, there is. (ou *No, **there** isn't.*)

MÉTHODE

• Bien utiliser l'impératif et les pronoms compléments

• **L'impératif** s'emploie pour donner un ordre : *Come here!*
ou pour interdire : *Don't listen to him!*

• Les **pronoms personnels compléments** remplacent un nom :
*Look at **me**. The book is behind **her**.*
Ils se placent toujours après le verbe :
*Don't listen to **him/her**. I like **them**.*

• ***There is / There are***
On utilise cette construction pour indiquer la présence de quelqu'un ou de quelque chose :
There are two men in the garden.

WORD BANK

coat	eat (V)
before	catch (V)
after	help (V)
wall	king
twin	queen
music	do (V)
with	basket

1 ★ **Il y a trop de bruit, on n'entend pas tout ! Complète les bulles.**

2 ★★ **Le vent a éparpillé ces morceaux de papier et en a égaré certains. Reconstitue les phrases. Attention ! Dans chaque phrase, il manque *their*, *there* ou *they're*.**

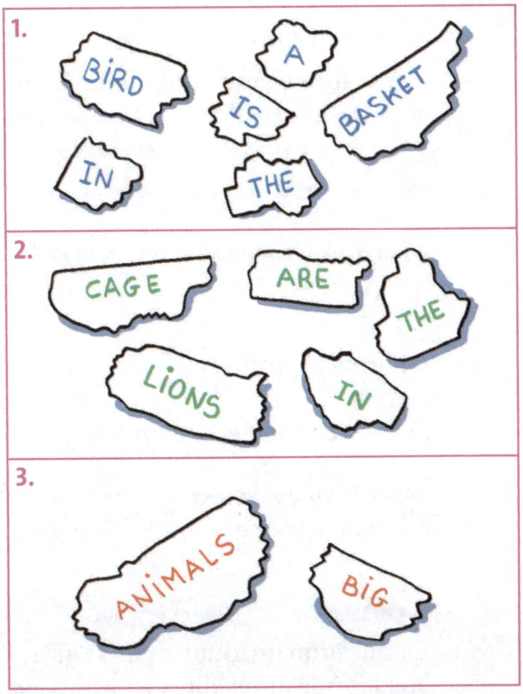

3 ★★★ **Écris ce que disent les personnages. Ils expriment un ordre ou une interdiction. Utilise les verbes suivants : *stop*, *write*, *come*, *do*, *put on*.**

1. ....
2. ....
3. ....
4. ....
5. ....

Livret Parents – Corrigés p. 26

7 Je sais dire ce qui se passe en ce moment, demander pourquoi et répondre

OBJECTIF • Utiliser le présent en *be* + *-ing* et poser des questions avec *why*

COURS

• Le présent en *be* + *-ing*

• **Il se forme** avec l'auxiliaire ***be*** que l'on conjugue au présent suivi de la base verbale à laquelle on ajoute la terminaison ***-ing***.

She is working (forme contractée : *She's working*).

| S | A | BV + *ing* |

• **Forme interrogative :** | A | S | BV + *ing* | (pas de forme contractée)

Is she working?

• **Forme négative :** | S | A | N | BV + *ing* |

She is not working.

(forme contractée : *She* ***isn't*** *working.* ou *She****'s not*** *working.*)

• ***Yes / No questions***

Is Sandra working? *Yes, she is.* ou *No, she isn't.*

• *Why*

La question introduite par ***Why… ?*** (pourquoi… ?) se construit sur le même modèle que les questions dites en ***wh-*** (***who, where, what, when, how***).

Why is the dog sleeping in the bathroom?

| A | S | BV + *ing* |

MÉTHODE

• Comprendre la valeur du présent en *be* + *-ing*

Le **présent en *be* + *-ing*** (ou « present continuous ») s'emploie pour décrire une action qui est en train de se produire :

Sandra is working. Sandra travaille, elle est en train de travailler.

• Bien maîtriser l'interrogation

• ***Why*** amène une réponse introduite par ***because*** (parce que) :

Why *are you* ***running****?*

Because *I'm late.*

WORD BANK

because	watch (V)
sing (V)	run (V)
cook (V)	today
cry (V)	bedroom
surf (V)	kitchen
hungry	thirsty

1 ★ **Complète les phrases suivantes avec *are*, *is*, *am*. Attention ! Chacun de ces mots peut être utilisé plusieurs fois.**

1. Suzan .... singing.
2. What .... you doing?
3. Why .... the children cooking?
4. I .... working hard.
5. Peter and Sally .... not coming today.

2 ★★ **Lucy est curieuse. Elle veut savoir pourquoi certaines personnes font certaines choses. Sa maman lui donne des explications. Écris le dialogue d'après le modèle.**

Ex. : A baby is crying: he's hungry.
Lucy: *Why is the baby crying?*
Her mum: *Because he's hungry.*

1. *Children are running. It's cold.*
Lucy: ....
....
Her mum: ....
....

2. *A man is singing. He's happy.*
Lucy: ....
....
Her mum: ....
....

3 ★★★ **Ces bulles forment des groupes de trois mots : un verbe et deux noms. Rassemble-les et utilise-les pour former un dialogue sur le modèle ci-dessous.**

Vick | School | Teacher | Listen

Questions : *Is Vick at school?* *What's she doing?*
Réponses : *Yes, she is.* *She's listening to the teacher.*

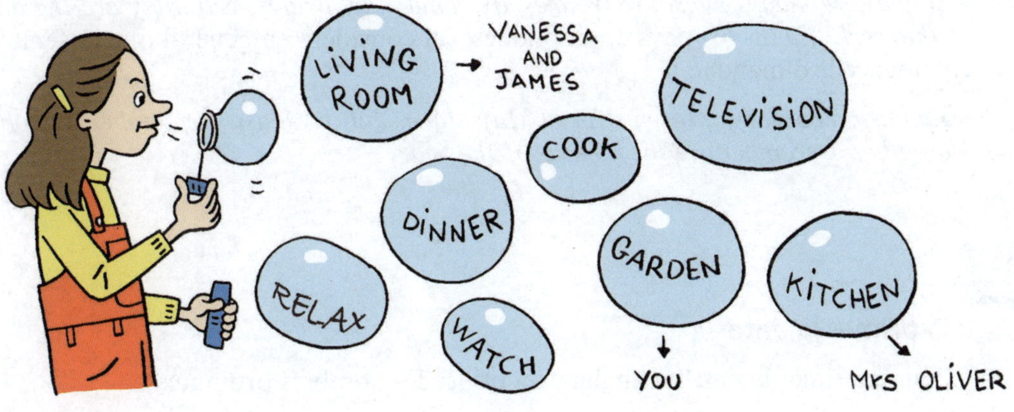

1. Q : ....? R : ....
Q : ....? R : ....

2. Q : ....? R : ....
Q : ....? R : ....

3. Q : ....? R : ....
Q : ....? R : ....

8 Je sais compter et dire la date

OBJECTIF • Connaître les nombres cardinaux et ordinaux et exprimer la date

COURS

• Les nombres cardinaux

(Voir p. 172 pour les nombres de un à dix.)

11 *eleven*
12 *twelve*
13 *thirteen*
14 *fourteen*
15 *fifteen*
16 *sixteen*
17 *seventeen*
18 *eighteen*
19 *nineteen*
20 *twenty*
21 *twenty-one*
etc.

30 *thirty*
40 *forty*
50 *fifty*
60 *sixty*
70 *seventy*
80 *eighty*
90 *ninety*
100 *one hundred* (*a hundred*)

• Les nombres ordinaux

Ils indiquent un ordre : le 1er, le 2e…
On ajoute ***-th-*** aux nombres cardinaux (*4th*: *the fourth*) sauf pour :
*1**st**: the first; 2**nd**: the seco**nd**; 3rd: the thi**rd**; 5**th**: the fi**fth**; 9**th**: the nin**th**; 12**th**: the twel**fth**; 20**th**: the twent**ieth**.*

• Jours et mois

• *Sunday, Monday, Tuesday, Wednesday, Thursday, Friday, Saturday are the days of the week.* (Dans les pays anglophones, on considère en général que la semaine commence le dimanche.)

• *January, February, March, April, May, June, July, August, September, October, November, December are the months of the year.*

MÉTHODE

• Exprimer la date

• Pour exprimer la date en anglais, on utilise les nombres ordinaux.

• On écrit : *Tuesday, March 10th* ou *Tuesday 10th March.*

• On dit : *Tuesday March the tenth* ou *Tuesday the tenth of March.*

• Utiliser la préposition *on*

On utilise la préposition *on* pour indiquer à quelle date se produit un événement.
When is your birthday?
*It's **on** April 28th.*

WORD BANK

calendar	season
day	spring
week	summer
weekend	autumn
month	winter
year	when
birthday	

1 ★ **A est la première lettre de l'alphabet. Retrouve les lettres correspondant aux chiffres et complète la phrase (A = one ; B = two ; etc.).**

nine		five	
twelve		fourteen	
fifteen		seven	
twenty-two		twelve	
five		nine	
		nineteen	
		eight	

....

....

....

2 ★★ **Regarde le calendrier ci-dessous et réponds aux questions.**

DECEMBER						
Mon.	Tues.	Wedn.	Thurs.	Fri.	Sat.	Sun.
			1	2	3	4
5	6	7	8	9	10	11
12	13	14	15	16	17	18
19	20	21	22	23	24	25
26	27	28	29	30	31	

1. What day is December 1st?

....

2. What day is Christmas?

....

3. What's the last day of the month?

....

4. Is the 15th a Wednesday or a Thursday?

....

3 ★★★ **Lis ce que dit chacun de ces enfants et retrouve la date de son anniversaire. Puis prends un calendrier de l'année en cours et dis quel jour ce sera cette année.**

James's birthday: ....

Julia's birthday: ....

Peggy's birthday: ....

Mary's birthday: ....

Livret Parents – Corrigés p. 27

9 Je sais poser des questions sur une quantité, un prix et décrire une personne ou un objet

OBJECTIF • Connaître les couleurs, utiliser *how much* et les adjectifs attributs et épithètes

COURS

• *How much* (combien) ?

How much est suivi d'un nom singulier.

How much milk is there?

• Les adjectifs

• Ils permettent de décrire et en anglais ils sont invariables.

He is tall. They are tall.

• **L'adjectif attribut** se place après le verbe.

She is nice.

• **L'adjectif épithète** se place devant le nom qu'il détermine.

A blue car.

• Colours

red	*blue*	*pink*	*white*	*yellow*	*purple*
green	*black*	*brown*	*orange*	*grey*	*beige*

MÉTHODE

• Utiliser *how much*

How much sert à :

1. interroger sur la quantité :

How much milk is there in the fridge? Half a bottle.

2. demander le prix de quelque chose :

How much is that book? It's one pound (£ 1).

How much are these socks? They're one pound fifty (£ 1. 50).

• Comprendre le rôle des adjectifs

Les adjectifs apportent des précisions sur le nom qu'ils accompagnent.

It's a big white house.

Ils permettent de décrire et d'apporter une appréciation.

It's very nice!

• Exprimer les couleurs

L'expression : ***What colour*** + V + S interroge sur la couleur d'un objet.

What colour is your coat?

It's white.

What colour are your shoes?

They're brown.

WORD BANK

sweet	pound (£)
shirt	pence (p.)
pullover	tomato
boots	banana
apple	funny
milk	wear (V)
bottle	

1 ★ **Pour trouver le nom de ce personnage, il faut remplir la grille avec des adjectifs de couleur. Ce sont les couleurs portées par notre personnage mystérieux. Tu retrouveras son nom dans le cadre rose.**

The girl is wearing a ① .... pullover ② .... shoes and ③ .... trousers.
Her bag is ④ .... and she's got a ⑤ ....shirt.

① [_] _ _ _
② _ _ [_] _ _
③ _ [_] _ _ _
④ _ [_] _ _
⑤ [_] _ _ _ _ _

Her name is ....

2 ★★ **Regroupe ces ballons par couleur et remets-les dans l'ordre de façon à former des phrases.**

1. ....
2. ....
3. ....

3 ★★ **Petit Tom apprend les couleurs et il interroge Penny. Complète leur conversation. Attention ! Certains mots ont été remplacés par des dessins. À toi de les retrouver !**

Tom: What c.................... is a  ....?

Penny: A  .... is ....

Tom: And .... colour are .... ?

Penny:  .... are ....

Tom: What .... is the  ....?

Penny: The  .... is ....

4 ★★★ **Demande le prix de chacun de ces articles, puis donne la réponse.**

1. How ....?
It's ....
2. ....?
....
3. ....?
....

10 Je sais exprimer la possession et poser des questions pour connaître un nombre

OBJECTIF • Utiliser *have got* et employer *how many*

COURS

• *Have got*

Affirmation	Interrogation
I / You / We / They } have got He / She / It } has got **Contractions :** I / You / We / They / 've got He / She / It / 's got	Have { I / you / we / they } got? Has { he / she / it } got? **Pas de contractions possibles**
Négation	**Ne pas confondre**
I / You / We / They } have not got He / She / It } has not got **Contractions :** I / You / We / They / haven't got. He / She / It / hasn't got.	Jane's got a car. *'s* = has Jane's car is nice. *'s* = cas possessif Jane's in Paris. *'s* = is

• *Yes / No questions*

Have you got a car? Yes, I have. ou *No, I haven't.*

• *How many* (combien de) ?

How many est suivi d'un nom pluriel.

How many sisters have you got?

MÉTHODE

• Distinguer *have got* et *have*

• ***Have got***

Pour dire que l'on possède quelque chose, on peut employer ***have got***. ***Have*** se conjugue et ***got*** est invariable. Cette construction est employée en anglais britannique.

I've got a dog. He's got blue eyes.

• ***Have***

On peut aussi exprimer la possession en utilisant ***have*** conjugué sans ***got***. Dans ce cas, la langue est plus soutenue. Cette construction s'emploie en anglais britannique et américain.

My sister has a wonderful smile.

WORD BANK

many	hair
cat	skirt
man	jacket
woman	moustache
small	glasses
blond	sunglasses

EXOS

1 ★ Regarde l'exemple et, sur le même modèle, pose une question introduite par *how many* pour chaque dessin.

Ex. : *How many bikes have the children got?*

1\. Q : How many .... ?

2\. Q : .... ?

3\. Q : .... ?

2 ★★ Donne la réponse aux questions que tu as posées dans l'exercice précédent.

1. ....
2. ....
3. ....

3 ★★★ Mr Black, le détective, a découvert l'assassin (*the murderer*). Lis la description qu'il en fait dans l'encadré ci-contre et dis lequel de ces personnages est le coupable. Justifie ta réponse.

The murderer is a small man. He's wearing a blue pullover and black trousers. He's got short brown hair and he's wearing glasses.

Ex.: *The murderer isn't number three because he's got a moustache!*

1\. 2. 3. 4. 5.

1. ....
2. ....
3. ....
4. ....
5. ....

Livret Parents – Corrigés p. 27

11 Je sais poser des questions sur une quantité et y répondre

OBJECTIF • Employer et différencier *some*, *any* et *a lot of*

COURS

• *Some*

On l'utilise pour indiquer l'existence d'une certaine quantité. Dans les phrases affirmatives :

1. devant les noms singuliers.
There's some milk in the fridge. (= du)

2. devant les noms pluriels.
There are some biscuits in the box. (= des)

• *Any*

• Il permet de se renseigner sur l'existence d'une quantité dans les phrases interrogatives :
Is there any milk in the fridge?

• Dans les phrases négatives, il indique l'absence :
There isn't any milk in the fridge.

• *A lot of*

On l'utilise pour indiquer une grande quantité (beaucoup de).
• Au singulier : *There **is** a lot of **noise**.*
• Au pluriel : *There **are** a lot of **cars** in the street.*

MÉTHODE

• Bien utiliser les quantificateurs

• On utilise ***some*** dans les questions :

1. lorsqu'on demande si quelque chose que l'on aimerait avoir existe.
*Have you got **some** biscuits?*

2. pour proposer quelque chose :
*Do you want **some** orange juice?*

• La construction des phrases avec ***any*** à la forme négative peut être remplacée par une construction de phrase avec ***no***.
*There is **no** chocolate. = There isn't **any** chocolate.*

Attention ! On peut sous-entendre le nom qui suit ***some*** ou ***any*** si l'on a déjà exprimé ce nom juste auparavant.
*Is there **any** bread? Yes, there's some.* ou *No, there isn't **any**.*

WORD BANK

fridge	biscuit
noise	water
bread	breakfast
butter	chocolate
jam	umbrella
cheese	look (V)
sausage	give (V)
bacon	

1 ★ **Graham n'est pas très content de ce que lui offre la table du petit déjeuner. Fais avec lui la liste de ce qu'il y a et de ce qui manque.**

Ex.: *There's some milk, but there isn't any tea.*

1. ....
2. ....
3. ....
4. ....

2 ★★ **Aïe, aïe, aïe ! Helen a fait tomber ces mots du panier. Remets-les vite en place.**

1. Are there .... people in the house?
2. Has she got .... sister?
3. Look at .... postcard!
4. Please, give me .... sweets.
5. This is .... umbrella.
6. Sorry! There's .... chocolate!

3 ★★★ **Charlie le robot a été programmé pour répondre aux questions que tu lui poses. Quelles sont ces questions ?**

1. ....
....
2. ....
....
3. ....
....
4. ....
....

12 Je sais parler d'habitudes et exprimer une opinion

OBJECTIF • Employer le présent simple et les adverbes de fréquence

COURS

• Le présent simple

Il se forme avec la base verbale (BV). Sa terminaison prend un ***-s*** à la 3e personne du singulier.
*I like / He like**s*** (mais : *I go / He go**es***; *I finish / He finish**es***).

• Forme interrogative : auxiliaire ***do*** (***does*** à la 3e personne du singulier).
Do you like tea?
A S BV

• Forme négative : mêmes auxiliaires.
I do not like tea. (I don't)
S A N BV

• ***Yes / No questions***
Does she like tea? Yes, she does. ou *No, she doesn't. (does not)*

• Les adverbes de fréquence

Sometimes (quelquefois) ; ***often*** (souvent) ; ***usually*** (habituellement) ; ***always*** (toujours) ; ***never*** (jamais), se placent entre le sujet et le verbe.
Do you often drink coffee? No, I never drink coffee.
A S adv. V — S adv. V

MÉTHODE

• Connaître la valeur du présent simple

Il exprime une action habituelle, répétée, un fait permanent ou une vérité générale. On l'utilise aussi pour exprimer un sentiment, une opinion.
She lives near London and she takes the bus everyday.

• *Do*

Ne pas confondre ***do***, auxiliaire et ***do***, verbe lexical (= faire).

1. *What **do** you **do** on Sundays? I often go to the cinema.*
   - **do** ↓ auxiliaire du présent simple
   - **do** ↓ base verbale *do* (=faire)
2. *What **does** your mother **do**? She is a nurse.*
   - **does** ↓ auxiliaire du présent simple, 3e personne du singulier
   - **do** ↓ base verbale *do* (=faire)

• Utiliser *How* (comment) ?

How interroge sur le moyen ou la manière.
How do you go to school? I go to school by bus.

WORD BANK

close (V)	dress
take (V)	smoke (V)
walk (V)	shop
work (V)	do (V)
swimming pool	go (V)
do the shopping (V)	

EXOS

1 ★ **Mrs Oldlady est un peu sourde. Elle fait répéter tout ce que lui dit Gillian sous forme de questions posées au présent simple. Écris les questions.**

What ....?

Where ....?

How ....?

When ....?

2 ★★ **Lis le tableau et dis ce que chaque personnage fait habituellement et ce qu'il fait aujourd'hui. Attention à utiliser le présent simple ou le présent en *be + ing* selon les cas !**

	Usually	Today
Joe	take the bus	walk to school
Judith	wear a dress	wear trousers
We	have tea for breakfast	have milk
Pat and Phil	do the shopping on Saturdays	go to the swimming pool

1. Joe usually ....
but today he ....

2. Judith ....
but ....

3. We ....
....
but ....

4. Pat and Phil ....
....
but ....
....

3 ★★★ **Regarde ces quatre suspects. L'un d'entre eux a commis un meurtre. Découvre-le à l'aide des descriptions ci-dessous.**

The murderer always has a hat on. He never smokes, but he sometimes eats chewing-gum. He usually wears a jacket, but today he is wearing a long coat.

The murderer is number ☐.

Livret Parents – Corrigés p. 27

13 Je sais dire l'heure

OBJECTIF • Exprimer l'heure

COURS

• L'heure juste

It's one o'clock (on peut aussi dire : *It's one*).

It's midday (midi) ou *It's midnight* (minuit).

• *To*

*It's twenty **to** six.*

• *Past*

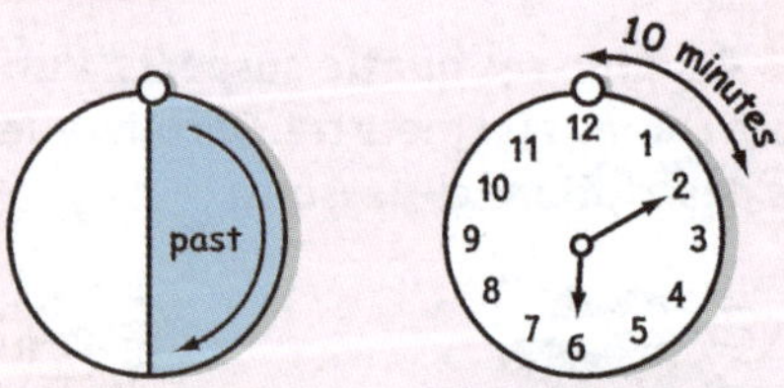

*It's ten **past** six.*

• Le quart/la demie

Pour un quart, on dit :

It's (a) quarter to two.

It's (a) quarter past two.

Pour la demie, on dit :

It's half past three.

MÉTHODE

• Bien exprimer l'heure

• **Retiens :**

– *What time is it? It's ten past three.*
– *What time does school start?*
*It starts **at** 8:30.*

• **Pour différencier le matin de l'après-midi**, on dit :

1. *The shop opens at 9 in the morning* (ou 9 ***a.m.***).
2. *The shop closes at 7 in the evening* (ou 7 ***p.m.***).

WORD BANK

morning	match
afternoon	news
midday	start (V)
midnight	TV programme
watch	alarm clock
clock	cartoon

EXOS

1 ★ Quelle heure est-il ?

1. It's ....

2. It's ....

3. It's ....

4. It's ....

5. It's ....

6. It's ....

2 ★★ Ces montres ont perdu leurs aiguilles, replace-les.

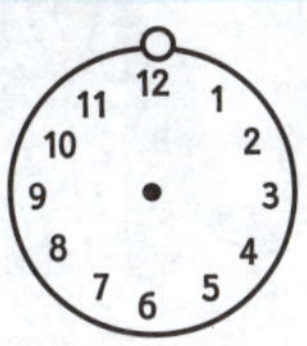

It's (a) quarter past nine.

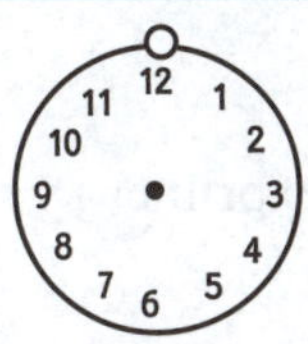

It's three o'clock.

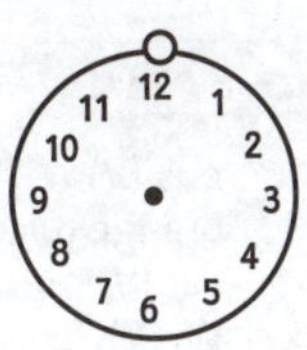

It's ten to ten.

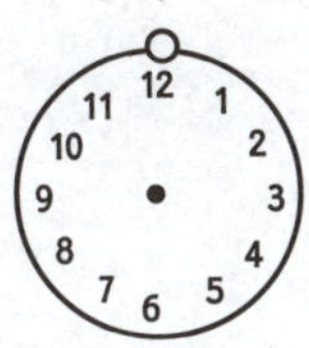

It's five past two.

3 ★★★ Dave vient de regarder le programme de télévision et répond aux questions que lui pose Sarah. Remplis les bulles.

TV Programme

BBC 1

7. 10 Cartoons	8. 20 Western
7. 45 The news	9. 55 Football

14 Je sais exprimer ce que je sais faire et demander une permission

OBJECTIF • Construire des phrases avec *can*

COURS

• Nature

Can est un **auxiliaire modal**. Il ajoute la notion de capacité au verbe auquel il est associé.

• Caractéristiques

- Il ne prend pas de *-s* à la 3e personne du singulier au présent : *He **can** speak English.*
- Il est suivi de la base verbale : *He **can** swim.*
- Il sert d'auxiliaire aux formes interrogatives et négatives.

– Forme interrogative : *Can you swim?*
[A] [S] [V]

– Forme négative : *She cannot speak English.*
[S] [A][N] [V]
ou *She can't speak English.*

• *Yes / No questions*

Puisque ***can*** sert d'auxiliaire, c'est lui que l'on utilise dans les reprises verbales.

Can you speak English? < *Yes, I **can**.* / *No, I **can't**.*

MÉTHODE

• Bien utiliser l'auxiliaire modal

- **À la forme affirmative,** ***can*** peut exprimer :

– la capacité physique :
*He **can** swim.* Il peut (il sait) nager.
– la capacité intellectuelle :
*He **can** speak English.* Il sait parler anglais.

- **À la forme interrogative,** on l'utilise pour exprimer :

– une demande polie :
***Can** I use your pen please?*
– pour demander une permission :
***Can** I go out tonight?*

- **À la forme négative,** ***can't*** exprime :

– une incapacité physique : *I **can't** swim.*
ou intellectuelle : *I **can't** understand this.*
– un refus de permission :
*I **can't** go out with you tonight.*

WORD BANK

motorbike	buy (V)
window	orange juice
little	eat (V)
swim (V)	ski (V)
use (V)	drive (V)
go out (V)	ride (V)

EXOS

1 ★ Observe le tableau et complète-le.

Can they	Bert	His dog
Ex. : *Read a book?*	yes	no
1. Eat meat?		
2. Swim?		
3. Speak English?		
4. Surf the net?		

2 ★★ 1. Comment dirais-tu en anglais les phrases suivantes ?

a. Tom sait parler allemand.

Tom ....

....

b. Les enfants ne peuvent pas utiliser le nouvel ordinateur.

The ....

....

....

c. Je ne peux pas aller au cinéma avec Luke.

I ....

....

2. Comment demanderais-tu en anglais :

a. si tu peux avoir un jus d'orange.

....

....

b. si tu peux ouvrir la fenêtre.

....

....

3 ★★ Regarde les images et dis ce que tu sais, ou ce que tu ne sais pas faire.

1. I..
....

2. I..
....

3. I..
....

4. I..
....

4 ★★★ Lis cette conversation entre Jane et sa mère et place les bons auxiliaires au bon endroit. En voici la liste : *do, can, are, am, does*. Attention ! L'un d'eux est un intrus.

Livret Parents – Corrigés p. 27

15 Je sais parler d'obligations et d'interdictions

OBJECTIF • Construire des phrases avec *must*

COURS

• Nature

Comme ***can***, ***must*** est un **auxiliaire modal**. Il ajoute la notion d'obligation (forme affirmative) ou d'interdiction (forme négative) au verbe auquel il est associé.

• Caractéristiques

Ce sont les mêmes que celles de ***can***.

- Il a une forme unique pour toutes les personnes. Il ne prend pas de *-s* à la 3e personne du singulier au présent : *He **must** go to school.*
- Il est suivi de la base verbale : *He **must** make his bed.*
- Il sert d'auxiliaire aux formes interrogatives et négatives.

Must	*she*	*come?*	*He*	*must*	*not*	*smoke.*
A	S	V	S	A	N	V

- Forme contractée : *mustn't.*

• *Yes / No questions*

C'est également ***must*** que l'on reprend dans les reprises verbales.

Must they wear a uniform? → *Yes, they **must**.* / *No, they **mustn't**.*

• Traduction

I must se traduit par **Je dois**, mais correspond également à l'expression française : **Il faut que je**.

I must work.

Je dois travailler. Il faut que je travaille.

MÉTHODE

• Bien utiliser *must*

- **À la forme affirmative, *must*** exprime l'obligation :
She must work.
- **À la forme négative, *must*** exprime l'interdiction :
You mustn't open that door!
- **À la forme interrogative, *must*** interroge sur l'obligation :
Must he go now? Doit-il partir maintenant ? Faut-il qu'il parte maintenant ?

WORD BANK

park (V)	stop (V)
get up (V)	playground
hope (V)	tonight
turn (V)	soon
left	street
right	sleep (V)

EXOS

1 ★ **Regarde les panneaux et dis ce que tu dois, ou ne dois pas faire.**

1. You ....
....

2. You ....
....

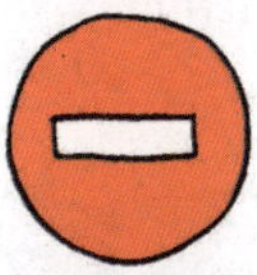

3. You ....
....

4. You ....
....

5. You ....
....

2 ★★ **Tom est dans un nouveau pensionnat et n'est pas très heureux. Il pleure un peu en écrivant sa lettre et ses larmes ont effacé quelques mots. Réécris-les pour lui.**

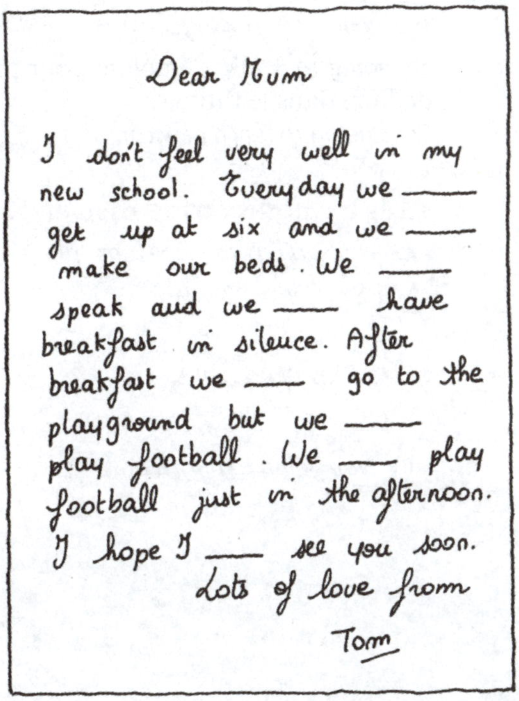
Dear Mum

I don't feel very well in my new school. Everyday we ____ get up at six and we ____ make our beds. We ____ speak and we ____ have breakfast in silence. After breakfast we ____ go to the playground but we ____ play football. We ____ play football just in the afternoon. I hope I ____ see you soon.

Lots of love from

Tom

3 ★★★ **Jim répond au téléphone. Tu entends ses réponses mais au fait, à quelles questions répond-il ? Remplis les bulles.**

Français
Maths
Histoire-Géo. et EMC
Anglais
Sciences
Évaluations
Dossier orientation

16 Je sais parler au futur

OBJECTIF • Employer le présent en *be* + *ing* dans un sens futur

COURS

• L'expression *be going to* + BV

Be going to + BV s'emploie pour parler d'intention et de ce que l'on projette de faire dans le futur.

She's going to buy a new car.

• Les formes interrogative et négative

Are you going to see that film?

A S V

I am not going to play tennis.

S A N V

• *Yes / No questions*

Are you going to play tennis? → *Yes, I **am**.* / *No, I **am** not.*

MÉTHODE

• Utiliser *be going to*

• L'expression ***be going to*** s'emploie pour :

– **exprimer une action qui va se dérouler dans un futur proche :**

Quick! The film is going to begin.

Vite, le film va commencer (dans une minute).

– **exprimer une intention :**

I'm going to wash the car.

Je vais (j'ai l'intention de) laver la voiture

– **formuler une prévision, une prédiction :**

Look at the sky! It's going to rain.

Regarde le ciel ! Il va pleuvoir.

• Utiliser le présent en *be* + *-ing*

• Le présent en *be* + *-ing* permet aussi d'évoquer le futur associé à un complément de temps.

What are you doing tomorrow?

Que fais-tu demain ?

I'm playing tennis.

Je joue au tennis.

WORD BANK

tooth	tomorrow
glass	want (V)
party	fat
brush (V)	tired
birthday	present

1 ★ Tom a fait des fautes. Aide-le à les corriger.

1. ....
2. ....
3. ....

2 ★★ Observe les dessins et décris ce que chacun de ces personnages va faire.

1. The boy is ....
2. The man ....
3. The children ....

3 ★★★ Après avoir regardé le dessin, puis lu le petit texte, complète le tableau.

Clare is a very tall girl with blond hair. It's her birthday today; she is eleven and she wants to invite friends for a birthday party. Today, she is with two girls. Gillian is small with brown hair. She wants to make a cake. Pattie is fat. She must buy presents.

Name	Physical description	What are they going to do ?
Clare	....	....
....	Small with brown hair	....
....	....	She's going to buy presents.

Livret Parents – Corrigés p. 28

17

Je sais comparer

COURS

OBJECTIF • Construire des adjectifs au comparatif

• Formation du comparatif

	Adjectifs courts (1 ou 2 syllabes)	Adjectifs longs (plus de 3 syllabes)
Comparatifs de supériorité	Adj. + er + than *She's tall**er than** her sister.*	More + adj. + than *Cars are **more** expensive **than** bikes.*
Comparatifs d'égalité	As + adj. + as *She's **as** nice **as** her sister.*	*A sofa is **as** comfortable **as** an armchair.*
Comparatifs d'inégalité	Not as + adj. + as *She's **not as** nice **as** her brother.*	*Bikes are **not as** expensive **as** cars.*

• Exceptions

Certains adjectifs ont un comparatif de supériorité irrégulier, c'est le cas de :

- ***Good***, comparatif de supériorité : ***better***.
- ***Bad***, comparatif de supériorité : ***worse***.

Attention ! Les adjectifs se terminant en **-*y*** font leur comparatif de supériorité en **-ier.**
*Easy; eas**ier**. Happy; happ**ier**.*

- Les adjectifs d'une seule syllabe se terminant par :

consonne	voyelle	consonne		doublent la consonne finale
b	**i**	**g**	→	bi**gg**er
h	**o**	**t**	→	ho**tt**er

MÉTHODE

• Utiliser les comparatifs

- Le comparatif de supériorité sert à marquer la supériorité d'un objet, d'une personne, par rapport à un(e) autre : **plus… que**.

*I'm small**er than** my sister.*

Le complément du comparatif introduit par ***than*** peut être sous-entendu :

I'm going to take the plane. Je vais prendre l'avion.
It's faster (than the train). C'est plus rapide (que le train).

- Le comparatif d'égalité sert à marquer que deux objets ou deux personnes possèdent les mêmes qualités : **aussi… que**.

*Andy is **as** sporty **as** Bob.*

WORD BANK

comfortable	dirty
fast	rainy
expensive	dry
cheap	sporty
armchair	difficult
pear	dirty
easy	fruit

1 ★ **Ces phrases sont-elles vraies ou fausses ? Mets une croix dans la case correspondante.**

	Right	Wrong
1. The apples are more expensive than the bananas.	❑	❑
2. The bananas are cheaper than the pears.	❑	❑
3. The pears are not as expensive as the apples.	❑	❑
4. The oranges are as cheap as the pears.	❑	❑
5. The pears are more expensive than all the other fruit.	❑	❑

2 ★★ **Encore une fois, Mr Mixedup mélange tout ! Aide-le à remettre de l'ordre dans ce qu'il dit.**

1. ....
....
2. ....
....
3. ....
....
4. ....
....

3 ★★★ **Ces cartes vont par deux. Regroupe-les par paires, puis compare les deux images de chaque paire. Tu peux utiliser l'adjectif donné entre parenthèses.**

Ex.: *first pair: 1 and 3 (small)*

a. *The red car is smaller than the blue one.* **b.** *The blue car is not as small as the red one.*

1.

2.

3.

4. Exercise 2

5.

6. Exercise 1

1. .... and .... (difficult)
a. ....
b. ....

2. .... and .... (rainy)
a. ....
b. ....

18 Je sais parler au passé

OBJECTIF • Employer le prétérit / Connaître quelques verbes irréguliers

COURS

• Le prétérit

Le prétérit est le temps du passé. On le construit en ajoutant ***-ed*** à la base verbale.
*Play: I / You / He / She / It / We / They play**ed**.*

• **Formes interrogatives et négatives : auxiliaire *did*.**
Did *you play tennis?* *She* ***did*** *not play tennis. (She* ***did****n't)*
A S BV   S A N BV

• ***Yes / No questions***
Did she play tennis yesterday? Yes, she did. ou *No, she didn't.*

• Prétérit irrégulier

• Les verbes irréguliers ne font pas leur prétérit en ***-ed***.
Il faut apprendre leur forme par cœur. En voici quelques-uns :

begin: *began* (commencer)
bring: *brought* (apporter)
cut: *cut* (couper)
give: *gave* (donner)
get: *got* (obtenir)
go: *went* (aller)
have: *had* (avoir)
hear: *heard* (entendre)
make: *made* (faire)
meet: *met* (rencontrer)
put: *put* (mettre)
run: *ran* (courir)
read: *read* (lire)
say: *said* (dire)
see: *saw* (voir)
shut: *shut* (fermer)
sleep: *slept* (dormir)
speak: *spoke* (parler)
tell: *told* (dire – raconter)
write: *wrote* (écrire)

• **Prétérit du verbe *be***

Forme affirmative	Forme interrogative	Forme négative
I / He / She / It… was	Was… I / he / she / it?	I / He / She / It… was not = wasn't
We / You / They… were	Were… we / you / they?	We / You / They… were not = weren't

MÉTHODE

• Connaître la valeur du prétérit

On emploie le prétérit pour décrire une action passée si :

• **le moment du passé est précisé ou sous-entendu :**
Yesterday, last month, last year, in 1942, last Christmas.

• **l'action est complètement terminée :**
I was in Paris yesterday.
J'étais à Paris hier (mais je n'y suis plus).

WORD BANK

last	week
yesterday	holidays
wash (V)	beach
hair	ice cream

1 ★ Complète la lettre de Cherry avec *had*, *was* ou *were*.

Dear Kate

Last week I ____ in Bournemouth with Michael's parents. We ____ great holidays. We ____ in a small hotel near the sea and every day we ____ a picnic lunch on the beach. Gerald, Michael's brother ____ with us and there ____ two of his friends too. We ____ a lot of ice cream. It __ really super!

Love from
Cherry xxx

2 ★★ Le vent a éparpillé ces ballons. Regroupe-les par couleur et reconstitue des phrases correctes. Puis entoure la vignette de la bonne réponse.

1. ....
....? ....
....

Yes, I did	Yes, you did	Yes, they did

2. ....
....? ....
....

Yes, I did	Yes, I was	Yes, I were

3. ....
....? ....
....

No, they did	No, I didn't	No, they didn't

3 ★★★ Retrouve ce que chacun a fait hier.

Ex. : *Carol played tennis yesterday.*

Lexique

A

after: après
afternoon: après-midi
alarm clock: réveille-matin
American: américain
answer (V): répondre
apple: pomme
ask (V): demander
autumn: automne

B

back: arrière, dos
bad: mal, mauvais
ball: balle
banana: banane
basket: panier
bathroom: salle de bains
beautiful: beau, belle
bed: lit
bedroom: chambre
before: avant
begin (V): commencer
big: gros
bike: vélo
birthday: anniversaire
black: noir
boat: bateau
book: livre
boots: bottes
box: boîte
boy: garçon
bread: pain
breakfast: petit déjeuner
brother: frère
brown: brun
brush: brosse
but: mais
butcher: boucher
butter: beurre
buy (V): acheter

C

cake: gâteau
camera: appareil photo
car: voiture
carry (V): porter, transporter
cat: chat
chair: chaise
cheap: pas cher, bon marché
cheese: fromage
chicken: poulet
child/children: enfant/enfants
choose (V): choisir
Christmas: Noël
city: ville, cité
clean: propre
clock: horloge
closed: fermé
clothes: vêtements
coat: manteau
cold: froid
colour: couleur
come (V): venir
computer: ordinateur
cook (V): cuisiner, cuire
copy book: cahier
country: pays
cry (V): pleurer
cup: tasse
cupboard: placard
cut (V): couper

D

dad: papa
dark: sombre, noir
daughter: fille (de quelqu'un)
day: jour
delicious: délicieux
describe (V): décrire
desk: bureau
difficult: difficile
dining room: salle à manger
dinner: dîner, déjeuner
do (V): faire
dog: chien
door: porte
draw (V): dessiner
dress: robe
drink (V): boire
drive (V): conduire

E

ear: oreille
eat (V): manger
egg: œuf
enjoy (V): aimer, prendre plaisir à
enough: assez
every: chaque
expensive: cher, coûteux
explain (V): expliquer
eye: œil

F

face: visage
fair: blond (ou juste)
fall (V): tomber
far: loin
farm: ferme
fast: rapide
father: père
find (V): trouver
fine: bien, joli
finger: doigt
first: premier
fish: poisson
flag: drapeau
floor: sol
flower: fleur
foot/feet: pied/pieds
for: pour
forget (V): oublier
French: français
fridge: réfrigérateur
friend: ami
from: (en provenance) de…
full: plein
funny: drôle

G

game: jeu
garden: jardin
German: allemand
girl: fille
give (V): donner
glass: verre
glasses: lunettes
go (V): aller
good: bon, bien
green: vert
grey: gris
grocer: épicier

H

hair: cheveux
half: demi, moitié
hall: entrée
ham: jambon
hand: main
happy: heureux
hat: chapeau
have (V): avoir
head: tête
hear (V): entendre
help (V): aider
high: haut
holiday(s): vacances
hope (V): espérer
hot: chaud
hour: heure
house: maison
how: comment
how much/how many: combien
(be) hungry: (avoir) faim

I

in: dans
interesting: intéressant
into: dedans, à l'intérieur
introduce (V): présenter
Italian: italien

J

jacket: veste
jam: confiture
job: métier, boulot
jump (V): sauter

K

key: clef
kitchen: cuisine
knife: couteau
know (V): connaître, savoir

L

lady: dame
large: grand
last: dernier
late: dernier
learn (V): apprendre
leave (V): quitter, partir
left: gauche
leg: jambe
letter: lettre

library: bibliothèque
like (V): aimer
listen (V): écouter
little: petit
live (V): vivre, habiter
look at (V): regarder
look for (V): chercher
lovely: mignon, adorable
lunch: déjeuner

M

make (V): faire, fabriquer
man: homme
map: carte
meal: repas
meat: viande
milk: lait
mirror: miroir
mistake: faute
money: argent
month: mois
moon: lune
moped: deux roues
morning: matin
mother: mère
mouse/mice: souris/ souris (pluriel)
mouth: bouche

N

name: nom
near: près de
never: jamais
new: neuf, nouveau
nice: joli
night: nuit
noise: bruit
nose: nez
nothing: rien
now: maintenant
number: numéro, nombre

O

of: de
often: souvent
old: vieux
on: sur
one: un
only: seulement
open (V): ouvrir
or: ou
other: autre
out: à l'extérieur

P

paper: papier
party: réception, soirée
past: passé
pay (V): payer
pen: stylo
pencil: crayon
people: gens
picture: image, tableau
piece: morceau
pig: cochon
pink: rose
place: endroit, lieu
plane: avion
plate: assiette
play (V): jouer
pocket: poche
poor: pauvre
post office: bureau de poste
potato: pomme de terre
present: cadeau
pretty: joli
pupil: élève
purple: violet
push (V): pousser
put (V): poser, mettre

Q

quarter: quart
queen: reine
quick(ly): rapide(ment)
quiet: calme, tranquille

R

rain: pluie
read (V): lire
ready: prêt
red: rouge
remember (V): se souvenir
repeat (V): répéter
right: juste, droit
road: route
room: pièce, salle
rubber: gomme
ruler: règle
run (V): courir.

S

say (V): dire
school: école
sea: mer
see (V): voir
sentence: phrase
shine (V): briller
shirt: chemise
shoe: chaussure
shop: boutique
short: court
show (V): montrer
sing (V): chanter
sister: sœur
sleep (V): dormir
small: petit
smile (V): sourire
smoke (V): fumer
snow: neige
sock: chaussette
son: fils
song: chanson
sorry: désolé
speak (V): parler
spell (V): épeler
stairs: escaliers
stamp: timbre
stand up (V): se lever
street: rue
sugar: sucre
summer: été
sun: soleil

T

take (V): prendre
tall: grand
tea: thé
teach (V): enseigner
teacher: professeur
thing: chose
think (V): penser
(be) thirsty: (avoir) soif
time: heure
tired: fatigué
today: aujourd'hui
tomato: tomate
tonight: cette nuit
too: aussi, trop
toy: jouet
tree: arbre
twin: jumeau

U

umbrella: parapluie
under: sous
understand (V): comprendre
upstairs: en haut, à l'étage

V

vegetable: légume
very: très

W

wake up (V): se réveiller
walk (V): marcher
want (V): vouloir
warm: chaud
wash (V): laver
watch (V): regarder, observer
water: eau
wear (V): porter (un vêtement)
weather: temps
week: semaine
what: quoi, qu'est ce que
where: où
white: blanc
who: qui
why: pourquoi
wife: épouse, femme
window: fenêtre
winter: hiver
with: avec
woman: femme
word: mot
work: travail
write (V): écrire
wrong: mauvais, faux

Y

year: année
yellow: jaune
yesterday: hier
young: jeune

Sciences

+ une évaluation page 248

Sciences

1 La diversité des êtres vivants

OBJECTIF • Savoir utiliser une clé de détermination

COURS

● Des êtres vivants :
– qui partagent des mêmes caractères,
– qui sont capables de se reproduire entre eux,
– qui donnent une descendance capable de se reproduire à son tour,
appartiennent à la même **espèce**.

● Au sein d'une même espèce, les individus peuvent présenter une grande variabilité.

● Pour identifier un être vivant, on peut utiliser une **clé de détermination** tenant compte de critères précis. C'est le principe d'une faune ou d'une flore.

MÉTHODE

● Savoir utiliser une clé de détermination pour identifier une espèce

1. Observe la feuille de l'arbre à déterminer (ci-contre).
2. Choisis à chaque embranchement le chemin à suivre en utilisant les critères précis d'identification.

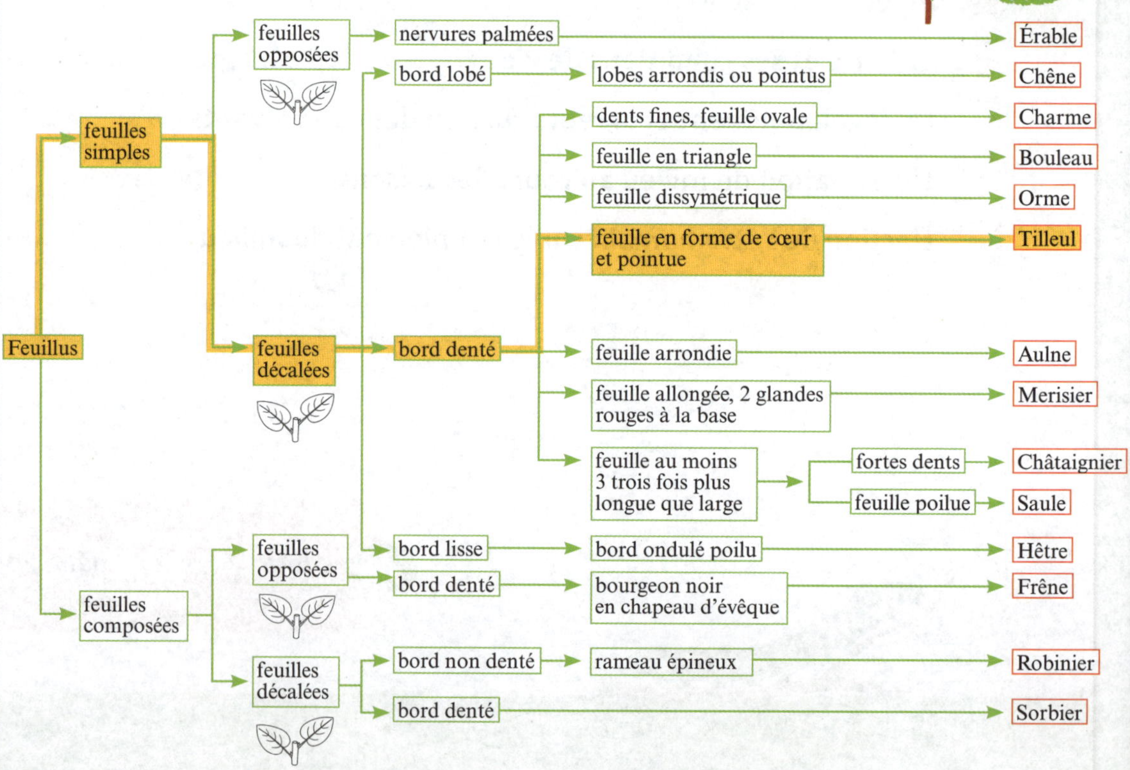

3. Conclus : la clé permet d'identifier l'arbre. C'est un **Tilleul**.

EXOS

1 ★ **Identifie le groupe auquel cet animal appartient en utilisant la clé suivante. Surligne chaque case sur le modèle de la Méthode p. 210.**

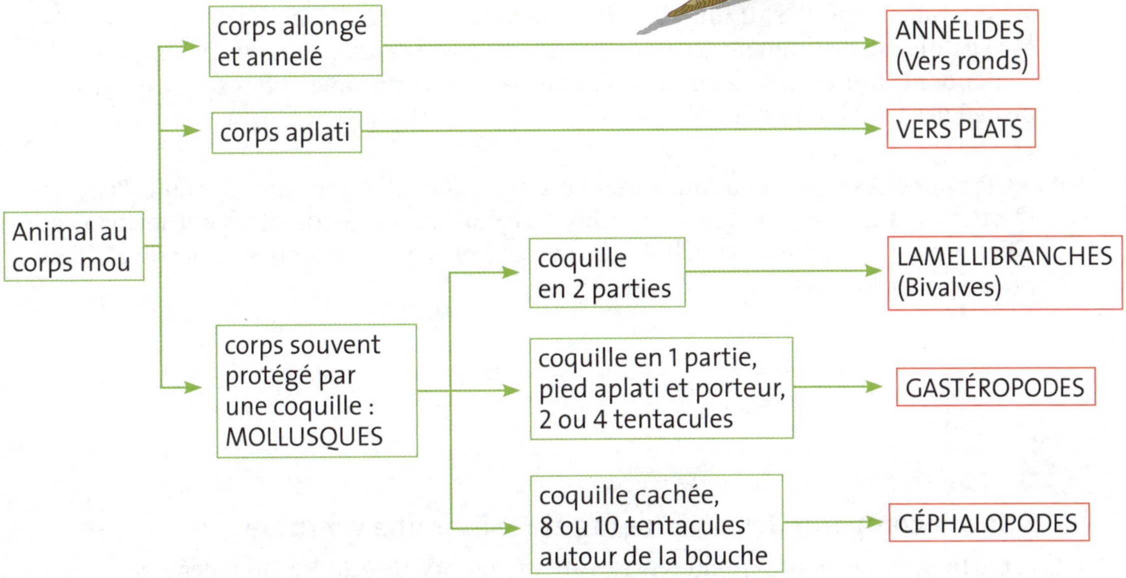

Réponse : ....

2 ★★ **Fred vient de récolter en forêt un rameau feuillé. Aide-le à identifier l'arbre dont il provient en utilisant la clé de la Méthode p. 210.**

Réponse : → ....

→ ....

→ ....

→ ....

→ ....

3 ★★★ **Lou s'est aperçue qu'il y a, dans la mare près de sa maison, une grenouille et un crapaud, qu'elle a bien identifiés. Au printemps, saison des amours pour ces Amphibiens, elle est surprise de ne pas constater de descendance sous forme de têtards. Peux-tu lui expliquer pourquoi ?**

Crapaud

Grenouille

Livret Parents – Corrigés p. 28

2 La cellule : unité structurelle du vivant

OBJECTIF • Reconnaître les constituants d'une cellule

COURS

- Le monde vivant est d'une grande diversité. Les espèces animales et végétales se distinguent les unes des autres par des critères bien spécifiques. Cependant, toutes possèdent une caractéristique commune : elles sont constituées de **cellules** visibles au microscope.

- Certains êtres vivants ne comportent qu'une seule cellule : ce sont des **unicellulaires**. D'autres comportent un grand nombre de cellules et constituent les **pluricellulaires**. Chez eux, l'assemblage des cellules forme les tissus qui s'organisent et se diversifient pour former les organes.

MÉTHODE

Savoir comparer des documents et réaliser une synthèse

À partir des trois photographies prises au microscope de cellules animales et végétales, montre les caractéristiques communes à l'ensemble des cellules.

1. Tu observes et tu compares les trois documents.

Cellule d'épithélium buccal

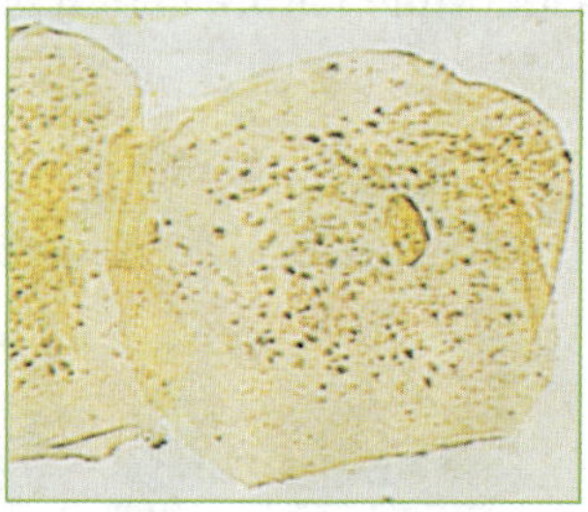

× 750

Cellule d'épiderme d'oignon

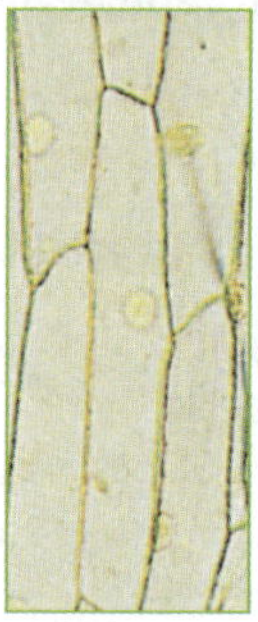

× 200

Cellule nerveuse

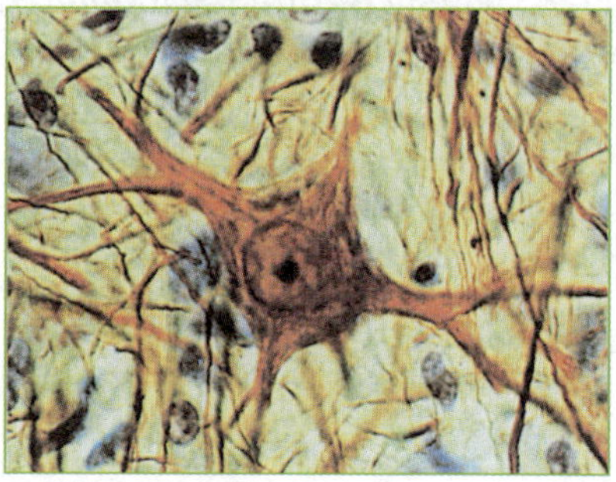

× 300

- Elles sont entourées par une membrane ou une paroi en plus.
- Elles contiennent toutes un noyau et un constituant comprenant des organites, le cytoplasme.

2. Tu conclus par un schéma de synthèse.

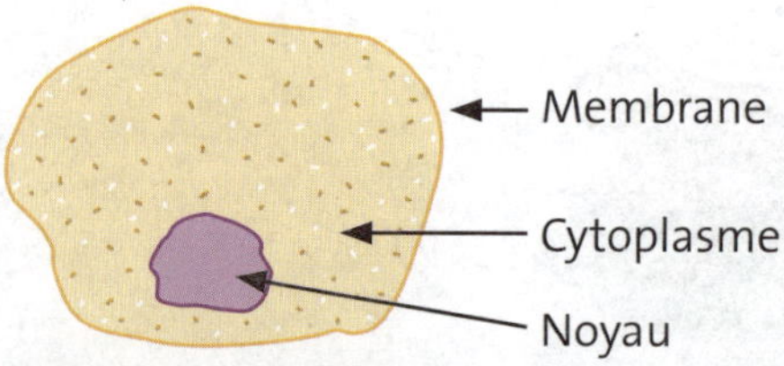

Organisation de la cellule

EXOS

1 ★ **Sur la photographie ci-dessous, prise au microscope (cellule sanguine), retrouve les différentes parties de la cellule et indique-les par des flèches.**

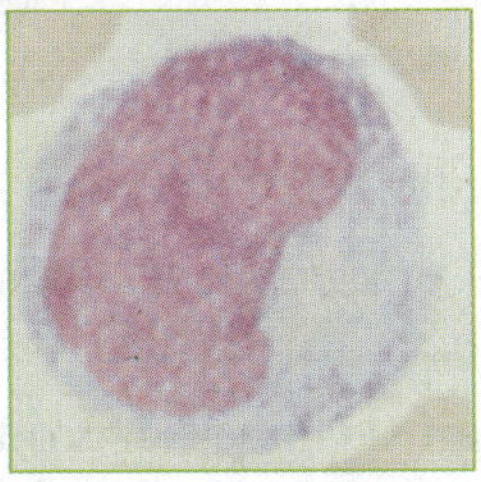

× 3 000

2 ★★ **Retrouve le mot qui se cache derrière cette charade.**

Mon premier est la moitié d'un tout.
Mon second est une dent longue et pointue.
Mon troisième est un instrument de musique d'église.
Mon quatrième est une plante utilisée pour faire de l'anisette.
Mon cinquième est le cri de la vache.
Et mon tout est un être de petite taille.

Réponse : ....

3 ★★★ **Parmi les êtres vivants représentés, recherche ceux qui font partie des unicellulaires ou des pluricellulaires, et coche la case correspondante dans le tableau ci-dessous.**

Amibe

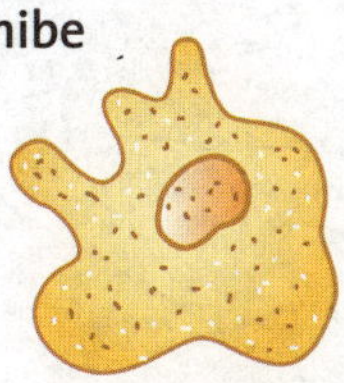

Puce

Levure

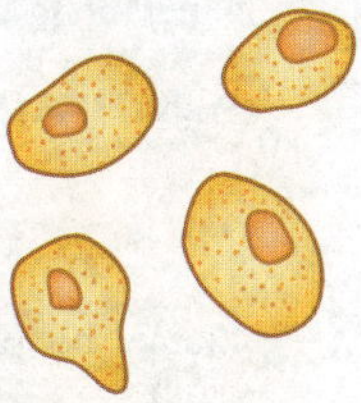

Être vivant	Unicellulaire	Pluricellulaire
Amibe		
Puce		
Levure		
Pénicillium du roquefort		
Euglène		

Euglène

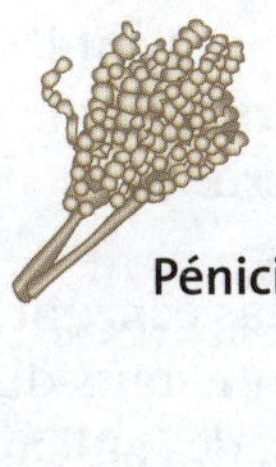

Pénicillium

4 ★★★ **La cellule est-elle caractérisée par sa taille, sa forme ou sa structure ? Utilise les différentes photographies de cette double page pour répondre à la question et justifier ta réponse.**

3 La classification des êtres vivants

OBJECTIF • Savoir regrouper les êtres vivants

COURS

- Les êtres vivants se distinguent entre eux par un ensemble de **critères**.
- En regroupant les espèces possédant les mêmes critères, on peut situer les êtres vivants les uns par rapport aux autres.
- Tous les êtres vivants sont ainsi classés en groupes emboîtés : on a réalisé ce qu'on appelle une **classification**.

MÉTHODE

Savoir classer les espèces

Voici différentes espèces rencontrées lors d'une sortie en forêt : Biche ; Mulot gris ; Grenouille verte ; Faisan ; Geai ; Abeille domestique ; Tégénaire ; Hanneton ; Ver de terre. Comment les classer ?

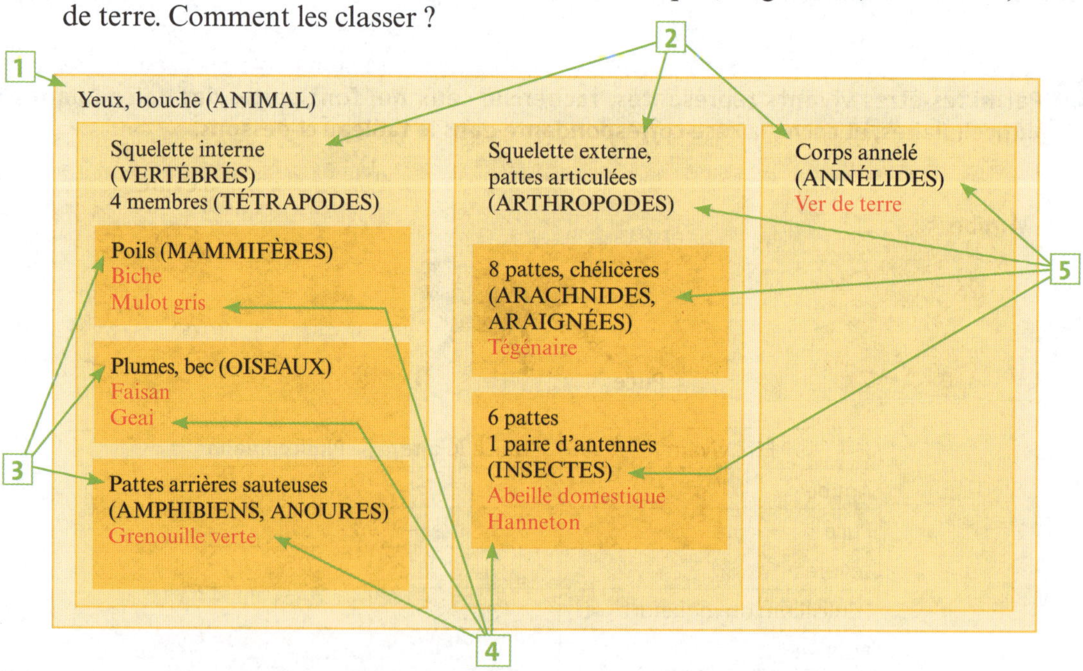

1. Tous ont des **yeux**, une **bouche** : ces critères définissent les **Animaux**.
2. Tu regroupes successivement les animaux en fonction de critères qu'ils partagent :
– soit un **squelette interne**, formé d'os ;
– soit un **squelette externe** ;
– soit un **corps annelé** ;
– soit une **coquille** (le cas échéant).
3. Tu repères d'autres attributs du corps pour faire des sous-groupes emboîtés aux précédents : des **pattes**, des **antennes**, des **poils**, des **plumes**…
4. Tu situes les espèces rencontrées.
5. Tu donnes un nom aux différents **groupes emboîtés**.

EXOS

1 ★ **Retrouve le mot qui se cache derrière cette charade.**

Mon premier est un pronom possessif.
Mon second est dans le pain.
Mon troisième sert à repasser.
Mon tout est une classe des Vertébrés.

Réponse : ....

2 ★★ **Victor a retrouvé l'herbier de son grand-père, mais les étiquettes se sont décollées. Avec une encyclopédie, aide-le à reclasser les échantillons en cochant la bonne case.**

Groupe / Échantillon	Plante à fleurs	Plante à spores
Sceau de Salomon		
Polypode		
Avoine		
Polytric		
Chardon		
Orge queue de rat		

3 ★★★ Les Arthropodes possèdent comme attributs un squelette externe et des pattes articulées. On distingue dans ce groupe les sous-groupes suivants :

- Les Insectes
  - 6 pattes
  - 2 antennes
  - des mandibules

- Les Araignées
  - 8 pattes
  - pas d'antennes
  - des crochets venimeux (chélicères)

- Les Crustacés
  - nombreuses paires de pattes
  - 4 antennes
  - des mandibules

Réalise une classification pour ces Arthropodes.

4 ★★★ **Remplis la grille de mots d'après les définitions données.**

1. Possède un squelette externe, des pattes articulées.
2. Insecte aquatique ou fabriqué par certaines huîtres.
3. Vole, nage ou court.
4. Possède toujours un squelette interne.
5. Vit dans l'air ou dans l'eau.
6. Mammifère marin présenté au cirque.

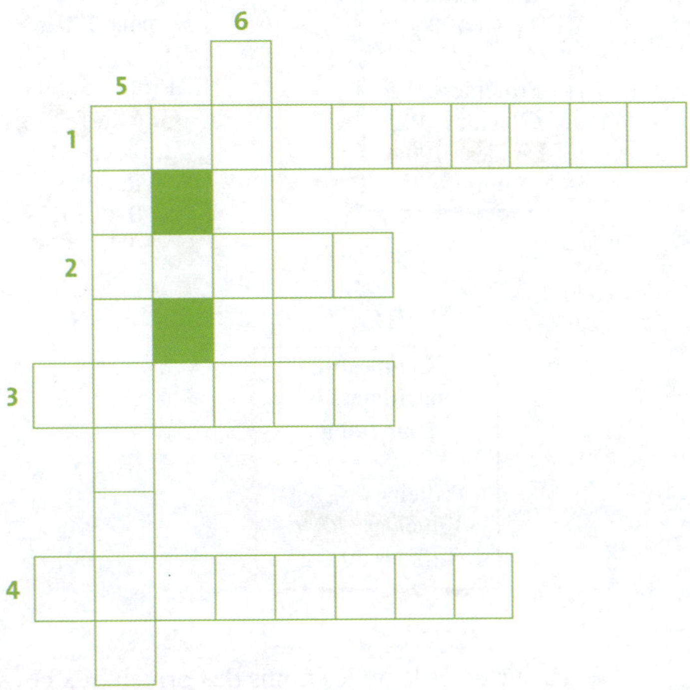

4 Les besoins de l'être humain en aliments

OBJECTIF • Identifier les constituants des aliments

COURS

- Pour se procurer et diversifier son alimentation, l'être humain élève des animaux et cultive d'importantes variétés de végétaux.

- Des animaux, il utilise la **viande**, le **lait** et les **œufs** qui sont principalement des aliments bâtisseurs. Des végétaux, il prélève les **fruits**, les **graines** et **différents organes** qui sont des aliments énergétiques. Des deux, il tire les vitamines essentielles à sa santé.

- Les besoins en constituants comme **matières grasses**, **matières glucidiques** et **protéines** sont ainsi assurés par les produits de l'élevage ou des cultures.

MÉTHODE

Saisir des informations

1. Tu repères dans les étiquetages proposés les différents constituants des aliments.

HUILE

Composition nutritionnelle pour 100 g

Protéines : 0 g
Glucides : 0 g
Lipides : 100 g
Vitamine E

SOUPE

Composition nutritionnelle pour 100 g

Protéines : 9 g
Glucides : 57 g
Lipides : 10 g
Vitamines : B, C, PP

LAIT

Composition nutritionnelle pour 100 g

Protéines : 3 g
Glucides : 4,7 g
Lipides : 3,5 g
Vitamines : A, B, C, PP

RIZ

Composition nutritionnelle pour 100 g

Protéines : 7,5 g
Glucides : 78 g
Lipides : 0,6 g

POISSON

Composition nutritionnelle pour 100 g

Protéines : 17 g
Glucides : 0 g
Lipides : 0,4 g

2. Tu surlignes le ou les noms des principaux constituants.

1 ★ D'après l'étiquetage proposé ci-dessous, complète le texte.

COUSCOUS AU POULET

INFORMATIONS NUTRITIONNELLES

Composition : poulet, merguez, légumes, semoule.

Protéines : 8,5 g
Glucides : 15 g
Lipides : 3,5 g
pour 100 g

Le couscous, plat cuisiné traditionnel, est un plat équilibré car il comporte des .... , des .... et des .... Les jeunes, en pleine croissance, y trouvent les .... nécessaires. Les glucides, qu'il contient en quantité, sont des aliments .... Dans les légumes qu'il renferme, il y a des aliments indispensables en faible quantité : les ....

2 ★★ Dominique revient des courses. Son panier est, d'après elle, rempli de fruits. Entoure le (ou les) intrus parmi les dessins suivants.

3 ★★ Certains glucides sont qualifiés de sucres « rapides » ou de sucres « lents », selon qu'ils apportent rapidement ou non de l'énergie à notre organisme. Quels sucres trouve-t-on en majorité dans les aliments du tableau ci-dessous ? Coche la bonne colonne.

Aliment	Sucre rapide	Sucre lent
Haricot blanc		
Miel		
Riz complet		
Bonbon		
Confiture		

4 ★★★ Remplis la grille de mots d'après les définitions données ci-dessous, puis retrouve celle du mot encadré en rouge.

1. Gros haricot.
2. La vache nous en donne volontiers.
3. Fruit rouge.
4. Spaghetti ou macaroni.
5. Bonne en compote.
6. Matière grasse.
7. Du muscle.
8. Donné par la poule.

9. ....

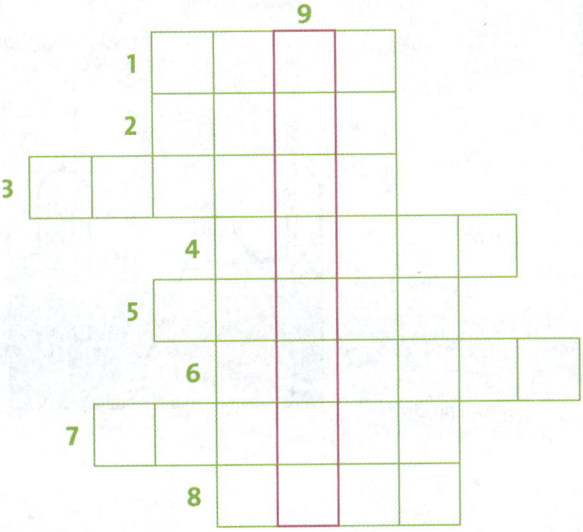

Livret Parents – Corrigés p. 29

5 L'utilisation des micro-organismes

OBJECTIF • Réaliser une transformation biologique contrôlée

COURS

- La **fermentation** permet la transformation d'aliments, dans certaines conditions, par des micro-organismes.
- De nombreux produits de notre alimentation sont ainsi obtenus : boissons, légumes, laitages et fromages, pains, etc.
- L'être humain cherche sans cesse à améliorer la qualité de sa production :
  – par le choix des matières premières ;
  – par la sélection des micro-organismes ;
  – par le respect des règles d'hygiène.

MÉTHODE

Savoir faire preuve d'esprit critique

- Les montages proposés montrent que les levures, en l'absence d'oxygène, utilisent le sucre qu'elles transforment en alcool et en dioxyde de carbone.
- Vérifie la validité du protocole expérimental.

- Tu dois t'assurer que :

1. les montages sont à la même température, 35 °C ;
2. les solutions de sucre sont à la même concentration, 36 g par litre, et aux mêmes volumes ;
3. le matériel utilisé est le même dans les deux montages (matériaux et volumes des récipients) ;
4. le témoin ne contient pas de levures.

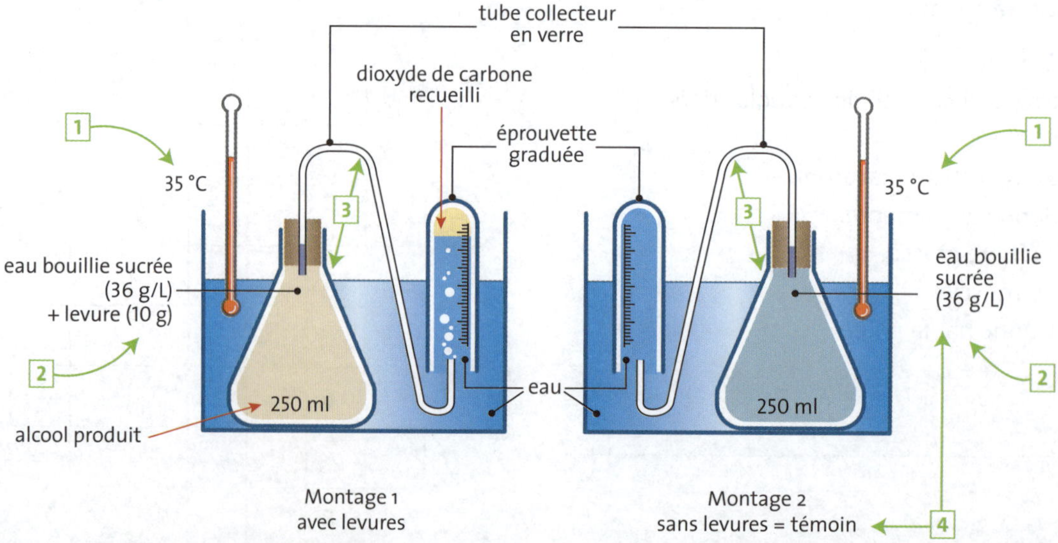

1 ★ Pour montrer que la levure fait « monter » la pâte à pain, Grégoire utilise 100 g de farine, 1 verre d'eau, 1 pincée de sel et 1/4 d'un sachet de levure de boulanger.

Il malaxe le tout jusqu'à l'obtention d'une boule de pâte souple et non collante qu'il laisse reposer pendant deux heures.
Il peut alors faire cuire à four chaud pendant 10 minutes.

Quelle expérience témoin lui proposes-tu ?
Et bon appétit !

....

....

2 ★★ **Les aliments et les boissons cités dans le tableau proviennent d'une fermentation. Inscris dans la colonne de droite le nom du produit d'origine qui a été transformé.**

Aliment et boisson	Produit transformé
Yaourt	
Choucroute	
Vin	
Cidre	
Bière	

3 ★★ **Le pain est bien le produit d'une fermentation par des levures. Justifie cette proposition à partir du montage proposé dans la Méthode p. 218.**

....

....

4 ★★★ **Remplis la grille de mots d'après les définitions données.**

Horizontal
1. Champignon bien utile.
2. Êtres vivants microscopiques.
3. Sur la table à chaque repas.
4. Son abus est fortement déconseillé.
5. On la met au four pour faire du pain.
6. Blanc, rouge ou rosé.

Vertical
A. L'azote en est un.
B. Permet la vie sans oxygène.
C. Article.
D. Boisson blonde, brune ou rousse.
E. Un gaz.
F. On le boit avec les crêpes.

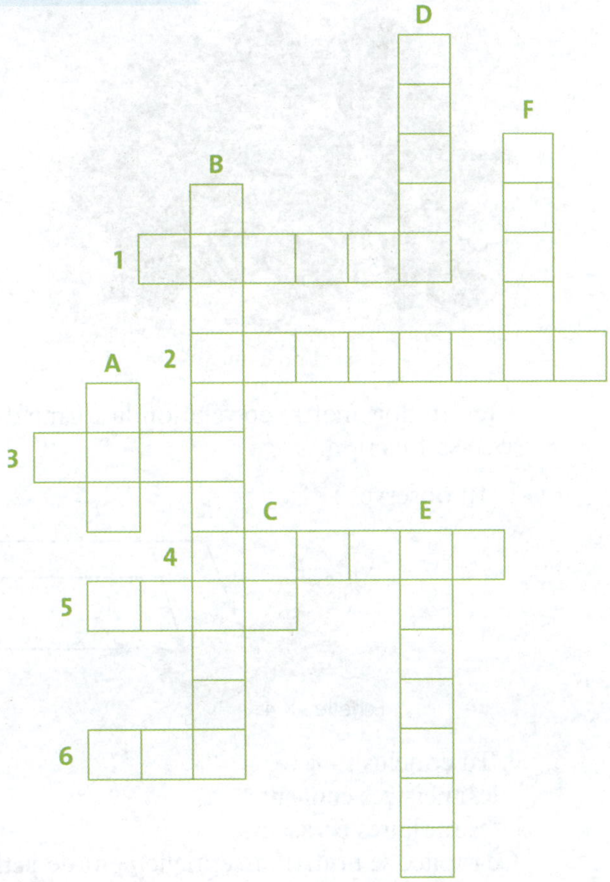

6 Les besoins nutritifs des êtres vivants

OBJECTIF • Identifier les régimes alimentaires des animaux

COURS

- Tous les **êtres vivants** se nourrissent de matériaux trouvés dans leur environnement. Ils s'en servent pour produire leur propre matière (organique).
- Les **végétaux**, s'ils sont à la **lumière**, n'ont besoin que de **matière minérale** puisée dans le sol (eau et sels minéraux) et dans l'air (dioxyde de carbone).
En revanche, les **animaux** et les **champignons** ont en plus besoin de **matière organique** provenant d'autres êtres vivants.
- On distingue les animaux selon leur **régime alimentaire** : **phytophages** (qui se nourrissent de végétaux), **zoophages** (qui se nourrissent d'animaux) ou **mixtes**.

MÉTHODE

Mettre en relation logique des informations

- Pour reconstituer le régime alimentaire d'un rapace, on peut analyser les déchets qu'il régurgite quelque temps après son repas sous forme de pelote.
- La dissection d'une pelote nous renseigne sur la nature des aliments ingérés.

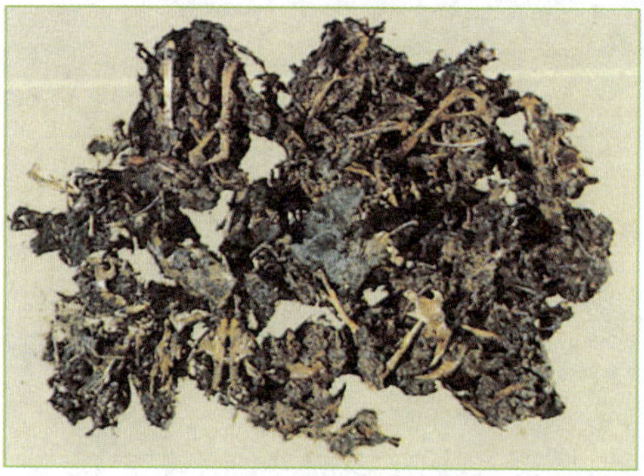

Dissection d'une pelote

Demi-mâchoire extraite de la pelote

- Ici, tu dois mettre en relation la forme d'une dent, d'une des mâchoires extraite, avec sa fonction.

1. Tu observes :

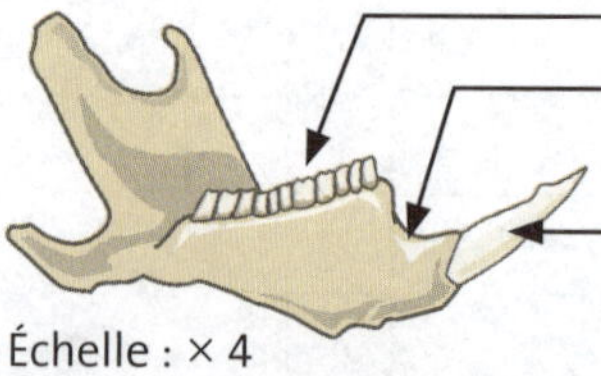

2. Tu conclus :
– les incisives **coupent** ;
– les molaires **écrasent**.
Ce rapace se nourrit essentiellement de **petits rongeurs**.

EXOS

1 ★ **Tom ne comprend pas pourquoi les horticulteurs enrichissent souvent les serres en dioxyde de carbone (= fumure aérienne). Explique-lui.**

....

2 ★ **Les phytophages ont des « outils » pour la récolte et la consommation des végétaux. Fais correspondre à chaque lettre le numéro de l'outil le mieux approprié.**

A. Trompe du papillon •
B. Molaires de la vache •
C. Incisives de rongeur •
D. Mandibules de grillon •

• 1. Râpe
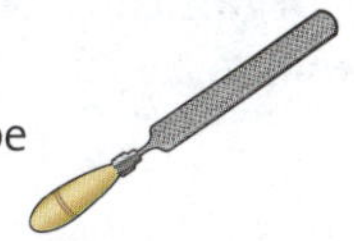

• 2. Pinces coupantes
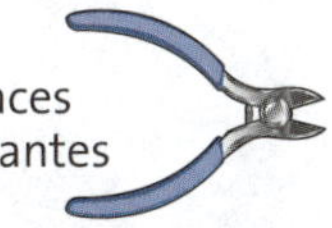

• 3. Ciseaux à bois
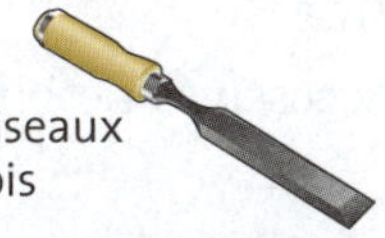

• 4. Paille
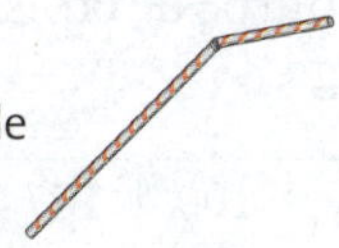

3 ★★ **Des dents, oui, mais pour quoi faire ? Sur les mâchoires présentées, la forme des dents est bien différente. Retrouve, en fonction de leur forme, le rôle de ces dents.**

Forme des dents	Rôle
Chien 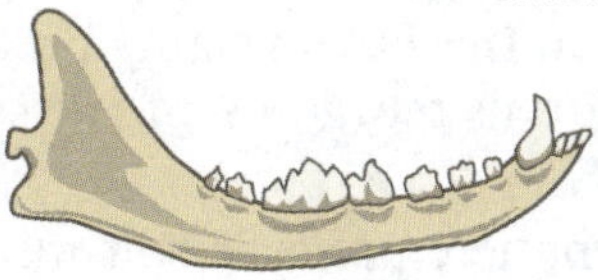	....
Requin 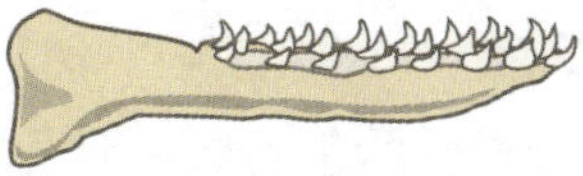	....
Musaraigne 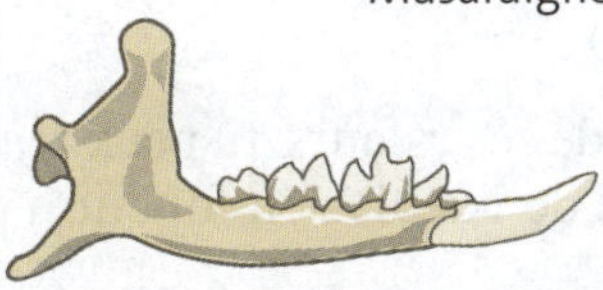	....

4 ★★★ **Kenza se promène en forêt et rencontre les reliefs de repas de différents animaux. Aide-la à les identifier en reliant les chiffres aux lettres qui leur correspondent.**

1. Tronc écorcé •

2. Noisette martelée •

3. Cône épluché •

4. Betterave rongée •

• 
A. Pic

• B. Cerf

• C. Lièvre

• D. Écureuil

Livret Parents – Corrigés p. 29

7 La production de matière chez les êtres vivants

OBJECTIF • Relier la production de matière à la croissance

COURS

- Les végétaux chlorophylliens produisent leur matière uniquement à partir d'éléments minéraux : ce sont des **producteurs primaires**.

- Tous les autres êtres vivants produisent leur propre matière à partir de celle déjà existante, qu'ils réorganisent : ce sont des **producteurs secondaires**.

- Que la matière prélevée soit minérale ou organique, la matière produite par les êtres vivants est toujours de la **matière organique**.

MÉTHODE

Savoir réaliser une courbe de croissance

- Le tableau ci-dessous donne les tailles successives de Nicolas, de sa naissance à l'âge de 20 ans.

- À partir de ces valeurs, tu peux réaliser la courbe de croissance montrant l'évolution de la taille de Nicolas en fonction de son âge.

Taille (cm)	52	73	80	87	94	100	107	114	120	124	129
Âge (années)	0	1	2	3	4	5	6	7	8	9	10

Taille (cm)	137	147	159	165	170	172	175	177	178	178
Âge (années)	11	12	13	14	15	16	17	18	19	20

1. Tu traces un repère orthogonal sur du papier millimétré.
2. Sur l'axe des abscisses, tu indiques les âges en prenant 1 cm pour 2 ans.
Sur l'axe des ordonnées, tu indiques les tailles en prenant 1 cm pour 20 cm.
3. Tu reportes chaque point correspondant du tableau de la façon suivante :
– à la naissance (= 0), Nicolas mesure 52 cm : c'est l'origine des deux axes ;
– à 1 an, il mesure 73 cm : tu portes un point à l'intersection d'une verticale qui passe par 1 an et d'une horizontale qui passe par 73 cm.
4. Tu joins les points à main levée pour obtenir la courbe.
5. Tu donnes un titre à la courbe.

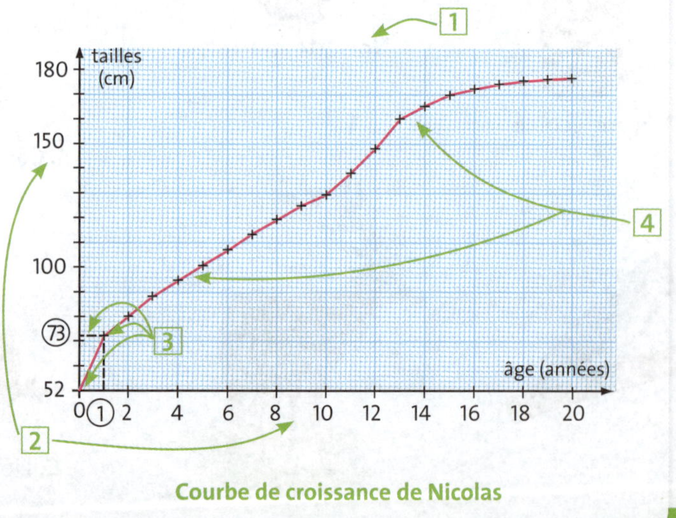

Courbe de croissance de Nicolas

EXOS

1 ★ **Au printemps, réalise des cultures de radis en pleine terre ou en bac. Mesure la longueur des tiges obtenues pendant 15 jours et reporte ces valeurs dans un tableau. Tu peux en faire de même avec les racines (longueur et diamètre). Après 18 jours, tu peux consommer le reste avec sel et beurre !**

2 ★★ **Remets dans l'ordre ces fragments de papier obtenus après la déchirure accidentelle d'un document. Il concerne la production des êtres vivants.**

1. Le chêne de la forêt
2. bourgeonne à la surface de la mare
3. à partir de la matière prélevée chez d'autres animaux aquatiques
4. Le cerf de la forêt
5. produit son bois, ses feuilles et ses glands
6. grâce aux matières minérales dissoutes dans l'eau
7. La lentille d'eau
8. produit sa chair et son squelette
9. en prélevant la matière des végétaux de la forêt
10. à partir des matières minérales du sol
11. se développe dans l'eau
12. Le dytique

Réponse : ....

3 ★★ **À quelle catégorie appartiennent les êtres vivants cités dans le tableau ci-dessous ? Coche la bonne colonne.**

Être vivant	Producteur primaire	Producteur secondaire
Lapin		
Algue		
Pomme de terre		
Oiseau		
Être humain		
Fougère		

4 ★★★ **Les valeurs du tableau ci-dessous donnent la taille d'une écrevisse en fonction du temps. Construis la courbe de croissance de cet animal et compare-la à celle de Nicolas (Méthode p. 222).**

Taille (cm)	16	16	18	18	18	20	21	21	21
Âge (jours)	1	8	9	10	27	29	30	31	50

Taille (cm)	22	27	28	28	32	33	33	33
Âge (jours)	56	57	58	74	75	76	100	110

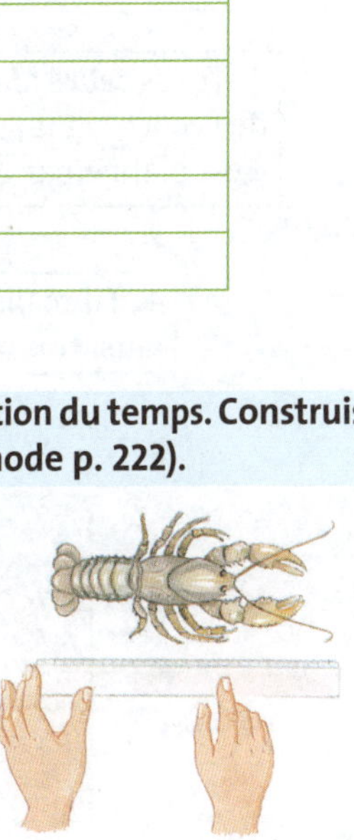

Français
Maths
Histoire-Géo. et EMC
Anglais
Sciences
Évaluations
Dossier orientation

8 L'interdépendance des êtres vivants

OBJECTIF • Montrer les relations d'interdépendance entre les êtres vivants

COURS

- Dans un milieu donné, les êtres vivants établissent entre eux des relations de type alimentaire. Ils constituent les maillons de **chaînes alimentaires**.

- Les végétaux chlorophylliens sont toujours en début de chaîne. Ils sont consommés par les phytophages. Les zoophages consomment les phytophages ou d'autres zoophages. Les restes d'animaux et de végétaux sont utilisés par les détritivores.

- Dans un même milieu, les chaînes alimentaires s'imbriquent pour former un **réseau alimentaire**.

MÉTHODE

Savoir réaliser un schéma de synthèse

Dans l'étang, des êtres vivants constituent un réseau alimentaire.

1. Tu repères les régimes alimentaires.

1. Plancton végétal = algues microscopiques : végétaux chlorophylliens
2. Élodée : plante chlorophyllienne
3. Plancton animal : planctonivore
4. Larves d'insectes : planctonivores ou détritivores
5. Gammare : détritivore
6. Limnée : phytophage
7. Sangsue : se nourrit de limnées et de petits poissons
8. Vairon : insectivore
9. Cincle : se nourrit de limnées, planorbes et d'insectes
10. Martin pêcheur : insectivore et piscivore
11. Restes de végétaux et d'animaux

2. Tu établis les liens entre les êtres vivants.

3. Tu les relies alors à l'aide de flèches signifiant « est mangé par ».

4. Tu réalises ainsi ton réseau.

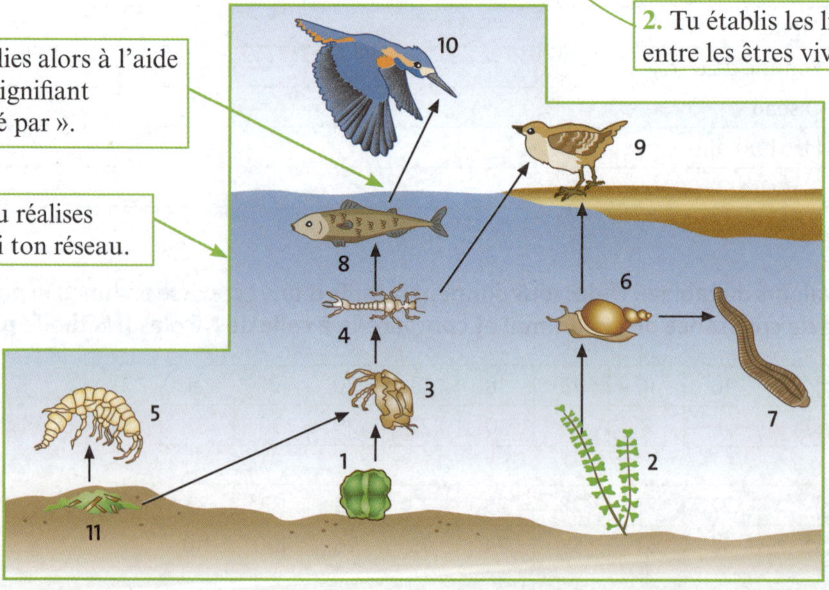

1 ★ Recherche la définition dans le dictionnaire et donne un synonyme des termes suivants.

- Zoophage : ....

....

....

Synonyme : ....

- Phytophage : ....

....

....

Synonyme : ....

2 ★★ Retrouve le mot qui se cache derrière cette charade.

Mon premier relie le pédalier du vélo à la roue.
Mon second débute l'alphabet.
On se repose dans mon troisième.
Mon quatrième ne dit pas la vérité.
Mon cinquième fait une rotation en 24 h.
Mon tout est un ensemble d'êtres vivants reliés entre eux.

Réponse : ....

3 ★★★ Relie les êtres vivants ci-dessous par des flèches. Tu auras ainsi réalisé un réseau alimentaire dans la prairie.

Hérisson

Crapaud

Rapace diurne

Mulot

Serpent

Criquet

Herbe

Épi de blé

Livret Parents – Corrigés p. 30

9 Le devenir de la matière organique dans le sol

OBJECTIF • Comprendre le recyclage de la matière

COURS

- Le sol est un milieu complexe, composé de matières minérales, de matières organiques et de restes d'êtres vivants. De plus, il abrite de nombreux êtres vivants : animaux, champignons et bactéries.
- La matière minérale qu'il contient est issue de la **décomposition** de la matière organique et de la **dégradation** des roches du sous-sol.
- Les êtres vivants responsables du **recyclage** de la matière organique le long des réseaux alimentaires présents dans le sol sont qualifiés de **décomposeurs**.

MÉTHODE

Savoir manipuler, observer et conclure

Comment vérifier que les matières organiques sont décomposées dans le sol ?
Tu as besoin de mouchoirs en papier (= matière organique issue de l'arbre), de deux fonds de bouteilles en plastique et de terreau (= sol).

- **Début de l'expérience**

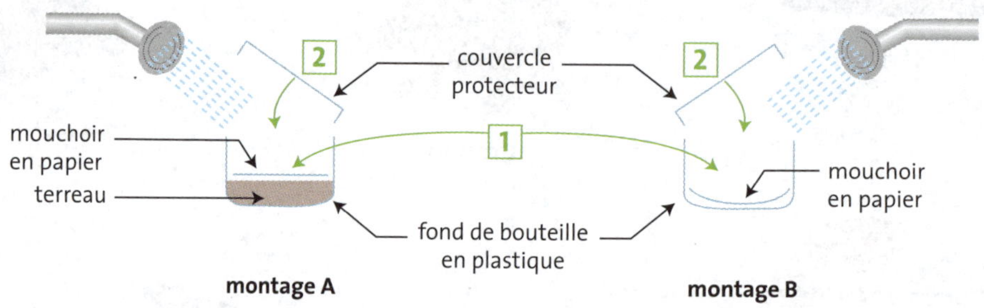

- **Plusieurs semaines plus tard**

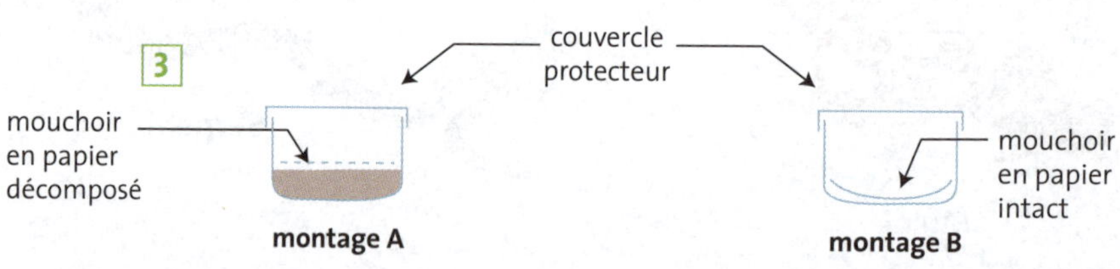

1. Tu déposes, dans le 1er fond de bouteille (montage A), du terreau que tu recouvres d'un mouchoir en papier et dans le 2e fond (montage B), seulement un mouchoir en papier.
2. Tu humidifies les deux papiers et tu les recouvres d'un couvercle protecteur.
3. Tu veilles à conserver ces montages humides et tu les observes au fil des semaines.
4. Tu conclus en comparant les montages A et B. Au cours du temps, seul le papier en contact avec le terreau a disparu. Il a été décomposé. C'est un matériau **biodégradable**.

EXOS

1 ★ **Les matières plastiques ne sont pas biodégradables. Propose une manipulation permettant de vérifier cette hypothèse.**

2 ★ **Observe les dessins ci-dessous. La famille Pensarien vient de faire un pique-nique en forêt. Elle a laissé sur place les déchets suivants. Coche les restes qui sont biodégradables et réponds à la question.**

❑ **1. Pelures de fruits**

❑ **2. Bouteilles en plastique**

❑ **3. Canettes en aluminium**

❑ **4. Bouteilles en verre**

❑ **5. Emballages en polystyrène**

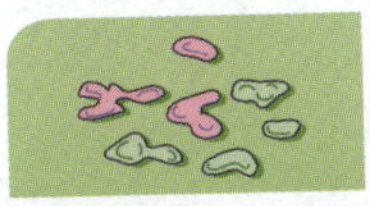

❑ **6. Chewing-gum**

❑ **7. Papiers**

❑ **8. Mégots de cigarette**

Question : Que peux-tu suggérer à cette famille ?

....

3 ★★ Chloé, Loïc et Pierre ne sont pas d'accord.
Chloé affirme : « Les vers de terre aèrent le sol avec leurs galeries et favorisent l'accélération du recyclage de la matière organique par d'autres êtres vivants. »
Loïc dit : « Les vers de terre mangent les végétaux de la litière et les enfouissent dans le sol, favorisant directement le recyclage. »
Alors que Pierre clame : « Les vers de terre transforment une partie de la matière organique en matière minérale. »
Après t'être informé, désigne celui qui a raison.

Réponse : ....

4 ★★★ **Les champignons à chapeau se récoltent en coupant juste à la base du pied et non pas en tirant dessus. Peux-tu, en recherchant leur constitution, expliquer pourquoi il faut prendre cette précaution ?**

10 Les composantes biologiques et géologiques de l'environnement et leurs interactions

OBJECTIF • Relier les êtres vivants aux composantes physiques de l'environnement

COURS

- Notre environnement présente une **composante minérale** (gaz de l'air, eau, éléments du sous-sol), des **êtres vivants** (animaux et végétaux) et des **manifestations** de l'**activité humaine**.
- Dans notre environnement, les êtres vivants ne sont pas répartis au hasard mais en fonction d'exigences précises. Ces exigences sont liées aux conditions extérieures (température, éclairement) qui peuvent varier en fonction de causes locales et dépendent parfois de la présence d'eau. Ces êtres vivants établissent des relations diverses entre eux (alimentation, reproduction) et avec leur support (locomotion) dans leur milieu de vie.
- L'**être humain** peut, par son activité, influencer leur répartition.

MÉTHODE

Savoir observer et représenter son observation

À partir de la photographie proposée ci-dessous, réalise un croquis de ton observation, et identifie les différentes composantes de cet environnement.

Méthode à suivre

1. Tu représentes les grands ensembles observés.
2. Tu identifies les différentes composantes minérales.
3. Tu recherches les végétaux et animaux repérables sur le document.
4. Tu complètes par les manifestations de l'activité humaine.

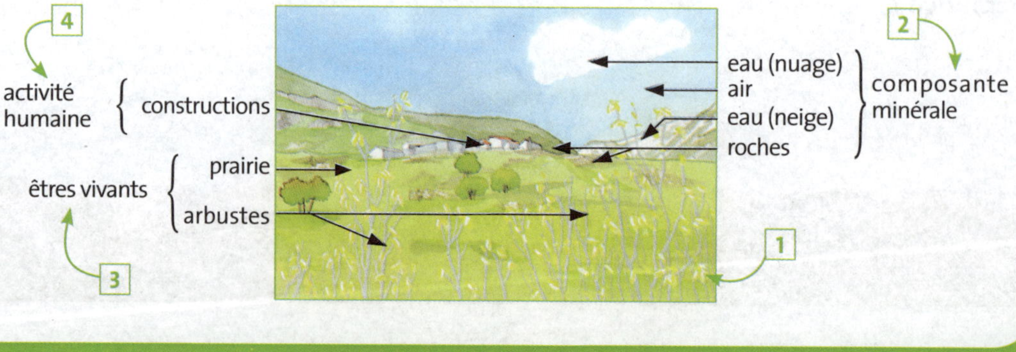

1 ★ **À partir de cette photographie d'un sol, repère les différentes composantes du milieu. Représente-les par un dessin annoté.**

2 ★★ **Les animaux représentés ci-dessous ont des rapports directs avec le milieu de vie ou avec d'autres êtres vivants. Fais correspondre chaque lettre avec le chiffre correspondant.**

1 LOCOMOTION

2 ALIMENTATION

3 RESPIRATION

4 REPRODUCTION

A.

B.

C.

D.

3 ★★★ **Remplis la grille de mots d'après les définitions données ci-dessous, puis retrouve celle du mot encadré en rouge.**

1. Dans l'eau, il y est à l'aise.
2. Au bord de la mare, il « plie mais ne rompt pas » disait de lui La Fontaine.
3. Pour se déplacer, jeune, elle a une queue, adulte, elle a des pattes.
4. Végétal aquatique.
5. Punaise d'eau.
6. Petite libellule à vie brève.
7. Larve fréquente au printemps.
8. Grand prédateur en eau douce.

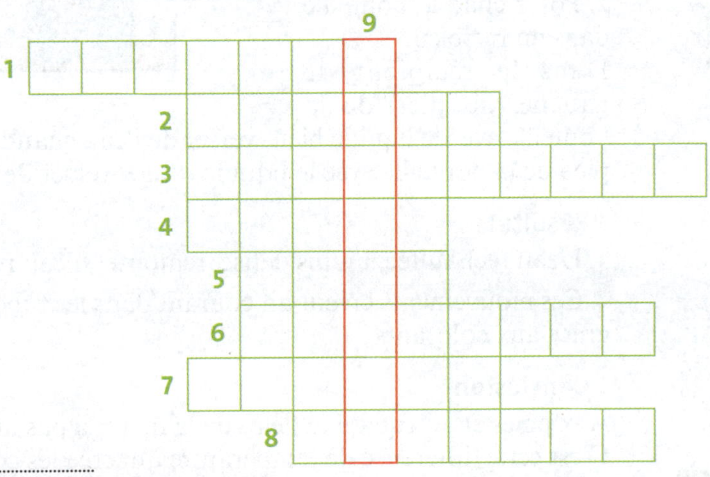

9. ....

11 La Terre et ses conditions de vie

OBJECTIF • Comprendre pourquoi la Terre est la seule planète habitée du système solaire

COURS

- La **Terre** est une **planète rocheuse** du système solaire, alors que d'autres sont constituées surtout de gaz.
- Le **Soleil** est une **étoile** du système solaire. Il produit de l'énergie thermique et lumineuse qui est reçue par la Terre.
- Sur la Terre, contrairement aux autres planètes, la **température** est douce (15 °C en moyenne). On y trouve alors de l'**eau** à l'état **liquide**, indispensable aux êtres vivants. La présence d'une atmosphère riche en **dioxygène** permet la **respiration** contrairement à toutes les autres planètes.

MÉTHODE

Réaliser la modélisation d'un phénomène naturel

À la surface de la Terre, il existe des courants marins, ou hydrosphériques. Tu connais sûrement le Gulf Stream, qui est un courant chaud.
En réalisant un montage, on peut modéliser les courants et comprendre comment ils se forment.

• Début de l'expérience

1. Prendre deux bouteilles en plastique et les relier par des tubes horizontaux, fixés avec de la colle ou des joints de silicone.
Remplir les bouteilles d'eau. Utiliser des colorants alimentaires pour colorer l'eau d'une bouteille en rouge, et l'autre en bleu.
2. Poser chaque bouteille dans un récipient.
Dans le récipient de gauche, au pied de la bouteille avec le liquide bleu, verser de l'eau chaude. Dans le récipient de droite, au pied de la bouteille avec le liquide rouge, verser de l'eau glacée.

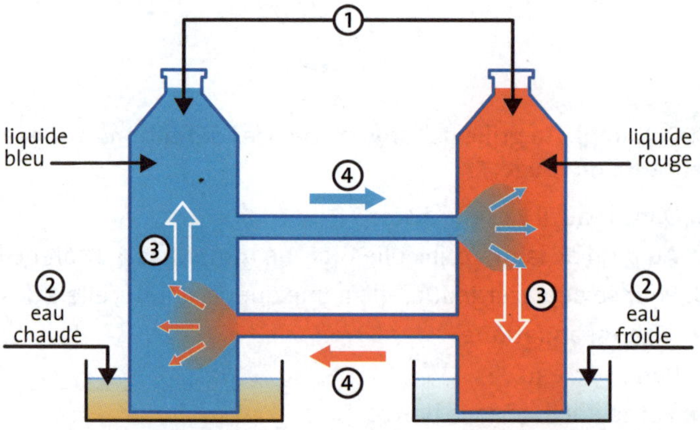

• Résultats

3. L'eau réchauffée, moins dense, remonte. L'eau refroidie, plus dense, descend.
4. Ces mouvements créent un courant dans les tubes horizontaux, que tu peux voir grâce aux colorants.

• Conclusion

Aux pôles et à l'équateur, l'eau de la mer n'a pas la même température.
C'est cette différence de température qui crée les courants marins.

1 ★ **Lors d'une éclipse solaire (quand le jour, le Soleil est masqué par la Lune), la température chute brusquement. Peux-tu l'expliquer ?**

....

....

....

2 ★ **Sur Vénus, il ne peut pas y avoir d'eau liquide et on ne peut pas respirer. En faisant des recherches sur Internet ou dans des livres, justifie ces affirmations.**

....

....

....

3 ★★ Pour réaliser la modélisation d'une éruption volcanique, tu disposes du matériel suivant :

– un tube en plastique souple, représentant la cheminée volcanique, et un élastique pour maintenir le tube en U ;
– un bouchon du diamètre du tube, pour obturer une extrémité ;
– de l'eau, pour remplir une partie de la cheminée ;
– de la purée épaisse ou du ketchup, représentant le magma plus ou moins visqueux circulant dans la cheminée ;
– un cachet effervescent, pour créer, en réagissant avec l'eau, une pression dans la cheminée.

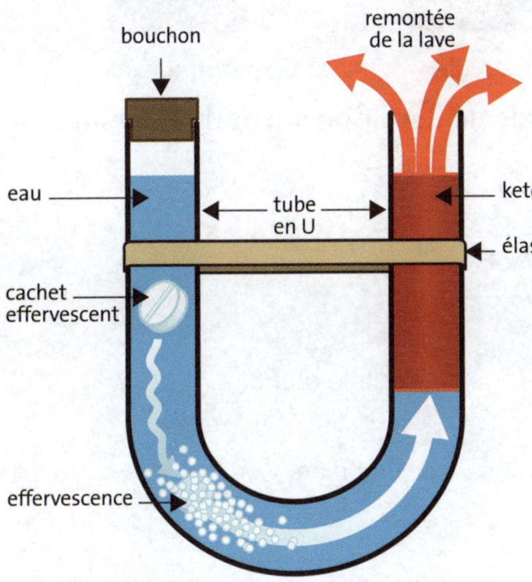

L'introduction du ketchup ou de la purée épaisse d'un côté du tube est la première étape à réaliser.
Reconstitue la chronologie des différentes étapes suivantes pour modéliser l'éruption volcanique.

4 ★★★ **Dans les carrières, souterraines ou à ciel ouvert, on extrait du sous-sol de la Terre des roches qu'on utilise ensuite pour produire des matériaux. En faisant des recherches, relie chaque matériau à la roche nécessaire pour le fabriquer.**

A. calcaire •	• 1. plâtre
B. gypse •	• 2. verre
C. argile •	• 3. brique
D. sable •	• 4. chaux

5 ★★★ **Aide-toi de documents ou d'Internet pour cocher la bonne réponse.**

A. La température de surface d'une planète dépend principalement :
❑ 1. de son activité interne, sismique et volcanique,
❑ 2. de sa distance par rapport au Soleil,
❑ 3. des satellites qui l'entourent.

B. Jupiter est :
❑ 1. une planète gazeuse,
❑ 2. une planète rocheuse,
❑ 3. un astéroïde.

C. Les exoplanètes sont :
❑ 1. des satellites extérieurs aux planètes,
❑ 2. des planètes externes au système solaire,
❑ 3. des météorites de grande taille.

Livret Parents – Corrigés p. 30

12 Le développement et la reproduction des êtres vivants

OBJECTIF • Identifier les caractéristiques de la puberté

COURS

- Les plantes à fleurs sont issues de la **germination** de **graines** obtenues par la transformation des **ovules** contenues dans leur pistil grâce au **pollen** déposé sur ce dernier.
Ovule et **pollen** fournissent les **éléments reproducteurs** nécessaires à la formation d'un **embryon** présent dans la graine.
- Les animaux sont issus d'une **cellule-œuf** donnant un embryon, parfois une **larve** ou un jeune ressemblant déjà à l'adulte, après **croissance** et **développement**.
- Dans l'espèce humaine, le nouveau-né est le résultat de la transformation d'une **cellule-œuf** en **embryon** puis en **fœtus**, au cours du **développement prénatal**.
- Après la naissance, des transformations ont lieu et la **puberté** correspond à la période où il devient **apte à se reproduire**. Le garçon produit des **spermatozoïdes** et la fille des **ovules**.

MÉTHODE

Savoir réaliser un cycle de développement

- Ces vignettes correspondent aux différentes étapes du développement de l'oursin.

oursin adulte femelle

oursin adulte mâle

fécondation : cellule-œuf

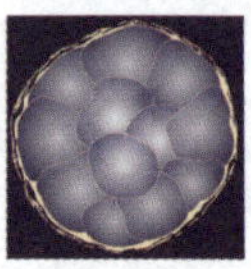
embryon

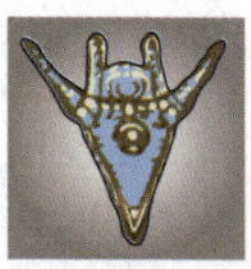
larve

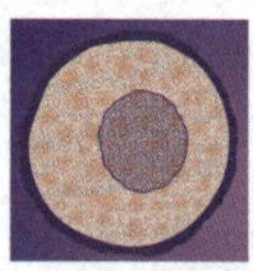
ovule

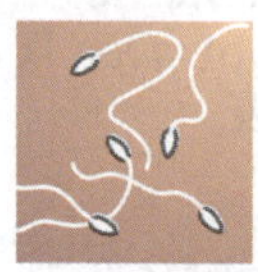
spermatozoïdes

- En les remettant dans l'ordre, on réalise le cycle de développement de l'oursin :

Cycle

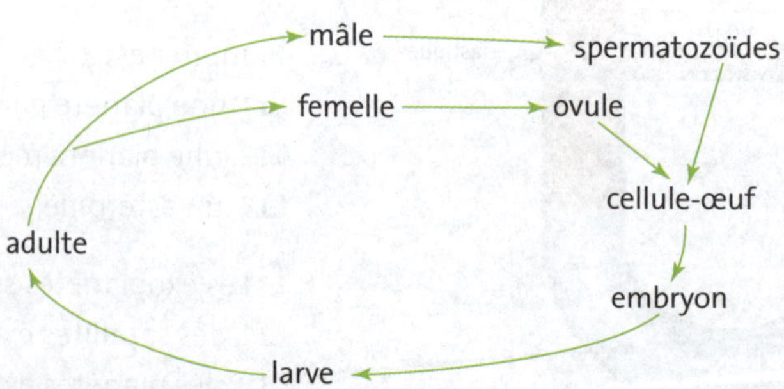

- Tu peux en déduire le rôle du mâle et de la femelle : produire les **éléments reproducteurs**.

1 ★ **Sur ce croquis de la coupe longitudinale d'une fleur, replace correctement les légendes suivantes.**

étamine – pistil – pétale – sépale – ovaire – ovule-stigmate

2 ★★ **Parmi les transformations physiques et physiologiques (du fonctionnement), identifie celles liées spécifiquement à la puberté chez le garçon et chez la fille.**

1. Garçon •
2. Fille •

- • A. croissance du corps
- • B. apparition des règles
- • C. mue de la voix
- • D. apparition de la pilosité pubienne
- • E. croissance de seins
- • F. apparition de la pilosité faciale
- • G. augmentation du volume des testicules
- • H. changement de la morphologie

3 ★★ **Les fruits désignés par une lettre contiennent tous une graine et sont dispersés de différentes façons. Relie chacun d'eux au mode de transport correspondant.**

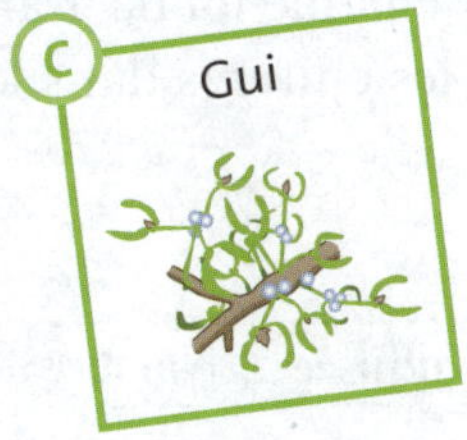

4 ★★★ Pour produire des fruits contenant des graines, les fleurs reçoivent du pollen. La pollinisation, transport du pollen sur le stigmate de la fleur, peut être anémophile, entomophile, ornithophile. Recherche les définitions et indique le mode de pollinisation chez le bouleau.

Livret Parents – Corrigés p. 30

13 L'occupation du milieu au cours des saisons

OBJECTIF • Comprendre que l'occupation du milieu varie au cours des saisons

COURS

- Un milieu subit, en pays tempéré notamment, l'alternance de **saisons**. Lumière, température et humidité fluctuent tout au long de l'année. Ces facteurs ont des conséquences, directes ou indirectes, sur l'occupation du milieu.

- Certains animaux, qui ne trouvent plus de nourriture dès qu'il fait trop froid, doivent **hiberner**. D'autres réalisent des **migrations** dans les pays plus favorisés l'hiver où ils peuvent s'alimenter.

- Des animaux peuvent changer de milieu au cours de leur développement et profiter ainsi de modifications saisonnières plus favorables. Les végétaux passent la mauvaise saison sous différentes formes leur permettant de résister au froid, avant de reprendre leur développement au printemps.

- Les plantes à fleurs peuvent réaliser leur cycle de développement :
– en moins d'une année civile : ce sont les **plantes annuelles** ;
– sur plusieurs années : ce sont les **plantes vivaces**.

MÉTHODE

Savoir analyser des résultats

Pour savoir dans quelles conditions d'humidité les graines germent, on réalise les expériences suivantes.

1. On utilise 5 lots de graines de haricot.
2. Pour chaque lot, on ensemence sur du terreau déshydraté un nombre de graines suffisant (20).
3. On fait varier pour chaque lot de graines la quantité d'eau ajoutée.
4. On veille à mettre les cultures dans les mêmes conditions de température et de lumière.

Résultats

Lot	Quantité d'eau utilisée	Nombre de graines germées
1	Aucune	0
2	Faible	3
3	Moyenne	18
4	Importante	10
5	Très importante	0

Analyse des résultats

Le lot 3 donne le meilleur résultat, la quantité d'eau utilisée est satisfaisante.

Conclusion

Au printemps, les graines trouvent des conditions idéales d'humidité.

1 ★ **Parmi les végétaux ci-dessous, identifie ceux qui sont annuels ou vivaces.**

Chêne

1. ....

Tournesol

2. ....

Lierre

3. ....

Fraisier

4. ....

Tomate

5. ....

2 ★ Il n'est pas très agréable de trouver ses chaussures de cuir dans cet état !
C'est pourtant ce qui est arrivé à Antoine qui a laissé sa chaussure gauche dans un lieu humide pendant quinze jours.
Explique-lui pourquoi, en utilisant la chaussure droite qui est restée au sec, comme témoin.

3 ★★ **Les animaux de nos pays tempérés modifient leur comportement quand arrive la mauvaise saison. Documente-toi pour cocher les cases correspondant à leur comportement.**

Animal	Migrateur	Hibernant	Actif
Marmotte			
Hirondelle			
Sanglier			
Hérisson			
Pie			
Mulot			

4 ★★★ **Parmi les insectes proposés ci-dessous, certains vont devoir changer de milieu de vie au cours des saisons pour poursuivre leur développement. Entoure-les et précise l'ancien et le nouveau milieu de vie.**

1. Moustique

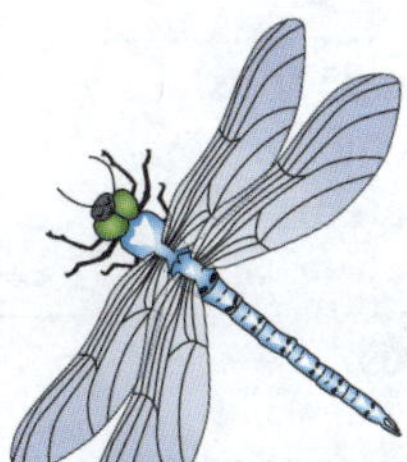

2. Libellule

3. Dytique

4. Cigale

5. Chenille

6. Fourmi

14 L'action de l'être humain sur le peuplement du milieu

OBJECTIF • Prendre conscience de l'influence de l'être humain sur le peuplement du milieu

COURS

- L'être humain, par ses différentes activités, influence le peuplement des milieux. Il peut provoquer des conséquences irréversibles, parfois imprévisibles.

- Son action peut être directe : par des **chasses** importantes et le **braconnage**, il provoque la disparition ou la raréfaction de certaines espèces animales.

- Son action peut aussi être indirecte :
  – des **introductions d'espèces**, dans des contrées inappropriées, entraînent des modifications de la faune et de la flore par compétition avec les espèces locales ;
  – un **déboisement** intense cause un lessivage du sol puis une érosion du sous-sol, rendant le milieu impropre à l'installation de nouveaux végétaux.

- L'être humain se doit, tant pour l'avenir de la planète que pour celui de sa population, de protéger son environnement et de préserver sa biodiversité.

MÉTHODE

Savoir se documenter

Activités humaines et conséquences indirectes sur le peuplement du milieu

2. Tu te documentes sur les conséquences de ces activités.

Activité humaine en cause	Conséquence	Influence sur le peuplement
Remembrement	**Disparition des haies**	**Disparition des oiseaux nichant dans les arbres**
Augmentation de la productivité végétale grâce aux insecticides	Disparition de tous les insectes même les pollinisateurs	Influence sur la reproduction des végétaux, donc sur la production des fruits
Industrie chimique et libération de gaz toxiques	Pluies acides	Dépérissement des arbres des forêts

1. Tu recherches les définitions des termes inconnus.

3. Tu en déduis l'influence sur le peuplement des milieux.

EXOS

1 ★ **Les lapins ont été introduits en Australie alors qu'ils n'existaient pas sur ce continent. Par l'absence de prédateur, ils se sont multipliés. Cette prolifération a eu diverses conséquences. Lesquelles ? Coche la bonne réponse.**

❑ 1. Destruction des régions boisées, les lapins se nourrissant des bourgeons des jeunes arbres.

❑ 2. Amélioration de la production forestière grâce à leurs déchets servant d'engrais.

❑ 3. Coopération avec les autres animaux du continent.

❑ 4. Compétition pour la nourriture et l'espace avec la faune locale : les marsupiaux.

2 ★★ Le transport du pétrole des pays producteurs vers les pays consommateurs nécessite l'utilisation de superpétroliers. Cette activité humaine peut avoir des conséquences.

Renseigne-toi sur celles-ci et recherche quelles peuvent être éventuellement leurs influences sur le peuplement du milieu marin.

3 ★★ **Parmi les différentes activités humaines ayant des conséquences sur l'environnement, distingue celles qui ont une influence directe de celles qui ont une influence indirecte. Retrouve le remède (A, B ou C). Coche les bonnes cases.**

Conséquence sur l'environnement	Cause	Action directe	Action indirecte	Remède proposé A	B	C
Marée verte ou pollution par les algues	Lessivage d'engrais et de déchets animaux					
Modification de la faune et de la flore	Déboisement intensif					
Raréfaction des oiseaux migrateurs	Assèchement des étangs et vasières (aires de repos)					

A : Limiter l'élevage et l'utilisation d'engrais chimiques.
B : Protection et conservation des milieux.
C : Gestion raisonnée de la forêt.

4 ★★★ **Remplis la grille de mots croisés d'après les définitions données ci-dessous, puis retrouve celle du mot encadré en rouge.**

1. Feu.
2. Peut être noire.
3. Déchets.
4. Transporteur d'énergie.
5. Limite les champs.
6. Nettoyage.
7. Poursuite et mise à mort.
8. Bête.
9. Unité de classification.
10. Usure des reliefs.
11. Produit chimique pour détruire les nuisibles.

12. ....
....

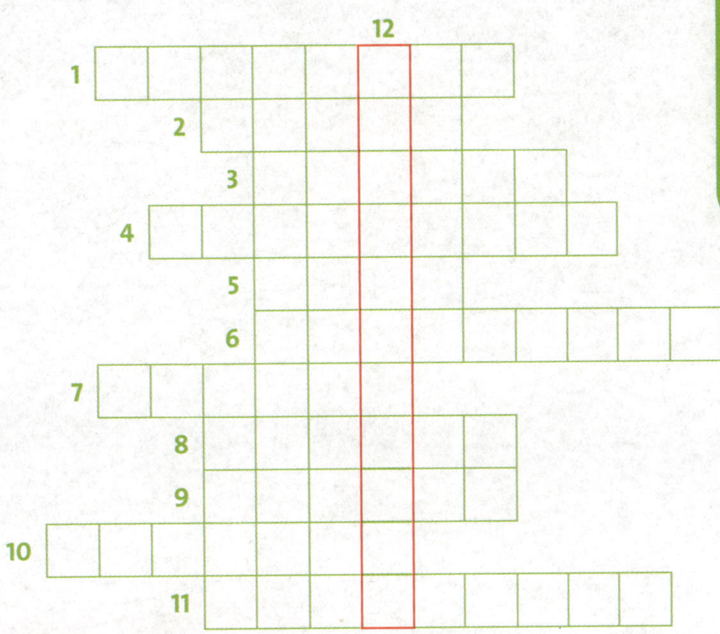

Évaluations

Français

Pour chaque question, il peut y avoir plusieurs réponses exactes !

1 Comment appelle-t-on des mots de sens contraire ?

❑ a. des antonymes
❑ b. des paronymes
❑ c. des synonymes
❑ d. des homonymes

... 1

2 La partie du mot « microscopique » en couleur est :

❑ a. le radical
❑ b. le préfixe
❑ c. le suffixe

... 1

3 La phrase « arrête de piquer mes affaires » appartient au registre :

❑ a. familier
❑ b. courant
❑ c. soutenu

... 1

4 Un champ lexical est un ensemble de mots :

❑ a. de la même famille
❑ b. ayant le même préfixe
❑ c. portant sur le même thème
❑ d. ayant le même suffixe

... 1

5 *La* peut être :

❑ a. un pronom personnel
❑ b. un pronom possessif
❑ c. un article défini
❑ d. un article indéfini

... 1

6 Quelle est la fonction grammaticale du groupe souligné : « Après la pluie le <u>beau temps</u> » ?

❑ a. complément du verbe
❑ b. complément de phrase
❑ c. sujet
❑ d. complément du nom

... 1

7 « L'extraterrestre est remonté dans sa soucoupe vert de peur ». L'adjectif *vert* est :

❑ a. épithète de « soucoupe »
❑ b. épithète de « peur »
❑ c. attribut du sujet « l'extraterrestre »

... 1

8 Les verbes qui ne prennent pas de *–s* à la 2e personne du singulier de l'impératif sont les verbes :

❑ a. en *er*
❑ b. en *ir*
❑ c. irréguliers

... 1

9 ***Des* est :**
- ❑ a. un déterminant possessif
- ❑ b. un article indéfini
- ❑ c. un déterminant démonstratif
- ❑ d. un article défini

... / 1

10 ***J'aimerais* est :**
- ❑ a. un imparfait
- ❑ b. un futur
- ❑ c. un conditionnel
- ❑ d. un plus-que-parfait

... / 1

11 **Quelle est la forme juste du présent de l'indicatif ?**
- ❑ a. tu peinds
- ❑ b. tu peins
- ❑ c. tu peints

... / 1

12 **Quelle est la forme juste du passé simple ?**
- ❑ a. ils voulurent
- ❑ b. ils voulirent
- ❑ c. ils voulèrent
- ❑ d. ils voulut

... / 1

13 **Quelle phrase est correctement orthographiée ?**
- ❑ a. Lucie et Pauline sont hélas tombées lors de l'épreuve du 100 mètres.
- ❑ b. Lucie et Pauline sont hélas tomber lors de l'épreuve du 100 mètres.
- ❑ c. Lucie et Pauline sont hélas tombée lors de l'épreuve du 100 mètres.
- ❑ d. Lucie et Pauline sont hélas tombés lors de l'épreuve du 100 mètres.

... / 1

14 **Le discours injonctif permet de :**
- ❑ a. donner des ordres
- ❑ b. donner des informations
- ❑ c. donner des conseils
- ❑ d. donner des indications

... / 1

15 **Une didascalie est :**
- ❑ a. un type de vers en poésie
- ❑ b. une indication scénique
- ❑ c. une déesse de la mythologie
- ❑ d. une description objective

... / 1

16 ***Bondir* est un verbe du :**
- ❑ a. en *er*
- ❑ b. en *ir*
- ❑ c. irréguliers

... / 1

17 **Un adjectif qualificatif peut être :**
- ❑ a. complément du verbe
- ❑ b. épithète du nom
- ❑ c. complément du nom
- ❑ d. sujet du verbe

... / 1

18 **Le mot *mécontentement* contient :**
- ❑ a. un préfixe et un radical
- ❑ b. un radical et un suffixe
- ❑ c. un préfixe et un suffixe
- ❑ d. un préfixe, un radical et un suffixe

... / 1

19 **L'étymologie est :**
- ❑ a. l'étude de l'origine des mots
- ❑ b. l'étude des familles de mots
- ❑ c. le nom du vers qui contient 12 syllabes
- ❑ d. le nom des sandales que portaient les soldats grecs

... / 1

20 **Le plus-que-parfait permet d'exprimer l'antériorité par rapport :**
- ❑ a. au présent
- ❑ b. à l'imparfait
- ❑ c. au passé simple
- ❑ d. au passé composé

... / 1

Livret Parents – Corrigés p. 31

TOTAL : ...... / 20

Maths

Pour chaque question, il peut y avoir plusieurs réponses exactes !

1 **13,25 =**
- ❑ a. 13 unités et 25 centièmes
- ❑ b. $13 + \frac{25}{100}$
- ❑ c. 1 325 centièmes
- ❑ d. $\frac{1\,325}{100}$

... 1

2 ***a* = 209 999. Donc :**
- ❑ a. 208 998 est le nombre entier qui précède *a*
- ❑ b. 210 000 est le nombre entier qui suit *a*
- ❑ c. 210 999 est le nombre entier qui suit *a*
- ❑ d. 209 998 est le nombre entier qui précède *a*

... 1

3 **Un nombre compris entre 14,59 et 15 est :**
- ❑ a. 14,5
- ❑ b. 14,6
- ❑ c. 14,591
- ❑ d. 14,519

... 1

4 **Lesquels de ces nombres sont-ils rangés dans l'ordre croissant ?**
- ❑ a. 4 ; 3 ; 2
- ❑ b. 1 ; 1,1 ; 1,2
- ❑ c. 0,001 ; 0,01 ; 0,1
- ❑ d. 2,9 ; 2,1 ; 2,11

... 1

5 **Puisque $128 \times 6 = 768$, alors :**
- ❑ a. $128 \times 60 = 7\,680$
- ❑ b. $12,8 \times 60 = 768$
- ❑ c. $12,8 \times 0,6 = 76,8$
- ❑ d. $128 \times 0,6 = 76,8$

... 1

6 **$2,03 \div 100 =$**
- ❑ a. 2,003
- ❑ b. 2,0300
- ❑ c. 0,0203
- ❑ d. 0,00203

... 1

7 **Puisque $316 = 12 \times 25 + 16$, alors :**
- ❑ a. le quotient de la division euclidienne de 316 par 25 est 12
- ❑ b. le quotient de la division euclidienne de 316 par 12 est 25
- ❑ c. le reste de la division euclidienne de 316 par 25 est 16
- ❑ d. le reste de la division euclidienne de 316 par 12 est 16

... 1

8 **Le reste d'une division euclidienne par 12 peut être :**
- ❑ a. 10
- ❑ b. 11
- ❑ c. 12
- ❑ d. 13

... 1

9 **5 736 est divisible par :**
- ❑ a. 2
- ❑ b. 4
- ❑ c. 3
- ❑ d. 9

... 1

10 **Le plan d'un village est à l'échelle 1/50 000 :**
- ❑ a. 1 cm sur la carte représente 50 000 km en réalité
- ❑ b. 1 cm sur la carte représente 50 000 cm en réalité
- ❑ c. 1 cm sur la carte représente 500 m en réalité
- ❑ d. 1 cm sur la carte représente 50 000 m en réalité

... 1

11 **50 % de 120, c'est :**
- ❑ a. 120 – 50
- ❑ b. la moitié de 120
- ❑ c. 50
- ❑ d. plus de 60

... 1

12 **ABC est un triangle, (*d*) est la droite perpendiculaire à (AB) qui passe par C. Quelle figure correspond à ce texte ?**

❑ a.

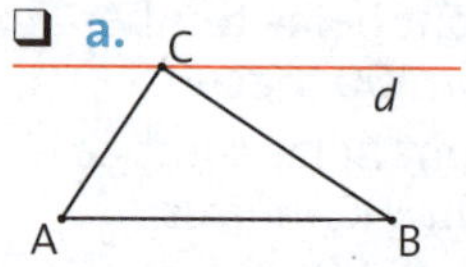

❑ b.

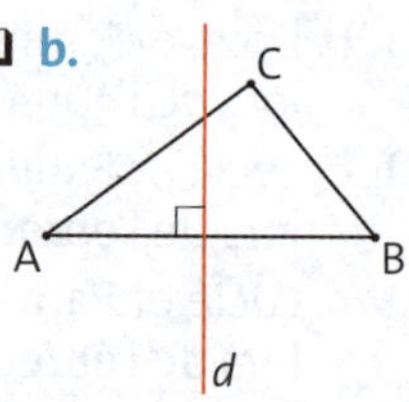

❑ c.

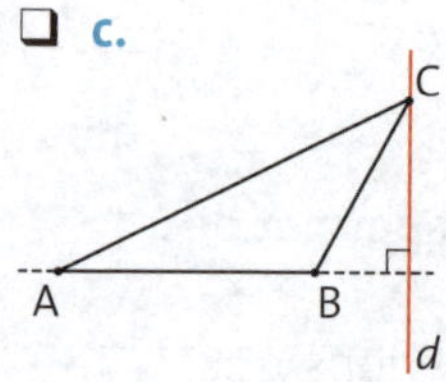

❑ d.

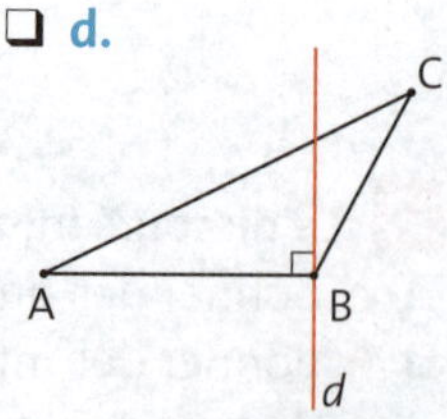

... 1

13 **Voici 4 triangles rectangles identiques.**

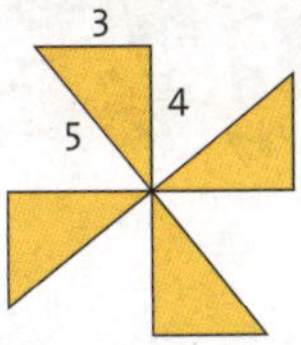

- ❑ a. L'aire totale vaut $4 \times (3 \times 4 \times 5)$.
- ❑ b. L'aire totale vaut $4 \times (\frac{3 \times 4}{2})$.
- ❑ c. Le périmètre total vaut $4 \times (3 \times 4 \times 5)$.
- ❑ d. Le périmètre total vaut $4 \times (3 + 4 + 5)$.

... | 1

14 **Dans la figure suivante, O et B sont alignés. Le calcul 180° – (90° + 30°) permet alors d'obtenir la mesure de :**

- ❑ a. l'angle $\widehat{BOC}$
- ❑ b. l'angle $\widehat{AOB}$
- ❑ c. l'angle $\widehat{AOC}$
- ❑ d. l'angle $\widehat{COA}$

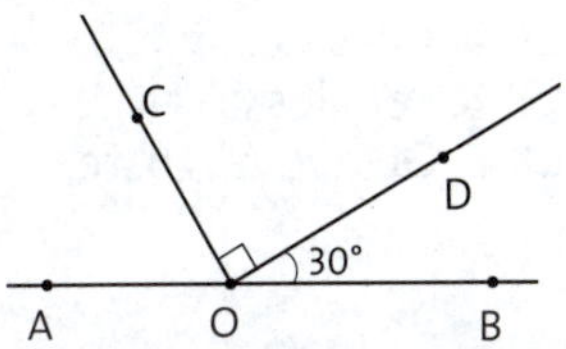

... | 1

15 **Quelle figure admet deux axes de symétrie et deux seulement ?**

❑ a.

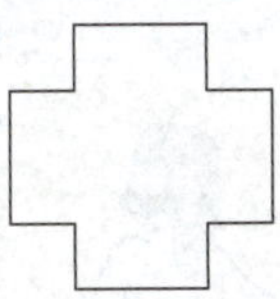

❑ b.

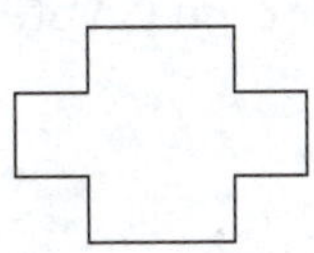

❑ c.

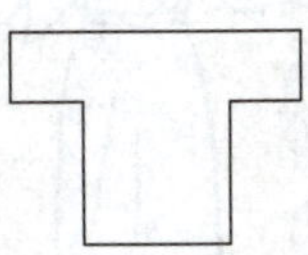

❑ d.

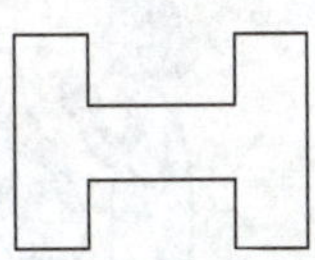

... | 1

16 **Le symétrique de la figure par rapport à *d* est :**

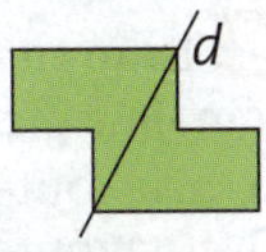

❑ a.

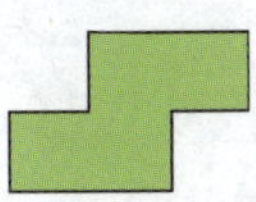

❑ b.

❑ c.

❑ d.

... | 1

17 **Voici ABCD, rectangle de centre O et I, J, K et L milieux des côtés.**

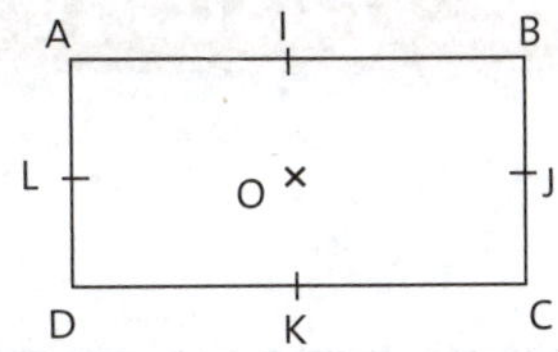

- ❑ a. ADK est un triangle rectangle.
- ❑ b. AOD est un triangle isocèle.
- ❑ c. ABK est un triangle isocèle.
- ❑ d. (AC) est axe de symétrie de ABCD.

... | 1

18 **Parmi les figures suivantes, lesquelles sont des losanges ?**

❑ a.

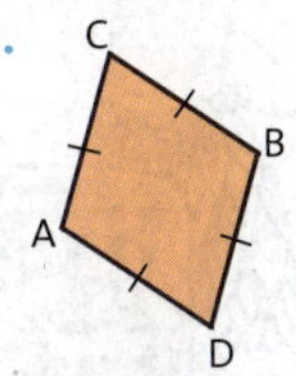

❑ b.

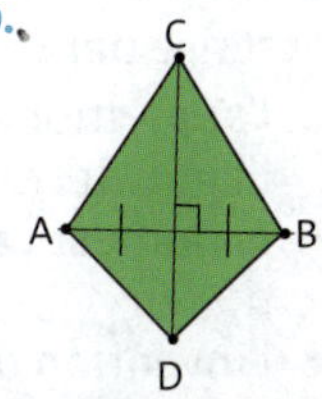

❑ c.

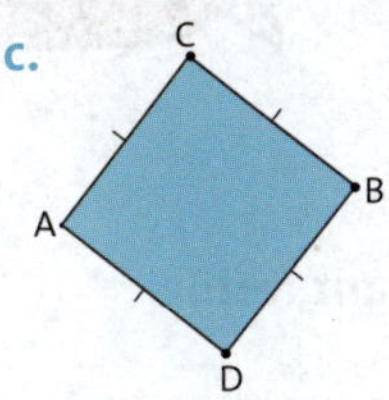

❑ d.

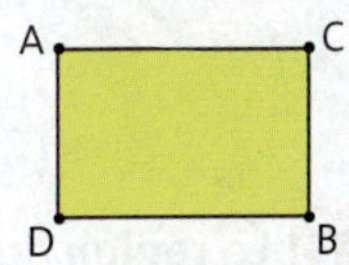

... | 1

19 **La figure suivante représente un cube. Donc :**

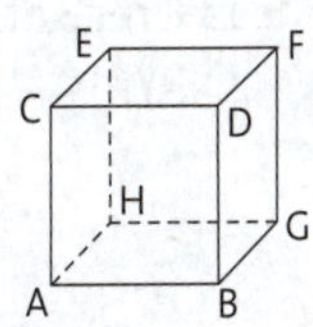

- ❑ a. dans la réalité, le triangle ABG est isocèle en B
- ❑ b. dans la réalité, (AB) ⊥ (BG)
- ❑ c. sur le dessin, (AB) ⊥ (BG)
- ❑ d. sur le dessin, (DB) ⊥ (HG)

... | 1

20 **Si on reconstitue le cube dont voici le patron, on aura :**

- ❑ a. C et L vont se confondre
- ❑ b. (AB) ⊥ (BE)
- ❑ c. [GH] et [AN] vont se confondre
- ❑ d. (FI) // (ML)

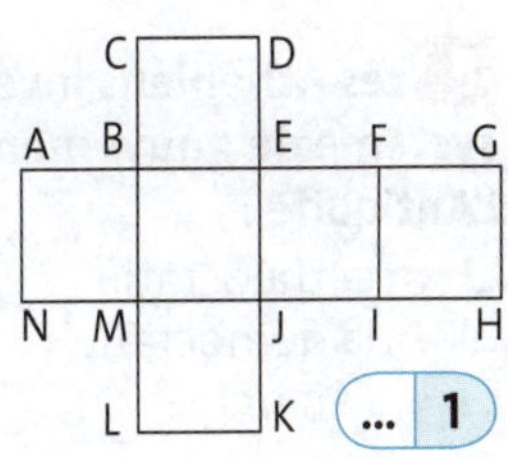

... | 1

Livret Parents – Corrigés p. 31

TOTAL : ...... | 20

Histoire-Géographie – EMC

1 Notre espèce, homo sapiens, est apparue aux alentours de :
- ❑ a. – 3 000 000
- ❑ b. – 230 000
- ❑ c. – 70 000

... 1

2 Le début du Néolithique se caractérise par :
- ❑ a. l'apparition de l'agriculture
- ❑ b. la domestication du feu
- ❑ c. l'invention de l'écriture

... 1

3 La région du Croissant fertile regroupe :
- ❑ a. la Grèce et l'Égypte
- ❑ b. la Grèce et la Mésopotamie
- ❑ c. l'Égypte et la Mésopotamie

... 1

4 Entre le VIIIe et le VIe siècle, les Grecs :
- ❑ a. fondent des colonies autour de la mer Méditerranée
- ❑ b. fondent l'Empire romain
- ❑ c. partent faire la guerre en Afrique

... 1

5 Les Athéniens inventent un nouveau système de gouvernement dans l'Antiquité :
- ❑ a. la théocratie
- ❑ b. la démocratie
- ❑ c. l'anarchie

... 1

6 La première religion monothéiste s'appelle :
- ❑ a. l'Islam
- ❑ b. le Christianisme
- ❑ c. le Judaïsme

... 1

7 Le plus grand conquérant de l'Empire romain s'appelle :
- ❑ a. Jules César
- ❑ b. Périclès
- ❑ c. Octave Auguste

... 1

8 Jésus est à l'origine de la religion chrétienne :
- ❑ a. en Palestine
- ❑ b. en Grèce
- ❑ c. en Égypte

... 1

9 L'axe commercial qui relie l'Empire romain à l'Empire Han s'appelle :
- ❑ a. la route des épices
- ❑ b. la route de la soie
- ❑ c. la route du sel

... 1

10 La densité de population, c'est :
- ❑ a. le nombre d'habitants au km²
- ❑ b. le nombre d'habitants par ville
- ❑ c. le nombre de villes au km²

... 1

11 **On appelle ce qui limite l'installation humaine :**

❑ a. des atouts
❑ b. des contraintes
❑ c. des avantages ... | 1

12 **Une aire urbaine, c'est :**

❑ a. une ville qui s'est agrandie
❑ b. un village et sa campagne
❑ c. un espace à dominante agricole ... | 1

13 **Les métropoles « du Sud » se caractérisent par :**

❑ a. une diminution importante de la population
❑ b. une croissance importante de la population
❑ c. des conditions de vie toujours très favorables ... | 1

14 **Les villes américaines se caractérisent par :**

❑ a. un centre-ville très dynamique
❑ b. un étalement urbain vers les périphéries important
❑ c. de nombreux bidonvilles ... | 1

15 **Les projets de ville « intelligente » visent à :**

❑ a. réduire les déplacements et la pollution
❑ b. agrandir les villes
❑ c. créer des universités ... | 1

16 **Les espaces peu peuplés sont menacés par :**

❑ a. les populations locales
❑ b. les contraintes
❑ c. la colonisation ... | 1

17 **Les espaces ruraux sont :**

❑ a. des espaces aménagés par les populations
❑ b. des espaces naturels
❑ c. des villes ... | 1

18 **Au collège, l'élève doit :**

❑ a. prendre la parole à tout moment
❑ b. respecter les règles de prise de parole
❑ c. se taire ... | 1

19 **Depuis 1789, en France, les droits :**

❑ a. ont progressé grâce aux luttes collectives
❑ b. ont régressé
❑ c. ont été maintenus ... | 1

20 **La laïcité c'est :**

❑ a. l'interdiction des religions
❑ b. la séparation de l'État et des religions
❑ c. l'obligation d'avoir une religion

... | 1

Livret Parents – Corrigés p. 31

TOTAL : ...... | 20

Anglais

1 .... is your name.

- ❏ a. Who
- ❏ b. What
- ❏ c. How
- ❏ d. Which

... 1

2 Is Joyce a girl?

- ❏ a. Yes it is.
- ❏ b. Yes she is.
- ❏ c. Yes he is.
- ❏ d. No she isn't.

... 1

3 Her mother is ...

- ❏ a. teacher
- ❏ b. a teacher
- ❏ c. the teacher

... 1

4 Whose bag is that? It's ...

- ❏ a. Daniel bag
- ❏ b. Daniel is bag
- ❏ c. Daniel's bag

... 1

5 How much is this T-shirt?

- ❏ a. This is £10.50.
- ❏ b. He is £10.50.
- ❏ c. It is £10.50.

... 1

6 Put your book ...

- ❏ a. on the table
- ❏ b. between the table
- ❏ c. behind the table

... 1

7 Wait!

- ❏ a. The bus come.
- ❏ b. The bus is coming.
- ❏ c. The bus comes.

... 1

8 Why ...

- ❏ a. the little girl is crying?
- ❏ b. is the little girl crying?
- ❏ c. does the little girl cry?

... 1

9 When is Christmas?

- ❏ a. The 25 of December.
- ❏ b. The 25th of December.
- ❏ c. On the 25th of December.

... 1

10 How many ...

- ❏ a. have you got DVDs?
- ❏ b. DVDs have got you?
- ❏ c. DVDs have you got?

... 1

11 **Do you want ... chocolate?**

❑ a. some
❑ b. any
❑ c. the

... | 1

12 **What ...**

❑ a. is your brother do?
❑ b. does your brother do?
❑ c. your brother does?

... | 1

13 **We ...**

❑ a. take never the bus.
❑ b. never take the bus.
❑ c. take the bus never.

... | 1

14 **What time is it?**

❑ a. Half to nine
❑ b. Half past nine
❑ c. Thirty past nine

... | 1

15 **Can you swim?**

❑ a. Yes, I do.
❑ b. Yes I am.
❑ c. Yes, I can.

... | 1

16 **We ...**

❑ a. mustn't listen in class
❑ b. must listen in class
❑ c. can listen in class

... | 1

17 **The children ...**

❑ a. are going watch a film
❑ b. are going to watch a film
❑ c. are going watching a film

... | 1

18 **Chicken is ...**

❑ a. better than fish
❑ b. best than fish
❑ c. gooder than fish

... | 1

19 **Jenny's photo is ...**

❑ a. more beautiful than Phil's
❑ b. more beautiful as Phil's
❑ c. more beautiful that Phil's

... | 1

20 **Yesterday ...**

❑ a. we played tennis
❑ b. we play tennis
❑ c. we did play tennis

... | 1

Livret Parents – Corrigés p. 31

TOTAL : ...... | 20

Sciences

Pour chaque question, il peut y avoir plusieurs réponses exactes !

1 Dans notre environnement, la composante minérale est formée de :

❏ a. l'air
❏ b. l'eau et les végétaux
❏ c. l'eau et les roches du sous-sol
❏ d. les constructions humaines ... | 1

2 Ma larve est aquatique. Je suis :

❏ a. l'éphémère
❏ b. le hanneton
❏ c. la cigale
❏ d. le moustique ... | 1

3 Un fruit provient de la transformation :

❏ a. de la tige
❏ b. d'un bulbe
❏ c. d'un pistil
❏ d. d'un bourgeon ... | 1

4 Le Dodo, disparu de l'île Maurice, était :

❏ a. un chien domestique
❏ b. un doryphore
❏ c. un oiseau
❏ d. un lézard ... | 1

5 Les producteurs primaires sont :

❏ a. des végétaux
❏ b. des champignons
❏ c. des animaux
❏ d. des moisissures ... | 1

6 Les végétaux ont besoin pour croître :

❏ a. de matières organiques et minérales
❏ b. d'eau minéralisée
❏ c. d'eau pure
❏ d. de lumière ... | 1

7 Un animal omnivore est un animal qui se nourrit :

❏ a. de ses congénères
❏ b. d'aliments d'origine animale et végétale
❏ c. de fruits uniquement
❏ d. de cadavres ... | 1

8 Des trois chaînes alimentaires présentées, une seule est correcte. Laquelle ?

❏ a. gland → belette → vautour
❏ b. élodée → dytique → limnée
❏ c. phytoplancton → krill → baleine ... | 1

9 Pluton est une planète :

❏ a. gazeuse
❏ b. solide
❏ c. naine ... | 1

10 **Les vitamines sont des aliments :**

- ❑ a. bâtisseurs
- ❑ b. énergétiques
- ❑ c. fonctionnels

... | 1

11 **La levure du boulanger permet :**

- ❑ a. de caraméliser la croûte du pain
- ❑ b. de faire lever la pâte à pain
- ❑ c. de diminuer le temps de cuisson du pain
- ❑ d. d'aromatiser le pain

... | 1

12 **Parmi ces boissons, lesquelles proviennent d'une transformation contrôlée par l'homme ?**

- ❑ a. le cidre
- ❑ b. le lait
- ❑ c. le jus de pomme
- ❑ d. le vin

... | 1

13 **Ce qui caractérise les oiseaux est :**

- ❑ a. la présence d'une paire d'ailes
- ❑ b. la présence d'un bec
- ❑ c. la présence de plumes
- ❑ d. la production d'œufs

... | 1

14 **Seuls les insectes possèdent toujours :**

- ❑ a. deux paires d'ailes
- ❑ b. une paire de mandibules
- ❑ c. six pattes
- ❑ d. une paire d'antennes

... | 1

15 **Tous les êtres vivants sont constitués :**

- ❑ a. d'un appareil respiratoire et d'un appareil circulatoire
- ❑ b. d'une ou plusieurs cellules
- ❑ c. d'organes sensoriels
- ❑ d. d'une bouche

... | 1

16 **Les sucres rapides sont :**

- ❑ a. des lipides
- ❑ b. des protéines
- ❑ c. des glucides
- ❑ d. des vitamines

... | 1

17 **Un bulbe est :**

- ❑ a. une graine
- ❑ b. un organe végétal souterrain
- ❑ c. un fruit
- ❑ d. un oignon

... | 1

18 **La semoule a une origine :**

- ❑ a. végétale
- ❑ b. animale
- ❑ c. minérale

... | 1

19 **Une pelote de régurgitation est rejetée par :**

- ❑ a. un chat
- ❑ b. un rapace
- ❑ c. un rouge-gorge
- ❑ d. un ver de terre

... | 1

20 **Les mâchoires du papillon :**

- ❑ a. broient le pollen
- ❑ b. aspirent le nectar
- ❑ c. râpent les étamines
- ❑ d. coupent les feuilles

... | 1

Livret Parents – Corrigés p. 31

TOTAL : ...... | 20

À la découverte

**Sais-tu déjà quel métier tu veux faire plus tard ?
Afin de t'aider à y voir plus clair,
nous avons sélectionné 17 grands domaines d'activité
et, parmi eux, nous te proposons des ZOOMs sur 17 métiers.
Il en existe d'autres, bien sûr,
mais tu pourras sans doute déjà trouver quelques idées.**

ZOOM Le pâtissier

* Tartes, gâteaux, petits fours, entremets, glaces et viennoiseries n'ont aucun secret pour lui. Il maîtrise la fabrication des différentes pâtes (brisée, sablée, feuilletée), sait choisir les bons ingrédients (sucre, farine, œufs, beurre, chocolat, fruits...) et les doser avec précision.
* Il sait séduire l'œil autant que les papilles : c'est lui qui imagine les décorations (fleurs en sucre, glaçages, rubans de chocolat ou de nougatine...).
* Il ne se contente pas de reproduire les recettes qu'il a apprises : il en invente sans cesse de nouvelles.
* Il peut se spécialiser dans une famille de produits (chocolaterie, confiserie...) ou devenir traiteur en réalisant des commandes pour des buffets.

Les métiers de l'artisanat

Bijoutier-joaillier ● Boucher/Boulanger/Pâtissier/Chocolatier ● Céramiste ● Coiffeur/Esthéticienne ● Ébéniste ● Verrier

Les métiers de l'industrie

Automaticien ● Conducteur de ligne de production ● Ingénieur concepteur ● Ingénieur technico-commercial ● Mécanicien outilleur ● Opérateur sur machine ● Technicien de maintenance

Les métiers de l'automobile

Électronicien automobile/Mécanicien réparateur ● Ingénieur automobile ● Peintre en carrosserie

ZOOM Le mécanicien réparateur

* Contrairement à ce que l'on croit, le mécanicien a de moins en moins les mains dans le cambouis et le nez dans le moteur. Il travaille de plus en plus avec des outils électroniques et informatiques.
* Les tâches sont variées : entretien des véhicules (pression des pneus, vidange...), réparations, et parfois même conseil en vente automobile.
* Il peut exercer dans un centre de réparation rapide, chez un concessionnaire ou dans un garage indépendant.

Les métiers du bâtiment

Architecte ● Chef de chantier
Dessinateur ● Ingénieur en génie climatique ● Ingénieur géomètre ● Charpentier/Couvreur/Maçon/Plombier/Chauffagiste/Électricien

Les métiers de la santé

Ambulancier ● Dentiste ● Infirmier ● Kinésithérapeute ● Médecin généraliste ● Médecin spécialiste (cardiologue, chirurgien, dermatologue, ophtalmologiste, pédiatre, anesthésiste-réanimateur, urgentiste, psychiatre...) ● Orthophoniste ● Pharmacien ● Vétérinaire

ZOOM L'architecte

* Chargé de la construction d'une petite maison ou d'un bâtiment gigantesque, il commence par faire une étude : choix des matériaux, coût...
* Il dessine ensuite sur ordinateur les plans du bâtiment.
* Une fois le projet validé, il choisit les entreprises qui se chargeront de l'électricité, de la maçonnerie...
* L'architecte suit également chaque étape de la construction et informe le client de l'avancement des travaux.

ZOOM Le vétérinaire

* Le vétérinaire « des villes » est le médecin des animaux de compagnie. Il soigne, opère et stérilise notamment les chiens et les chats, mais rencontre également des rongeurs, des reptiles et des oiseaux.
* Le vétérinaire « des champs » intervient dans les fermes. Il conseille les éleveurs, insémine les bêtes, effectue des contrôles à la naissance... ou lors du départ à l'abattoir.
* Il peut également travailler pour l'industrie en participant à la mise au point de médicaments ou d'aliments pour animaux.

ZOOM Le pédiatre

* Le pédiatre est le médecin des enfants. De la naissance à l'adolescence, il les accompagne dans leur croissance et les soigne (vaccins, pathologies courantes).
* Le pédiatre a également une action de conseil aux parents sur l'éducation, l'alimentation ou l'hygiène.
* Le métier de pédiatre nécessite dix années d'études de médecine.

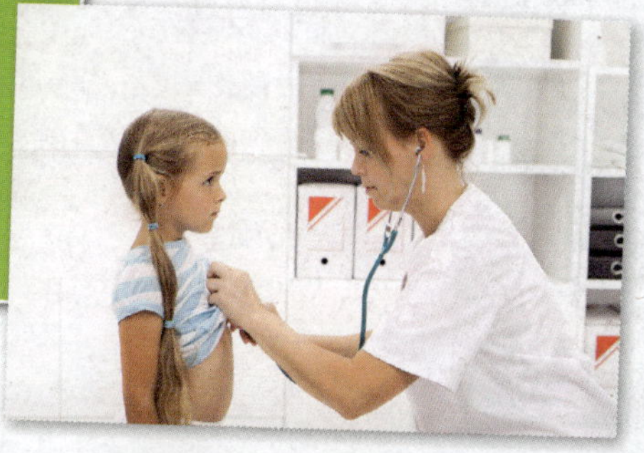

À la découverte

ZOOM Le pilote de ligne

* Il est le patron dans son avion. Avant le décollage, il étudie minutieusement la météo et calcule le carburant nécessaire. En vol, il doit faire face à tout imprévu avec sang froid. Après l'atterrissage, il contrôle son appareil.
* Le pilote commence sa carrière sur des petits avions et des vols nationaux. Puis, il peut passer des qualifications pour prendre les commandes d'appareils plus grands et voler sur des moyens et longs courriers. Il sera tout d'abord copilote avant de passer, une dizaine d'années plus tard, commandant de bord.

Les métiers de l'aéronautique

Contrôleur aérien • Hôtesse de l'air/Stewart • Ingénieur aéronautique • Pilote de ligne

Les métiers de la sécurité

Agent de sécurité • Commissaire de police • Gardien de la paix/de police municipale/Gendarme • Maître chien • Militaire du rang • Officier (de l'armée de l'air/de l'armée de terre/de marine) • Sapeur-pompier

Les métiers du droit et de la justice

Avocat • Greffier • Huissier de justice • Juge d'instruction • Juge/Juge des enfants/Juge aux affaires familiales • Notaire • Substitut du procureur/Procureur

ZOOM Le commissaire de police

* Au sein d'un commissariat ou d'un service de renseignement, il dirige les équipes de policiers, suit le travail des enquêteurs, définit les opérations à mener, répartit les hommes et les véhicules.
* Il a la charge d'enquêtes relatives au trafic de drogues, d'armes, à des escroqueries financières, au terrorisme, à l'espionnage....

ZOOM Le juge des enfants

* Le juge des enfants a deux grandes fonctions. Tout d'abord, comme tous les autres « juges », il doit décider de l'innocence ou de la culpabilité de délinquants qui ont commis des crimes ou des délits. Sa particularité est qu'il ne juge que les mineurs.
* Mais il a aussi pour mission de protéger les enfants maltraités ou vivant dans de mauvaises conditions sanitaires, psychologiques ou éducatives.
* Pour trouver la meilleure solution pour les enfants, il travaille au quotidien avec des assistants sociaux, des éducateurs ou encore des psychologues.

des métiers

ZOOM Le responsable d'usine

* Le responsable d'usine gère la production. Il détermine les objectifs de fabrication (coût, quantité à produire, qualité exigée).
* Il gère le personnel et le matériel. Il peut également superviser les tests en laboratoire.
* Il assure la coordination des différents services : commercial, marketing, création, production, achats...

Les métiers de l'agroalimentaire

Agriculteur/Éleveur/Viticulteur • Ingénieur agronome • Chargé hygiène – sécurité – environnement • Qualiticien • Responsable d'usine

Les métiers de l'hôtellerie / restauration

Chef cuisinier • Directeur d'hôtel • Gouvernante • Maître d'hôtel • Sommelier

Les métiers du commerce

Acheteur • Responsable de magasin • Responsable marketing • Vendeur

ZOOM Le chef de rayon

* Qu'il soit spécialisé dans les vêtements, les biscuits ou les cosmétiques, ce responsable gère son rayon comme un chef d'entreprise.
* Il sélectionne les produits auprès de la centrale d'achats puis gère les réserves (vérification des prix et des commandes, réception des marchandises) afin d'éviter à la fois les surplus et les ruptures de stock.
* Il décide des produits à mettre en valeur dans le rayon et organise des opérations de promotion pour séduire les clients.
* C'est aussi un manager : il recrute et encadre les membres de son équipe de vente.
* Il est généralement titulaire d'un Bac + 2 ou Bac + 3 spécialisé dans le commerce.

ZOOM Le directeur d'hôtel

* Le directeur d'hôtel a deux objectifs : la maîtrise des dépenses et la satisfaction de ses clients.
* Dans un grand hôtel, il travaille avec une équipe spécialisée (gouvernante chef, chef de réception, ...) et supervise son travail. Dans un petit établissement, il gère l'ensemble des activités : réservations, accueil, préparation des chambres, recrutement du personnel, budget, rénovation...
* Il doit également gérer la publicité de son hôtel en éditant des brochures d'information ou en organisant des partenariats avec les offices de tourisme de sa région ou les agences de voyage des grandes villes.

À la découverte

ZOOM La directrice de crèche

* La directrice de crèche est responsable de la gestion éducative, logistique, administrative et financière de son établissement. Elle est également garante de l'hygiène, de la sécurité, de la santé et du développement des enfants.
* C'est elle qui recrute et supervise son équipe (puéricultrices, éducatrices, psychologues ou médecins) et établit les plannings de chacun.
* Avant de diriger une crèche, elle a été puéricultrice ou éducatrice de jeunes enfants.

Les métiers de la petite enfance

Assistante maternelle ● Directeur de crèche ● Éducateur de jeunes enfants ● Puéricultrice

Les métiers de l'enseignement

Conseiller principal d'éducation ● Enseignant-chercheur ● Professeur de collège ou de lycée ● Professeur de lycée professionnel ou technique ● Professeur des écoles ● Documentaliste ● Conseiller d'orientation psychologue

Les métiers de l'environnement

Biologiste en environnement ● Conseiller en environnement ● Garde chasse/pêche/littoral/rivière/des parcs nationaux ● Ingénieur en énergies renouvelables ● Paysagiste

ZOOM Le professeur de collège ou de lycée

* Chaque professeur de collège ou de lycée a une spécialité. Mais quelle que soit celle-ci, il a le même objectif de transmettre ses connaissances à ses élèves afin que ceux-ci puissent s'insérer au mieux dans la vie professionnelle.
* Pour cela, il doit préparer ses cours (leçons, méthodes, exercices) en s'appuyant sur le programme déterminé par l'Éducation nationale. Mais aussi organiser des activités annexes comme des sorties scolaires. Il travaille en équipe avec ses collègues sur la création de programmes pédagogiques.
* Pour devenir professeur, il faut passer un concours, accessible après un Bac + 4.

ZOOM Le garde d'un parc national

C'est lui qui veille au respect et à l'entretien du parc.
* Il s'assure que les promeneurs respectent bien la nature. En cas d'infraction, il dresse les procès verbaux. Il peut aussi partir à la recherche de randonneurs imprudents.
* Il est également chargé de prévenir les incendies en débroussaillant les zones à risque.
* Il est responsable de l'accueil et de l'information du public.
* Enfin, il gère l'entretien des panneaux, des sentiers et du balisage.

des métiers

Les métiers de l'art et de la culture

Archéologue ● Artiste : peintre, sculpteur, danseur, comédien... ● Commissaire-priseur ● Conservateur de musée ● Graphiste/Illustrateur ● Journaliste

Les métiers du spectacle/ audiovisuel

Accessoiriste/Costumier/Décorateur-scénographe ● Cadreur ● Chanteur/ Comédien/Danseur ● Chargé de production ● Directeur artistique ● Éclairagiste ● Ingénieur du son ● Monteur ● Régisseur de spectacle

Les métiers de l'informatique

Administrateur en base de données ● Architecte réseaux ● Développeur informatique ● Infographiste ● Webmaster/Webdesigner

ZOOM Le journaliste

* Le journaliste a pour objectif d'informer le public, sur tous les sujets possibles. Il peut travailler sur le **terrain** (en étant grand reporter), dans un **studio** (présentateur télé ou radio), au sein de l'**équipe d'un journal** papier ou en ligne (webrédacteur). Il peut décider de se spécialiser (politique, sport, économie...).
* Dans tous les cas, il aime écrire et il est curieux. Pour préparer son article ou son reportage, il se documente, suit minutieusement l'actualité et analyse les faits en utilisant toutes ses connaissances.
* Il existe une quinzaine d'écoles recrutant à Bac + 2 ou + 3.

ZOOM Le développeur informatique

* Le développeur informatique crée des **programmes** et des **logiciels**. Pour cela, il analyse tout d'abord les **besoins** des futurs utilisateurs et choisit les **solutions techniques**. Il passe ensuite à l' « écriture » des **lignes de code** dans le langage informatique choisi.
* Une fois la phase de création terminée, il **teste** et **corrige** le produit, réalise les notices techniques d'installation et les guides pour les utilisateurs.
* Il est au minimum titulaire d'un BTS ou d'un DUT informatique.

ZOOM Le comédien

* Un jour roi, le lendemain voleur, le comédien aime **interpréter des rôles différents** et être le centre de toutes les attentions. Mémoriser de longs textes ne lui fait pas peur.
* Le comédien incarne un personnage sous la direction d'un metteur en scène (pour le théâtre) ou d'un réalisateur (pour le cinéma et la télévision). Il passe de longues heures à apprendre son texte et à **répéter**. Afin d'être crédible, il peut, pour certains rôles, être amené à apprendre certaines activités : jouer du piano ou des claquettes, conduire un camion, etc.

Crédits photographiques : p. 60 © Création Yatagan/D. Sanci/JP Troillard/DR/T – p. 61 ht (1) Bibliothèque Nationale de France, Paris. BIS/Ph. Jeanbor © Archives Larbor – p. 61 ht (2) Bibliothèque Nationale de France, Paris. BIS/Ph. Jeanbor © Archives Larbor – p. 61 ht (3) Bibliothèque Nationale de France, Paris. BIS/Ph. Jeanbor © Archives Larbor – p. 61 ht (4) Bibliothèque Nationale de France, Paris. BIS/Ph. Coll. Archives Larbor – p. 61 bas (1) Kunsthistorisches Museum. Ph. © E. Lessing/AKG-images – p. 61 bas (2) Dortmund, Westfaelisches Schulmuseum. Ph. © AKG-images – p. 61 bas (3) Bibliothèque des Arts Décoratifs Paris. Ph. © Gianni Dagli Orti/Collection Dagli Orti – p. 125 ht (1) Ph. © superkiss/FOTOLIA – p. 125 ht (2) Ph. © smn/FOTOLIA – p. 125 ht (3) Ph. © superkiss/FOTOLIA – p. 125 bas (1) Ph. © Mark Physsas/FOTOLIA – p. 125 bas (2) Ph. © Richard Convors/FOTOLIA – p. 125 bas (3) © Kmiragaga/FOTOLIA – p. 126 Réalisation de F. Trouvé. Coll. Musée d'Histoire de Marseille. Ph. © Ville de Marseille/T – p. 128 Musée du Louvre, Paris. Ph. © Hervé Lewandowski/RMN – p. 129 (1) Antikensammlung, Berlin. Ph. © J. Laurentius/BPK, Berlin, Dist RMN – p. 129 (2) Musée du Louvre, Paris. Ph. © H. Lewandowski/RMN – p. 129 (3) Ph. © Karl-Heinz Strüdel/FOTOLIA – p. 132 Le Puy en Velay, musée Crozatier. Ph. © Photo12 – p. 137 (a) Musée du Louvre, Paris. Ph. © H. Lewandowski/RMN – p. 137 (b) Musée du Louvre, Paris. Ph. © C. Larrieu/RMN – p. 137 (c) Musée du Vatican. Ph. ©Tristan Lafranchis/AKG-images – p. 137 (d) Musée du Louvre, Paris. Ph. © Les frères Chuzeville/RMN – p. 137 (e) Musée du Louvre, Paris. Ph. © S. Jean/J. Schormans/RMN – p. 143 (1) Ph. © Bahmed Kaci/FOTOLIA – p. 143 (2) Ph. © André/FOTOLIA – p. 143 (3) Ph. © Nouk/FOTOLIA – p. 145 (1) © reixax38000/FOTOLIA – p. 145 (2) © Pkazmierczak/FOTOLIA – p. 145 (3) © ilyaska/FOTOLIA – p. 145 (4) © Waldorf27/FOTOLIA – p. 145 (5) © J.M. Guyon/FOTOLIA – p. 145 (6) © tsach/FOTOLIA – p. 145 (7) © Gustavo Frazao/FOTOLIA – p. 145 (8) © michalz86/FOTOLIA p. 147 (1) Ph. © Georges Lievre/FOTOLIA – p. 147 (2) Ph. © Emmanuel Cochen/FOTOLIA – p. 147 (3) Ph. © Isabelle Barthe/FOTOLIA – p. 147 (4) © Sandycrea/ FOTOLIA – p. 149 ht Ph. © Y. Arthus Bertrand/ALTITUDE/T – p. 149 bas (A) Ph. © Foxytoul/FOTOLIA – p. 149 bas (B) © Marcus/FOTOLIA – p. 149 bas (C) Ph. © C. Henneghien/ANA/T . 151 (A) © Jon Arnold Images / Hemis.fr – p. 151 (B) © Valérie Macon/Andia.fr – p. 151 (C) © Walter Bibikow/AGE – p. 151 (D) © Robyn Beck/AFP – p. 155 © Richard Carey/FOTOLIA – p. 157 © Jeayesy/FOTOLIA – p. 156 Ph. © M. Yamashita/Rapho/EYEDEA/T p. 158 Ph. © photo-aerienne-France.fr/T – p. 159 Ph. © Gerster/Rapho/EYEDEA/T p. 163 ht © UNICEF France www.apprendrelesdroitsdelenfant.fr – p. 163 bas Ph. © Chris Steele-Perkins/Magnum Photos – p. 167 Ph. © Anne et Guillaume Bullat voiture14.com/MAIRIE DE PARIS – p. 228 Ph. © V. Wajsberg/D.R. – p. 212 g Ph. © C. Fabre/T – p. 212 m Ph. © C. Fabre/T – p. 213 d Ph. © Biophoto/P. Resear/BSIP/T – p. 220 d Ph. © C. Fabre/T – p. 220 g Ph. Jeanbor © Archives Photeb/T – p. 229 Ph. © J. Six/T – p. 235 Ph. © V. Wajsberg/D.R./T – p. 239 Ph. © Biophoto Associates/BSIP/T p. 250 ht Ph. © Kzenon/FOTOLIA, bas Ph. © Kurhan/FOTOLIA – p. 251 ht Ph. © Auremar/FOTOLIA, milieu Ph. © Byelikova Oksana/FOTOLIA, bas Ph. © Ilike/FOTOLIA – p. 252 ht Ph. © Pixel974/FOTOLIA, milieu Ph. © Ludovic/REA, bas Ph. © Ojoimages4/FOTOLIA – p. 253 haut Ph. © RotoGraphics/FOTOLIA, milieu Ph. © Robert Kneschke/FOTOLIA, bas Ph. © Contrastwerkstatt/FOTOLIA – p. 254 ht Ph. © Mangostock/FOTOLIA, bas g Ph. © Alexander Raths/FOTOLIA, bas d Ph. © Illustrez-vous/FOTOLIA – p. 255 ht Ph. © Dmitrimaruta/FOTOLIA, milieu Ph. © Elnur/FOTOLIA, bas Ph. © Nuno Duarte/FOTOLIA.

Création maquette : Dimitri Maj, Josiane Sayaphoum – **Création couverture :** Cécile Gallou
Mise en pages : Ma petite FaB (Laurent Grolleau)
Suivi éditorial : Sophie Prénat
Cartographie : Légendes cartographie – **Iconographie :** Frédéric Mazuy, Clémence Zagorski

N° projet : 10265746 – Dépôt légal : février 2019
Imprimé en Espagne par Macrolibros en juin 2020

L'Union européenne

- L'Europe des Six en 1957
- Pays entrés en 1973
- Pays entré en 1981
- Pays entrés en 1986
- Pays entrés en 1995
- Pays entrés en 2004
- Pays entrés en 2007
- Pays entré en 2013

• Les fondateurs

La construction européenne débute à l'initiative des Français **Robert Schuman** et **Jean Monnet** avec le soutien du chancelier allemand Konrad Adenauer.

• Deux traités importants

En 1957, le **traité de Rome** crée la Communauté économique européenne (CEE). En 1992, le **traité de Maastricht** transforme la CEE en Union européenne (UE).

• 28 États membres

La Croatie est devenu le 28e État membre de l'UE le 1er juillet 2013.

• Le 23 juin 2016, le Royaume-Uni a choisi de quitter l'Union européenne. Cette sortie devrait avoir lieu en 2019.

• Le drapeau de l'UE

Il comporte 12 étoiles disposées en cercle, qui symbolisent l'unité et la solidarité entre les différents pays.

• L'hymne européen

Il s'agit de l'*Hymne à la joie*, de la 9e symphonie de Ludwig von Beethoven.

• D'autres candidats

Certains pays, comme la Turquie, l'ancienne République yougoslave de Macédoine, l'Albanie, le Monténégro et la Serbie sont candidats à l'entrée dans l'Union européenne.

LES INSTITUTIONS

La Commission européenne
- propose des lois ;
- s'assure que les lois sont bien appliquées ;
- représente l'UE devant les autres pays.

Le Conseil de l'Union européenne
- vote les lois proposées par la Commission ;
- vote certaines lois avec le Parlement de Strasbourg.

siègent à **Bruxelles** (Belgique)

Le Parlement
- vote le budget et certaines lois en accord avec le Conseil ;
- approuve la nomination des membres de la Commission.

siège à **Strasbourg** (France)

La Cour de Justice
- veille au respect des lois à l'intérieur de l'UE ;
- protège les citoyens de l'UE en faisant valoir leurs droits.

siège à **La Haye** (Pays-Bas)

LA ZONE EURO

Créée en 1999, cette zone monétaire regroupe 19 États :

- Allemagne
- Autriche
- Belgique
- Chypre
- Espagne
- Estonie
- Finlande
- France
- Grèce
- Irlande
- Italie
- Lettonie
- Lituanie
- Luxembourg
- Malte
- Pays-Bas
- Portugal
- Slovaquie
- Slovénie

Cartographie : Didier Marandin

De la préhistoire...

LA PRÉHISTOIRE	L'ANTIQUITÉ	LE MOYEN ÂGE	XVIe SIÈCLE

-700 500 1500

ARTS, ARCHITECTURE, INVENTIONS, DATES-CLÉS, ...

LA PRÉHISTOIRE

- **4000 avant J.-C. :** début de l'agriculture

les grottes de Lascaux : peintures rupestres

la taille du silex

une hutte gauloise

L'ANTIQUITÉ

- **52 avant J.-C. :** Jules César bat Vercingétorix à Alésia
- **52 à 44 avant J.-C. :** Jules César devient le maître de Rome

premières traces d'écriture

la faucille

la charrue gauloise

le pont du Gard

LE MOYEN ÂGE

- **476 :** chute de l'empire romain d'Occident
- **800 :** Charlemagne est sacré empereur

un croisé sur son cheval

le moulin à eau

la bombarde

Notre-Dame de Paris

le château fort

XVIe SIÈCLE

- **1450 :** la presse à imprimer de Gutenber
- **1492 :** Christophe Colomb découvre l'Amérique

La Joconde de Léonard de Vinci

la lunette de Galilée

Le château d'Azay-le-Rideau